茶叶市场营销学

主编 肖力争

副主编 陈富桥 孙威江

编撰
肖力争（湖南农业大学）
陈富桥（中国茶叶研究所）
孙威江（福建农林大学）
杨坚（西南大学）
吕才有（云南农业大学）
包小村（湖南省茶叶研究所）
周玲（华南农业大学）

Studies of Chinese Tea Custom

世界图书出版公司
西安 北京 上海 广州

图书在版编目(CIP)数据

茶叶市场营销学/肖力争主编. —西安:世界图书出版西安有限公司,2017.6(2023.8重印)
ISBN 978-7-5192-3199-6

Ⅰ.①茶… Ⅱ.①肖… Ⅲ.①茶叶-市场营销学 Ⅳ.①F762.2

中国版本图书馆 CIP 数据核字(2017)第 160051 号

书　　名	**茶叶市场营销学** CHAYE SHICHANG YINGXIAOXUE
主　　编	肖力争
责任编辑	李江彬
装帧设计	新纪元文化传播
出版发行	**世界图书出版西安有限公司**
地　　址	西安市雁塔区曲江新区汇新路355号
邮　　编	710061
电　　话	029-87214941　029-87233647(市场营销部) 029-87235105(总编室)
网　　址	http://www.wpcxa.com
邮　　箱	xast@wpcxa.com
经　　销	新华书店
印　　刷	西安市久盛印务有限责任公司
开　　本	787mm×1092mm　1/16
印　　张	25.75
字　　数	360千字
版　　次	2017年6月第1版
印　　次	2023年8月第6次印刷
书　　号	ISBN 978-7-5192-3199-6
定　　价	45.00元

☆如有印装错误,请寄回本公司更换☆

《茶文化学》系列教材编辑委员会

顾　问
　陈宗懋：中国工程院院士、中国茶叶学会名誉理事长
　程启坤：中国农科院茶叶研究所原所长、中国国际茶文化研究会名誉副
　　　　　会长
　朱自振：中国著名茶叶史学专家、南京农业大学茶学研究所教授
　施兆鹏：中国茶叶学会顾问、湖南省茶叶学会名誉理事长、湖南农业大学
　　　　　茶学系教授、博士生导师
　陈云君：中国国学大师、教授
　王　庆：中国茶叶流通协会常务副会长
　梅　峰：吴觉农思想研究会会长

主　任
　刘仲华：中国茶叶学会副理事长、湖南农业大学茶学博士点领衔导师
　林　治：浙江大学兼职博士生导师、湖南农业大学客座教授、西安六如茶
　　　　　文化研究所所长

副主任
　杨江帆：武夷学院校长、北京大学茶文化经济研究所常务副所长、博士生
　　　　　导师

委　员（以姓氏笔画为序）
　包小村：湖南省茶叶学会副理事长、湖南省茶叶研究所所长、研究员
　吕才有：云南农业大学龙润普洱茶学院院长、教授、硕士生导师
　关剑平：浙江树人大学人文学院茶文化专家、博士、副教授
　孙威江：福建农林大学安溪茶学副院长，福建农林大学茶学系主任，福建
　　　　　省高等学校重点茶学学科带头人，博士、教授、博士生导师

朱海燕：湖南农业大学园艺园林学院茶学系博士、副教授、硕士生导师
余　悦：江西省社会科学院首席研究员、赣南师范学院历史文化旅游学院特聘教授、南昌大学中文系硕士生导师
何普明：浙江大学茶学系教授、博士生导师
吴言生：文学博士，现为中国禅学主编、陕西师范大学佛教研究所所长、博士生导师
宋少华：中国社会科学院研究生院(深圳)特邀教授、博士
张丽霞：山东农业大学园艺科学与工程学院茶学系主任、博士、教授
李　伟：浙江树人大学茶文化专业讲师、博士
肖力争：湖南农业大学园艺园林学院副院长、博士、副教授
陈　暄：南京农业大学园艺学院茶学系讲师、博士
陈奇志：湖南省茶业协会副秘书长、湖南省茶馆协会常务副会长
周圣弘：武汉商学院中国茶文化研究所所长、教授
周　玲：云南农业大学教授、硕士生导师、中国国际茶文化研究会常务理事
郑忠堂：陕西省供销合作总社副主任、陕西省茶业协会副会长
姜含春：安徽农业大学管理科学学院教授、中国茶文化研究所茶叶经济研究室主任
郗恩崇：长安大学经济与管理学院教授、博士生导师
郭雅玲：福建农林大学茶学系副主任、副教授
徐　懿：浙江大学茶学系博士
屠幼英：浙江大学茶学系教授、博士生导师、浙江省生物化学与分子生物学会理事长
熊昌云：浙江大学茶学系博士、云南热带作物职业学院讲师
蔡镇楚：湖南师范大学中文系教授、博士生导师

前　　言

中国是茶的祖国,茶产业是中国的传统优势产业。两千多年前,我国就开始有了茶的商品化生产,饮茶成为国人日常生活的重要内容,由种茶、制茶、卖茶和饮茶发展衍生出来的茶产业和茶文化,成为中国经济和文化的重要特色之一。茶和瓷器、丝绸都是古代中国通过丝绸之路输出的最主要的商品,在某种意义上说,它们几乎成了东方文明的象征物,中国茶叶曾经垄断国际茶叶市场长达数个世纪。改革开放以来,我国茶产业快速发展,至2016年,我国茶园面积已接近300万公顷,茶叶总产量243万吨,茶叶出口32.9万吨,出口金额14.8亿美元,国内茶叶销售也达180万吨左右。茶叶种植面积、茶叶产量和茶叶消费量均居世界第一,成为名副其实的茶叶大国。全国20个省、市、自治区产茶,有近1000个产茶县(市、区),茶产业的年农业产值约1600亿元,年综合产值近5000亿元。茶产业的发展不仅对农业、农村经济发展具有重要的作用,对于优化农业农村经济结构,改善生态环境,促进农民脱贫致富也有重大意义。

回顾近30多年的发展,中国茶产业的发展进步不容置疑,然而,目前我国茶产业发展还存在诸多问题,其中突出的问题就是行业集中度低,茶企管理落后,茶叶市场不规范,茶商市场规则意识不强等,导致茶叶整体经济效益不高,企业市场竞争力不强,品牌成长缓慢。实际上,自改革开放以后,我国茶叶管理由计划经济向市场经济转型的过程中,茶叶的产销模式和营销模式发生了几次大的变化。近些年,受"互联网+"的推动,茶业电商、微商业务量增长迅速,传统零售门店、批发市场受到较大冲击,茶馆、茶楼等传统服务业的消费新模式正在孕育,茶旅结合成为拉动茶叶消费的新热点,融"互联网+"与个性定制于一体的现代营销模式逐渐显现优势。中国茶叶市场正处在商业模式探索与变革的关键时期。茶产业的转型升级和效益提升依赖科技创新和管理创新、营销创新等多重力量的推动。

市场营销学是企业在不断变化的市场环境和激烈的市场竞争中求生存、求发展的管理利器。自20世纪80年代初市场营销理论引入我国后,在我国各行各业中得到广泛应用,对我国各行业,包括茶行业的企业管理水平的提高发挥了巨大的作用。茶叶市场营销学是市场营销理论在茶行业中的具体应用,是研究茶叶企业如何满足顾客对茶叶产品的需求，有计划地组织和管理企业活动，把符合要求的茶叶商品或服务送到顾客手中，从而获取最大利润的学科。茶叶市场营销是茶叶企业经营管理的核心内容，对茶叶企业做大做强意义重大，因此，茶叶市场营销学也成为茶叶企业经营者、营销者和行业管理部门人员的必备的理论知识。

本教材是为了更好地满足读者对茶叶市场营销管理实践的需求，适应我国茶业人才培养的需要，由世界图书出版西安有限公司组织相关院所的7位专家，组成编辑团队，历经数年完成的。肖力争担任主编，孙威江、陈富桥任副主编。全书分十五章，编写分工如下：肖力争编写第一章、第三章、第七章，陈富桥第二章、第九章、第十四章，孙威江编写第四章、第五章、第十五章，周玲编写第六章，杨坚编写第八章、第十章，包小村编写第十一章、第十二章，吕才有编写第十三章。最后由肖力争对全书进行统一修改和统稿工作。编著者出于高度的社会责任感和对茶、对茶产业的挚爱，投入大量精力完成了编著任务。在此对各位参与本书编写的专家们表示由衷的敬意。

本教材属于世界图书出版西安有限公司《茶文化学》系列教材之一种，编写过程中得到世界图书出版公司的具体指导和鼎力支持，得到了《茶文化学》系列教材编辑委员会诸专家的悉心指导。世界图书出版西安有限公司薛春民总经理多次参加本教材的编辑会议，对本教材的出版提出了很多指导性意见。责任编辑李江彬女士等对教材的编辑出版付出了巨大的辛劳，在此表示衷心的感谢！

限于编撰者对相关专业知识的学习和研究深入不够，书中一定存在不少瑕疵和不足，欢迎读者在使用时不吝赐教。

肖力争

2017年5月18日

目录

第一章 绪论 ………………………………………………………… 1
 第一节 茶叶市场营销学的研究内容 ……………………………… 2
  一、茶叶市场营销学的概念 …………………………………… 2
  二、茶叶市场营销学的研究内容 ……………………………… 3
  三、茶叶市场营销学的研究对象及范围 ……………………… 4
  四、茶叶市场营销学的研究方法 ……………………………… 5
  五、茶叶市场营销学的学科特点 ……………………………… 6
 第二节 茶叶市场营销学的任务与学习方法 ……………………… 8
  一、茶叶市场营销学的任务 …………………………………… 8
  二、茶叶市场营销学的学习方法 ……………………………… 10

第二章 市场营销基本理论 ………………………………………… 11
 第一节 市场、市场营销与营销观念 ……………………………… 12
  一、市场的含义与特征 ………………………………………… 12
  二、市场营销的概念 …………………………………………… 13
  三、市场营销观念的演变与发展 ……………………………… 14
 第二节 市场营销学的基本理论及进展 …………………………… 19
  一、4P 理论 …………………………………………………… 19
  二、4C 理论 …………………………………………………… 19
  三、4R 理论 …………………………………………………… 20
  四、6P 理论 …………………………………………………… 20
  五、市场营销理论的进展 ……………………………………… 21

第三章　茶产业与茶叶市场 ································· 25

第一节　茶叶产品的分类及特点 ································· 25
一、茶叶产品的分类 ································· 26
二、茶叶的商品特性 ································· 28
三、茶叶消费的特点 ································· 30

第二节　茶产业及其产业链 ································· 32
一、茶产业概述 ································· 32
二、茶产业链 ································· 33
三、茶叶生产与供给 ································· 35
四、茶叶消费与贸易 ································· 38

第三节　茶叶企业 ································· 42
一、茶叶企业的类别 ································· 42
二、我国茶叶企业的特点 ································· 43
三、我国茶叶企业的营销模式 ································· 43

第四节　茶叶市场 ································· 45
一、茶叶市场的形成与发展 ································· 45
二、茶叶市场的分类与特征 ································· 46

第四章　茶叶市场营销环境与消费者分析 ································· 57

第一节　茶叶市场营销的环境与特点 ································· 58
一、营销环境的含义与特征 ································· 58
二、茶叶企业营销的宏观环境 ································· 62
三、茶叶企业营销的微观环境 ································· 69

第二节　茶叶营销环境分析与对策 ································· 75
一、环境威胁分析 ································· 75
二、市场机会分析 ································· 76
三、综合环境分析 ································· 77
四、企业营销对策 ································· 78

第三节　茶叶消费者市场及其购买行为分析 ································· 80

一、消费者行为概述 …………………………………………… 80
　　　二、影响消费者行为的个人因素 ……………………………… 83
　　　三、影响消费者行为的环境因素 ……………………………… 86
　　　四、消费者购买茶叶的决策过程 ……………………………… 88

第五章　茶叶市场营销调研与预测 ………………………………… 97
　第一节　茶叶市场营销调研 ……………………………………… 98
　　　一、茶叶市场营销调研的含义与作用 ………………………… 98
　　　二、茶叶市场营销调研的类型及内容 ………………………… 100
　第二节　茶叶市场营销调研的步骤和方法 ……………………… 103
　　　一、茶叶市场营销调研的步骤 ………………………………… 103
　　　二、茶叶市场营销调研的方法 ………………………………… 105
　第三节　茶叶市场需求的测量与预测 …………………………… 112
　　　一、茶叶市场需求的测量 ……………………………………… 112
　　　二、目前茶叶市场需求的估计 ………………………………… 115
　　　三、茶叶市场需求预测方法 …………………………………… 117

第六章　茶叶企业市场营销战略 …………………………………… 129
　第一节　营销战略对茶叶企业的重要性 ………………………… 130
　　　一、战略规划的意义和作用 …………………………………… 130
　　　二、茶叶企业营销战略的制定 ………………………………… 131
　　　三、茶叶企业战略层次 ………………………………………… 133
　第二节　茶叶企业战略规划 ……………………………………… 134
　　　一、明确茶叶企业的使命 ……………………………………… 134
　　　二、确定茶叶企业目标 ………………………………………… 137
　第三节　茶叶企业竞争战略 ……………………………………… 140
　　　一、三种基本竞争战略 ………………………………………… 141
　　　二、茶叶企业联盟战略 ………………………………………… 143
　第四节　茶叶企业营销管理 ……………………………………… 145
　　　一、市场营销的分析与计划 …………………………………… 145

二、市场营销实施 …………………………………………… 147
　　三、市场营销控制 …………………………………………… 148

第七章　茶叶目标市场营销策略 …………………………………… 153
第一节　茶叶市场细分 …………………………………………… 154
　　一、茶叶市场细分的含义与基础 …………………………… 155
　　二、茶叶市场细分的原则和作用 …………………………… 156
　　三、茶叶市场细分的标准 …………………………………… 158
　　四、茶叶市场细分的方法和程序 …………………………… 161
第二节　茶叶企业目标市场选择 ………………………………… 163
　　一、目标市场选择及其重要性 ……………………………… 164
　　二、目标市场选择的依据 …………………………………… 164
　　三、茶叶企业目标市场选择策略 …………………………… 165
　　四、茶叶企业目标市场选择的影响因素 …………………… 169
第三节　茶叶企业市场定位 ……………………………………… 170
　　一、市场定位的含义与内容 ………………………………… 171
　　二、茶叶企业市场定位的程序 ……………………………… 173
　　三、茶叶企业市场定位的策略 ……………………………… 174

第八章　产品策略 …………………………………………………… 181
第一节　产品及其分类 …………………………………………… 182
　　一、整体产品概念 …………………………………………… 182
　　二、产品分类 ………………………………………………… 185
第二节　产品组合策略 …………………………………………… 187
　　一、产品组合及其相关概念 ………………………………… 187
　　二、产品组合策略的类型 …………………………………… 188
　　三、产品组合决策 …………………………………………… 191
　　四、产品线决策 ……………………………………………… 195
第三节　产品生命周期理论及其应用 …………………………… 197
　　一、产品生命周期理论 ……………………………………… 197

  二、产品生命周期的特点及其策略 ………………………… 201
  三、产品生命周期理论的作用 …………………………… 204
 第四节 新产品开发 …………………………………………… 205
  一、新产品的概念 ………………………………………… 206
  二、新产品开发的原则 …………………………………… 207
  三、新产品开发的方式 …………………………………… 208
  四、新产品开发的程序 …………………………………… 209
  五、新产品开发的趋势 …………………………………… 210
 第五节 产品包装策略 ………………………………………… 212
  一、包装的概念与作用 …………………………………… 212
  二、包装的分类与设计原则 ……………………………… 213
  三、包装策略 ……………………………………………… 214

第九章 茶叶价格策略 …………………………………………… 217
 第一节 影响茶叶产品定价的因素 …………………………… 218
  一、定价目标 ……………………………………………… 218
  二、供求关系 ……………………………………………… 221
  三、成本因素 ……………………………………………… 222
  四、市场竞争状况 ………………………………………… 224
  五、产品属性及品质 ……………………………………… 225
  六、其他外部因素 ………………………………………… 226
 第二节 茶叶企业定价的基本方法 …………………………… 227
  一、成本导向定价法 ……………………………………… 227
  二、需求导向定价法 ……………………………………… 229
  三、竞争导向定价法 ……………………………………… 231
  四、按生产能力定价法 …………………………………… 233
 第三节 茶叶定价策略与技巧 ………………………………… 233
  一、新产品定价策略 ……………………………………… 233
  二、心理定价策略 ………………………………………… 235
  三、营销组合定价策略 …………………………………… 238

　　　　四、折扣、折让策略 ………………………………………… 239

第十章　销售渠道策略 ………………………………………………… 243
　　第一节　分销渠道及其作用 ……………………………………… 244
　　　　一、分销渠道的含义、特征 …………………………………… 244
　　　　二、分销机构的作用 …………………………………………… 244
　　　　三、分销渠道的功能与流程 …………………………………… 245
　　　　四、分销渠道的结构 …………………………………………… 246
　　第二节　中间商 …………………………………………………… 248
　　　　一、批发商 ……………………………………………………… 249
　　　　二、零售商 ……………………………………………………… 253
　　第三节　销售渠道决策 …………………………………………… 255
　　　　一、渠道设计的概念 …………………………………………… 255
　　　　二、渠道设计的框架 …………………………………………… 256
　　第四节　渠道管理决策 …………………………………………… 261
　　　　一、选择渠道成员 ……………………………………………… 262
　　　　二、激励渠道成员 ……………………………………………… 262
　　　　三、评价渠道成员 ……………………………………………… 264
　　　　四、渠道改进安排 ……………………………………………… 265
　　第五节　分销渠道的发展动态 …………………………………… 265
　　　　一、垂直营销系统(VMS) ……………………………………… 265
　　　　二、水平营销系统(HMS) ……………………………………… 267
　　　　三、多渠道营销系统(MMS) …………………………………… 267

第十一章　茶叶专业店与连锁营销 …………………………………… 271
　　第一节　茶叶专业店 ……………………………………………… 272
　　　　一、茶叶专业店的概述 ………………………………………… 272
　　　　二、茶叶专业店的开店准备 …………………………………… 273
　　　　三、茶叶专业店的运营与管理 ………………………………… 280
　　第二节　茶叶连锁营销 …………………………………………… 284

一、连锁营销概述 ·· 284
　　二、茶叶连锁营销策略 ·· 288

第十二章　茶叶促销策略 ·· 295
　第一节　茶叶促销 ·· 296
　　一、促销的作用 ·· 296
　　二、促销方式和促销工具 ·· 297
　　三、促销组合选择的影响因素 ·· 298
　第二节　人员推销策略 ·· 299
　　一、人员推销的特点 ·· 300
　　二、推销人员要求具备的素质 ·· 301
　　三、人员推销的步骤 ·· 301
　　四、人员推销的策略和技巧 ·· 303
　第三节　茶叶广告策略 ·· 305
　　一、公共关系概述 ·· 305
　　二、广告方案的制定 ·· 306
　第四节　茶叶公共关系推广策略 ·· 314
　　一、公共关系概述 ·· 314
　　二、茶叶公共关系的实施步骤 ·· 316
　第五节　茶叶营业推广策略 ·· 318
　　一、营业推广概述 ·· 318
　　二、营业推广的实施步骤 ·· 321

第十三章　茶叶品牌运营 ·· 325
　第一节　品牌概述 ·· 326
　　一、品牌的定义 ·· 326
　　二、品牌的内涵 ·· 328
　　三、品牌定位 ·· 331
　　四、品牌的功能 ·· 332
　　五、品牌的类别和作用 ·· 333

　　　　　六、中国茶叶品牌的现状 …………………………………… 334
　　第二节　茶叶品牌设计 ……………………………………………… 337
　　　　　一、茶叶品牌设计的原则 ……………………………………… 337
　　　　　二、茶叶品牌的商标设计 ……………………………………… 339
　　第三节　茶叶品牌的传播 …………………………………………… 340
　　　　　一、茶叶品牌的广告传播 ……………………………………… 340
　　　　　二、茶叶品牌的销售促进传播 ………………………………… 341
　　　　　三、茶叶品牌的副媒体传播 …………………………………… 341
　　　　　四、茶叶品牌形象整合传播 …………………………………… 341
　　第四节　茶叶品牌的价值 …………………………………………… 343
　　　　　一、茶叶品牌资产的构成 ……………………………………… 343
　　　　　二、茶叶品牌资产的评估 ……………………………………… 345
　　第五节　茶叶品牌的营销与管理 …………………………………… 347
　　　　　一、茶叶品牌的营销策略 ……………………………………… 347
　　　　　二、茶叶品牌的营销网络 ……………………………………… 348
　　　　　三、茶叶品牌的管理 …………………………………………… 348
　　　　　四、茶叶品牌的创新 …………………………………………… 349

第十四章　国际茶叶营销 …………………………………………………… 355
　　第一节　国际茶叶营销概述 ………………………………………… 356
　　　　　一、国际茶叶营销的概念 ……………………………………… 356
　　　　　二、国内外茶叶营销的比较 …………………………………… 357
　　　　　三、国际茶叶营销开展的意义 ………………………………… 358
　　　　　四、我国茶叶国际市场营销的不足 …………………………… 359
　　第二节　国际茶叶营销环境分析 …………………………………… 361
　　　　　一、经济环境 …………………………………………………… 361
　　　　　二、政治与法律环境 …………………………………………… 364
　　　　　三、社会文化环境 ……………………………………………… 365
　　　　　四、国际营销环境发展新趋势 ………………………………… 366
　　第三节　国际茶叶营销策略 ………………………………………… 367

一、产品策略 …………………………………………………… 367
　　二、目标市场选择与进入策略 ………………………………… 368
　　三、渠道策略 …………………………………………………… 371

第十五章　茶叶市场营销的新发展 ………………………………… 375
　第一节　茶叶网络营销 ………………………………………………… 376
　　一、网络营销在茶叶企业发展中的重要作用 ………………… 376
　　二、我国茶叶网络营销现状 …………………………………… 377
　　三、茶叶企业网络营销基本对策 ……………………………… 377
　第二节　茶叶整合营销 ………………………………………………… 378
　　一、整合营销的概念和作用 …………………………………… 378
　　二、茶叶企业利用整合营销打造品牌的关键点 ……………… 379
　第三节　茶叶绿色营销 ………………………………………………… 380
　　一、绿色营销的概念 …………………………………………… 380
　　二、绿色营销的内容 …………………………………………… 380
　　三、我国茶叶企业实施绿色营销的基本对策 ………………… 381
　第四节　茶叶文化营销 ………………………………………………… 382
　　一、文化营销的含义 …………………………………………… 382
　　二、茶叶文化营销的模式 ……………………………………… 383
　　三、实施茶叶品牌文化营销策略 ……………………………… 384
　第五节　茶叶关系营销 ………………………………………………… 385
　　一、关系营销的概念 …………………………………………… 385
　　二、关系营销的作用 …………………………………………… 385
　　三、茶叶企业实施关系营销的有效途径 ……………………… 386
　第六节　茶叶水平营销 ………………………………………………… 388
　　一、水平营销的概念及其与纵向营销的区别 ………………… 388
　　二、水平营销的创新思路 ……………………………………… 388
　　三、茶叶水平营销的策略 ……………………………………… 389

第一章 绪论

本章提要

本章的第一节重点介绍茶叶市场营销学的研究内容,包括茶叶市场营销学的概念、研究的内容、对象、范围、方法以及学科特点;第二节介绍了茶叶市场营销学的任务和学习方法。通过本章的学习,要求掌握茶叶市场营销学的基本概念和研究内容、方法,了解其对我国茶产业和茶叶企业发展的重要意义。

第一节 茶叶市场营销学的研究内容

一、茶叶市场营销学的概念

市场营销理论是企业把市场营销活动作为研究对象的一门应用科学,于20世纪20年代在美国创立,80年代初引入我国,当时翻译为市场学,在台湾叫市场行销。经过几十年的发展,市场营销理论在我国各行各业得到了巨大的应用。茶叶是我国重要的出口创汇农产品,随着茶叶消费的国际化,茶叶市场营销的理论及实践方式也得到极大的扩展。1992年我国最早的一本茶叶市场营销方面的教材——陈椽、姜含春编著的《茶叶市场学》由农业出版社出版,这也标志着茶叶市场营销理论进入新阶段。

茶叶市场营销学(Tea Marketing)是研究茶叶市场营销活动规律的学科。可将其定义为:茶叶企业基于普通市场营销学的基本原理,结合茶叶市场营销活动的实际,总结凝练茶叶营销实践经验,进而形成的完整的、系统的知识体系。其目的是通过认识茶叶市场营销的基本规律,形成茶叶市场营销的理论体系,以此来指导茶叶企业的营销实践。它是一门研究茶叶企业如何适应和引导顾客对茶叶的需求,有计划地组织和管理企业活动,把符合要求的茶叶商品或服务送到顾客手中,从而获取最大限度利润的学科。

茶叶市场营销不能简单地等同于茶叶销售,它是茶叶企业的一种系统完整的管理过程,它是包括如何识别、预测并满足顾客需求且获得盈利的全部管理过程。茶叶市场营销对茶叶企业做大做强具有重要意义。

二、茶叶市场营销学的研究内容

根据茶叶市场营销学的概念,茶叶市场营销的研究内容主要包括以下三个方面。

(一)市场环境与企业经营战略

根据企业内部环境分析、企业外部环境分析、企业内外部环境综合分析等措施,研究茶叶企业的经营战略与具体策略——探讨采取什么样的市场手段、经营策略和方法以最有效地实现企业的战略目标。

(二)目标市场研究

目标市场研究中,主要包括总体市场分析、目标市场细分以及市场定位等方面。总体市场分析主要是分析市场容量、消费者偏好、交通便利性等因素;目标市场细分是指按照消费者一定特性将原有市场分为若干个子市场,其主要考察目标市场的竞争情况,并根据市场细分结果采取相应的营销战略;市场定位是指企业为了适应消费者的某一特定地位而设计其产品和营销组合的行为。

(三)市场营销问题研究

市场营销问题研究主要探讨茶叶企业市场营销要素和市场营销组织协调。市场营销因素主要包括产品、价格、销售渠道和促销四大要素,而市场营销组织协调就是指在企业目标市场实施中如何确定四大要素,有效满足目标市场顾客需求。

总之,茶叶市场营销学强调茶叶企业的全部活动,并且以茶叶消费者的需求为中心。这是茶叶企业经营的指导思想,满足消费者对茶叶的需求与满足茶叶生产经营者获取利润的需求之间,是一种相互满足的互利互惠的交换关系,实现并稳固这种交换关系的前提和基础正是茶叶消费者的需求能得到充分的满足。

三、茶叶市场营销学的研究对象及范围

茶叶市场营销学研究的对象是以满足茶叶消费者需求为中心的企业营销活动及其规律,即研究在特定的市场环境中,茶叶企业如何满足顾客对茶叶的需要,组织实施全部营销活动及其所遵循的规律,以便指导茶叶企业制定、执行和控制营销战略与策略,实现茶叶企业的营销目标。

依据茶叶市场营销学的研究对象,茶叶市场营销学的研究范围除以茶叶流通领域的活动为主体外,还上延至茶叶生产领域的产前活动,如茶叶市场调查、茶叶市场分析、茶叶需求预测、确定目标市场、市场定位,等等;下延至茶叶消费领域的售后活动,如售后服务、质量跟踪、意见收集、客户拜访,等等,只有这样才能正确地识别、预测顾客对茶叶的需求,避免茶叶营销工作的盲目性,更好地令顾客满意,最终实现企业的营利目的。

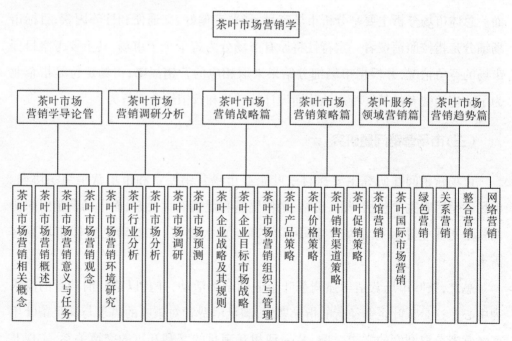

图1-1 茶叶市场营销学的研究框架

从市场调查开始,分析预测顾客对茶叶的需求,并围绕顾客对茶叶的需求规

划企业战略,细分市场,确定目标市场,进行市场定位,研制适销对路的茶叶产品,制定价格、分销渠道、促销及其组合策略等并予以实施,最终实现企业盈利,这些就是茶叶市场营销的核心内容。

茶叶产业包括众多的各类型茶叶企业和业内其他组织,它们构成了整个茶叶行业系统。茶叶市场营销的理论和方法可运用于研究整个茶叶行业,探讨从发展社会经济、满足社会需求、促进茶叶产业发展等角度来开展茶叶市场营销活动。但一般而言,茶叶市场营销更多的是研究茶叶企业所进行的识别、预测并满足茶叶顾客需求以盈利的茶叶市场营销活动。

四、茶叶市场营销学的研究方法

茶叶市场营销学的研究方法以市场营销学的研究方法为基础。20世纪50年代市场营销学研究方法主要包括流通领域中的商品研究法、机构研究法和功能研究法等。50年代之后,尤其是70年代,市场营销学开始与心理学、行为科学、社会学、管理学等学科结合成综合性学科,研究方法也开始发生变化,主要有管理研究法、系统研究法和社会研究法等。本节仅简单介绍主要研究方法的内容及特征:

(一)商品研究法

商品研究法主要是以物为研究主体,研究内容包括产品的设计、品牌、包装、价格、商标、分销、促销等。该研究方法内容详细,但是资源耗费较大,且重复性高。

(二)机构研究法

机构研究法以市场营销制度研究为出发点,以人为中心。主要针对市场结构、市场体制、流通渠道等方面,同时也涉及与商品市场关系密切的辅助机构,如金融、运输等机构的运作规律和职能等。通过对市场体制、市场结构及流通渠道的研究分析,可以更好地管理市场营销各项机能。

(三)功能研究法

功能研究法主要研究商品从生产者到消费者的流通过程中所开展的营销活动中市场营销组织所发挥作用的方法。市场营销组织的作用主要包括交换功能(如购买和销售)、供给功能(如存储和运输)及便利功能(如风险分散和市场信息)。

(四)管理研究法

管理研究法主要是从管理学的角度来分析市场营销。企业在生产经营过程中,为实现目标市场需求,不仅要考虑外部环境变化,也要研究企业本身资源条件,然后选择最佳的市场营销组合。

(五)系统研究法

系统研究法主要是将企业作为一个整体系统来研究,该系统包括企业内部系统和外部系统,即不仅要研究企业各职能部门如何协调配合进行营销活动,也要考虑企业营销活动与内外部各个组织系统的协调。

(六)社会研究法

社会研究法与社会学、生态学相结合,具体研究企业市场营销活动对社会利益的影响。如市场营销活动促进了经济发展,但是也会因为产品陈旧等问题造成社会浪费、环境污染等。

五、茶叶市场营销学的学科特点

茶叶市场营销学是市场营销学在茶叶行业经济活动中的深入研究,这就决定了茶叶市场营销学的特点有以下几点。

（一）理论基础的综合性

为了适应市场经济的发展和茶叶企业营销管理的需要，逐渐深入的规范研究促成了市场营销学对相关学科的学习和吸收，在其发展完善过程中融合了经济学、行为学、管理学、数学、社会学、心理学等学科的基础理论、研究方法和成果，使之成为一门综合性、边缘性应用管理学科。进而，基于茶叶市场营销学是市场营销学在茶叶行业经济活动中的深入研究，市场营销学则是茶叶市场营销学的理论基础。

（二）理论系统的发展能动性

市场营销学自20世纪初产生以来，是近一个世纪中发展最快的管理学科之一，过去的百年是市场营销学孕育、成长、不断发展的百年，是市场营销管理思想与实践不断革命与创新丰富的百年。自市场营销学体系建立以来，尤其是20世纪50年代以来，每隔几年就会产生一批创新的营销理论和概念。随着经济全球化的推进和科技的快速发展，茶叶市场经常会出现新的挑战，茶叶企业或组织必须做出反应，不断产生新的茶叶市场营销观念和方法应对市场的新挑战，因此，茶叶市场营销学的理论体系、理论本身、方式、方法都将不断面临着挑战，需要不断地进行重新审视和研究。

（三）理论价值的实践性

茶叶市场营销学源于实践需要而创建，即应我国商品经济发展及茶叶企业营销管理需要而产生的，反过来，它又应用于茶叶营销实践，指导茶叶营销实践。一方面，茶叶市场营销学的基本原理、策略和方法来源于茶叶企业营销实践的总结和提炼；另一方面，茶叶市场营销学的基本原理、策略和方法又对茶叶企业的营销和管理具有指导意义。正是因为如此，茶叶市场营销学才有其存在的价值。研究茶叶企业的市场营销活动及其规律，为茶叶企业的营销管理服务，是茶叶市场营销学的基本立足点，也是茶叶市场营销学存在和发展的基础。

第二节　茶叶市场营销学的任务与学习方法

一、茶叶市场营销学的任务

市场是社会再生产的条件,是连接生产与消费的纽带和桥梁。企业的生产经营活动不能离开市场,研究企业市场营销策略及营销活动的规律性,是商品经济发展的需要。茶叶企业想要在迅速变化的市场环境和日趋激烈的市场竞争中求生存、求发展,学习和掌握现代茶叶市场营销学的理论和方法,在营销实践中不断总结完善企业的营销理念和营销策略,对开拓市场,做大、做强企业具有决定性的意义。学习茶叶市场营销学的主要任务可以概括为以下三点:

(一)完善茶叶市场营销学理论

党的十一届三中全会后,尤其是1992年我国市场经济体制的确立,在西方市场经济下产生并发展起来的市场营销学被再度引进我国内地,并得以广泛传播和应用。茶叶市场营销学也在此期间由著名茶学专家陈椽教授、姜含春老师创立。茶叶市场营销学正在对我国茶叶企业的发展、经营水平的提高发挥着巨大的作用和积极的影响,市场经济必将进一步催化市场营销理论与我国茶叶企业营销活动的结合。但是基于茶叶产业的特点,茶叶组织及企业不能完全照搬西方的经典市场营销学,迫切需要理论研究人员依据我国国情和茶叶产业特点探讨我国茶叶市场营销学理论及其体系框架。

(二)探讨适合中国国情、茶情的市场营销理论和方法

西方经典营销理论源自美国,但其理论体系和内涵未必适合于我国,尤其是茶叶企业或组织。美国的经济整体性和文化统一性明显,而我国却多元结构并

存:发达市场、欠发达市场、不发达市场并存,产品导向、推销导向、顾客导向同在。马斯洛的五种需求不仅存在于不同群体,而且同时存在于同一个人身上,以至于西方营销理论不能套用于如此复杂的社会背景下的茶叶企业或组织的活动。现阶段,中国的茶叶企业仍以中小型为主(95%以上的茶叶企业注册资本不超过1000万元人民币),且数量多、行业集中度低;人力、财力、信息技术实力较弱,运行机制低效等。因此,茶叶市场营销学在相当长一段时间内的研究任务就是研究活力程度不等的茶叶市场活动主体——茶叶企业或组织在完善程度不等的市场上的营销活动及其规律,同时包括相应的营销策略和方法。

(三)探讨中国茶叶市场营销理论的创新和发展趋势

我们正在经历经济全球化、现代科技的飞速发展,特别是信息科技产业的崛起,这些从根本上改变着人们的生活方式和社会生产方式,带来比以往更为复杂和快速变化的社会经济环境以及更为剧烈的全球竞争,预示着未来茶叶市场营销在思想观念、战略方式上都将发生深刻的变化。这就对我国茶叶市场营销理论研究提出了创新和发展的新任务。未来应该逐渐适时地将以下新的营销理论运用到茶叶市场营销学的理论体系和实践中。

(1)注重茶叶顾客价值和顾客满意。顾客满意战略,是一种新的营销战略,强调以顾客为中心的价值观,通过顾客满意系统的运行,赢得忠诚满意的顾客群。在未来的市场竞争中,让顾客满意的茶叶企业是不可战胜的,保持顾客满意是茶叶企业经营活动的基本准则,顾客满意战略是现代茶叶企业制胜的关键。

(2)注重茶叶企业与社会生态协调发展。进一步拓展绿色营销、低碳营销,正确处理和解决好茶叶企业持续发展与环境污染、资源消耗和消费者利益的关系,把对社会和消费者的长期关心和责任引到茶叶企业的营销观念和实践活动中,营造一种良好的茶叶企业赖以持续发展的营销生态环境。

(3)注重茶叶全球化下的本土性营销。随着经济全球化、科学技术和经济的快速发展,将会有越来越多的茶叶企业有条件制订适宜的全球化茶叶营销战略,追求在国境外发展。纯粹的全球化营销战略(即全球化标准战略)或纯粹的本土化营销战略在实践中均难以实施,现代茶叶营销中将会进一步推进实施"全球本土化"营销战略。

（4）注重茶叶企业间建立战略联盟和合作网络。面对日益激烈的市场竞争，尤其是当经济全球化时，不论一个茶叶企业无论多么强大，它都将会缺少获得成功的全部资源和条件，需要运用共生营销、合作营销战略，设计战略联盟和合作网络，同其他相关企业或组织进行合作，建立全球性或区域性的伙伴联盟，有效利用社会资源，提高茶叶企业市场竞争力。

（5）注重茶叶直销与网络营销。随着信息和传播技术的革命和推进，网络营销以其显著的优势（低成本、高效益、零时空、平等互动）强烈地冲击现有的经济格局和传统的营销理念和方式，并将成为21世纪营销的主流。如运用数据库的技术优势及电子数据交换实现低成本、快速方便的直接营销，部分茶叶企业已经尝到了甜头，而如何从理论上进一步研究，技术上进一步先进，使其对茶叶企业的营销产生更好的作用，是营销理论界亟须研究的课题。

（6）注重文化资源在茶叶营销中的应用。21世纪不再以科技为宠，文化时代已经到来。毋庸置疑，一个茶叶企业的经济决策需要文化的渗透，一个茶叶市场的建立和发展需要文化的认同，茶文化厚积薄发的巨大力量将对茶叶企业营销产生深远和巨大的影响。

二、茶叶市场营销学的学习方法

（一）结合市场营销学和茶叶相关学科，掌握基础理论知识

茶叶市场营销学的学习离不开市场营销学和茶叶相关学科，只有将二者相结合，才能领会和深入有关理论，这是学习该书的前提。

（二）学以致用，理论联系实践

茶叶市场营销学是一门实践性较强的学科，对于广大农林院校学生、茶叶经济研究者、茶叶生产经营者等都有很强的指导性。学生在学习过程中在学习理论知识的同时，应适当结合典型的营销案例，加深对产业市场营销的理解；同时利用所学的茶叶营销理论和知识，针对新现象、新趋势做出适当的判断和解释，从而提高实际运用能力。

第二章 市场营销基本理论

本章提要

本章重点介绍市场营销的基本理论及其发展脉络。第一节主要介绍市场营销的定义及市场营销观念的发展与演变。第二节重点介绍市场营销的基本理论流派及其主要观点，并简要介绍市场营销理论的新进展。通过本章的学习，要求掌握市场营销的基本概念，了解营销观念的演变过程，熟悉经典营销理论的基本观点，能够区分不同营销理论。本章要求掌握市场营销的基本含义、理论及发展趋势。

第一节　市场、市场营销与营销观念

一、市场的含义与特征

(一)市场的概念

由于研究视角和目的的不同,市场在经济理论中至少有三层含义。第一层含义是在地理的或物理的意义上,市场是指开展商品交换的场所,亦即买卖双方发生交换关系的地点或地区。随着交换商品和市场形态的演变,目前商品交换的市场已经不仅局限在实体市场上,以电子信息技术为形态的虚拟市场日益增加。第二层含义是从商品交易活动的本质看,市场是指商品买卖双方交换关系的总和,市场代表一种交易关系,是实体市场里的无形部分。第三层含义是从营销的角度看,市场是指有一定购买力的需求的总和,往往等同于"需求"。

(二)市场营销学中的"市场"

在市场营销学中的"市场"是指上述的第三种含义。以茶叶市场为例,对市场的概念具体又可以从两个方面来理解:第一,市场是对茶叶及其衍生产品的具有支付能力的需求,例如"茶叶的市场快速增长"指的是茶叶的需求量很大,反映的是茶叶消费需求的快速增长。第二,市场是对茶叶及其衍生产品具有需求的所有现实和潜在的购买者,是指茶叶有消费需求的顾客,例如"茶叶市场很大"可以理解为现实的、潜在的需求者很多。

二、市场营销的概念

(一)市场营销的经典定义

有"营销之父"美称的美国西北大学著名营销学家菲利普·科特勒(Philip Kotler)*教授指出:"市场营销是与市场有关的人类活动,市场营销意味着和市场打交道,为了满足人类需要和欲望,去实现潜在交换。""市场营销是一种社会过程:个人和团体通过创造以及与别人交换产品和价值来满足其需要和欲望。"科特勒教授把市场营销定义为企业的活动,其目的在于满足目标顾客的需要,以此实现企业的经营目标。

美国市场营销协会(American Marketing Association,AMA)于1960年将市场营销定义为:市场营销是为创造、沟通与传送价值给顾客,及经营顾客关系以便让组织与其利益关系人受益的一种组织功能与程序。麦卡锡将市场营销定义为:市场营销是企业经营活动的职责,它将产品及劳务从生产者直接引向消费者或使用者以便满足顾客需求及实现公司利润,同时也是一种社会经济活动过程,其目的在于满足社会或人类需要,实现社会目标。这一定义进一步指出了满足顾客需求及实现企业盈利成为公司的经营目标。上述两个定义都把企业营销活动局限于流通领域范围内,而不是看成包括市场营销调研、产品开发、定价、分销广告、宣传引导、销售促进、人员推销、售后服务等活动的全过程。

(二)市场营销的新式定义

2004年8月在美国市场营销协会夏季营销教学者研讨会上,更新了对市场营销的定义。此后,关于市场营销的新定义在美国的市场营销理论界、实践界引起了广泛讨论。中国人民大学商学院郭国庆教授建议将这次的新定义完整的表述

---

* 菲利普·科特勒(Philip Kotler)生于1931年,是现代营销集大成者,被誉为"现代营销学之父""营销界的爱因斯坦"。

为:市场营销既是一种组织职能,也是为了组织自身及利益相关者的利益而创造、传播、传递客户价值,管理客户关系的一系列过程。

(三)市场营销的具体内涵

通过上述对市场营销的定义介绍,可以看出市场营销至少包括如下几层含义:

第一,市场营销是企业的一种经济活动过程,它是根据目标顾客的要求,生产适销对路的产品,从生产者流转到目标顾客,其目的在于满足目标顾客的需要,同时实现企业的经营目标。

第二,市场营销与推销、销售的含义不同。市场营销包括市场研究、产品开发、定价、促销、服务等一系列经营活动,而推销、销售仅是企业营销活动中的一个环节或部分,是市场营销的职能之一。

第三,市场营销的内涵具有动态性,会随社会经济的发展而不断变化和扩展。如第二次世界大战前的营销概念主要强调推销和销售,如今,市场营销已发展为系列化的经营过程,其理论内涵随着营销实践的发展不断丰富。

第四,市场营销活动的核心是交换,但其范围不仅限于商品交换的流通过程,而且包括产前和产后的活动。产品的市场营销活动往往比产品的流通过程要长,现代社会的交易范围已突破了时间和空间的限制,形成了普遍联系的市场体系。

三、市场营销观念的演变与发展

(一)传统市场营销观念的演变

营销观念是贯串于整个营销过程的指导思想,它也反映出一个企业的经营态度和经营方式。企业的市场营销活动可以在不同的指导思想下进行。一般认为,传统市场营销观念的演变与发展可归纳为 5 种,即生产观念、产品观念、推销观念、市场营销观念和社会市场营销观念。

1. 生产观念

生产观念也称为"生产中心论",产生于19世纪末20世纪初。由于当时社会生产力水平还比较低,商品往往供不应求,是典型的卖方市场状态,主要表现为企业生产什么产品,市场上就销售什么产品。在这种营销观念指导下,企业的经营重点是努力不断提高生产效率,增加产量,生产出足够的满足市场需求的产品。

2. 产品观念

产品观念认为消费者最喜欢高质量、多功能和具有某种特色的产品,因此企业应生产并销售这些产品。只要企业致力于生产出好的产品就必然能在市场上销售出去。"酒香不怕巷子深"就是对产品观念的形象说明。

3. 推销观念

推销观念产生于20世纪20年代末至50年代前,主要表现为"我卖什么,顾客就买什么"。推销观念认为,消费者通常表现出一种购买惰性或抗衡心理,因此企业必须积极推销或大力促销,以刺激消费者购买本企业产品。推销观念在现代市场经济条件下大量用于推销那些非必需产品。

4. 市场营销观念

市场营销观念是以满足消费者需求为出发点的,即"顾客需要什么,就生产什么"。从本质上说,市场营销观念以顾客需要和欲望为导向,是消费者主权论在企业市场营销管理中的体现。市场营销观念认为,要正确进行目标市场定位,并要更有效地供给目标市场希望的产品,进而比竞争者更有效地满足目标市场的需求和欲望。

5. 社会市场营销观念

传统市场营销观念回避了消费者需要、消费者利益和长期社会福利之间隐含着冲突的现实。20世纪70年代西方能源短缺、通货膨胀、失业增加等情况大量出现,生态环境污染严重,消费者保护运动盛行,社会市场营销观念也随之产生。社会市场营销观念认为,企业的任务是以保护或提高消费者和社会福利的方式,比竞争者更有效、更有利地向目标市场提供产品。要求在制定市场营销政策时要统筹兼顾三方面的利益,即企业利润、消费者需要的满足和社会利益。

表2-1 不同营销观念的比较

营销观念类型	基本思想	企业营销行为	适用市场环境
生产观念	消费者会接受任何产品	扩大生产,提高产量	卖方市场,供不应求
产品观念	消费者喜欢高质量、多功能、有特色的产品	提高质量,增加功能	卖方市场,购买力较高
推销观念	消费者不会主动购买商品	说服和刺激消费者	买方市场初期,商品少量过剩
市场营销观念	满足消费者的需求	综合性营销策略	买方市场,供大于求
社会市场营销观念	企业、消费者、社会的利益相结合	权衡三方利益	生态破坏,市场诚信缺失

资料来源:葛深渭.营销致富:农产品营销策略论[M].上海:三联书店上海分店,2005.

(二)营销观念的新发展

20世纪80年代以来,随着经济及市场形势的变化,市场营销理论得到了进一步的发展,出现了许多新的营销观念。有代表性的观念主要包括如下几种:

1. 竞争观念

竞争观念最初是由加拿大产业市场营销研究协会主席兰·戈登教授在1986年提出的。其基本含义是企业要想在竞争中处于有利地位,必须首先识别那些未被竞争者所满足的市场需求,或是还未被充分提及的市场需求,然后在营利或符合企业目标的前提下,使企业营销活动积极参与市场竞争,采取合理、合法的竞争手段,以适销的产品、合理的价格、优良的服务、及时准确的信息、有效的促销措施和良好的信誉,争夺消费者,争夺市场,争得效益。

2. 大市场营销观念

菲利普·科特勒教授于20世纪80年代提出了这一观念,定义为为了成功地进入某一特定市场,在策略上要综合使用经济的、心理的、政治的和公共关系的手段。大市场营销观念发展了市场营销观念和社会营销观念:一是在企业与外部环境关系上,突破了被动适应观点,认为企业不仅可以通过自身的努力来影响,而且可以控制和改变某些外部因素,使之向有利于自己的方向转化;二是在企业与市场和目标顾客的关系上,突破了过去那种简单发现、单纯适应与满足的做法,认为应该打开产品通道,积极引导市场和消费,创造目标顾客需要;三是在市场营销手段和策略上,在原有的市场营销组合中,又加进了政治手段和公共关系两种重要手段,从而更好地保证了市场营销活动的有效性。

3. 关系营销观念

关系营销观念最早由美国营销专家巴巴拉·本德·杰克逊于1985年提出。这个观念的提出是各种社会因素共同作用的结果:首先,20世纪80年代末以来,西方的企业面临的市场环境发生了很大变化,由于物质产品供给剧增,市场竞争激烈,在这种情况下,谁与顾客建立了稳定的交易关系,谁就能拥有更多的未来销售机会。其次,企业从经济利益出发,认识到市场营销不仅要争取新顾客,而且要保持老顾客,因为保持老顾客所花费的支出比争取新顾客要少得多。因此,关系营销在实践中逐渐被认同和加以运用。其基本含义是:企业要与顾客、经销商创造更亲密的工作关系和相互依赖的关系,从而发展双方的连续性交往,以提高品牌忠诚度,巩固和扩大市场销售。

表 2-2　关系营销与传统的交易营销的区别

项目	交易营销	关系营销
适合的顾客	眼光短浅和低转换成本的顾客	具有长远眼光和高转换成本的顾客
核心概念	交易、你买我卖	建立与顾客之间的长期关系
企业的着眼点	近期利益	长远利益
企业与顾客的关系	不牢固,如果竞争者用较低的价格、较高的技术解决顾客问题,关系可能会中止	比较牢固、竞争者很难破坏企业与顾客的关系
对价格的看法	是主要的竞争手段	不是主要的竞争手段
企业强调的重点	市场占有率	顾客回头率、顾客忠诚度
营销管理追求的目标	单纯交易的利润最大化	追求与对方互利最佳化
市场风险	大	小
了解对方文化背景	没有必要	非常必要
最终结果	未超出"营销渠道"的范围	超出"营销渠道"的范畴,可能成为战略伙伴,发展成为营销网络

资料来源:葛深渭.营销致富:农产品营销策略论[M].上海:三联书店上海分店,2005.

第二节 市场营销学的基本理论及进展

一、4P理论

密西根大学教授杰罗姆·麦卡锡于1960年提出了4P理论,该理论是营销学的基本理论。4P理论通过将复杂的市场营销活动加以简单化、抽象化和体系化,构建了营销学的基本框架,促进了市场营销理论的发展与普及。4P指营销活动中的4个要素,即产品(Product)、价格(Price)、促销(Promotion)、渠道(Place)。把这四个要素应用到营销过程中就形成了4个营销策略:①产品策略,主要包括新产品开发策略、产品生命周期策略、品牌及包装策略等;②价格策略,主要包括产品的定价及价格促销策略;③促销策略,促销活动是将产品信息传播给目标消费者的活动,主要包括与消费者的沟通方法、工具与途径等;④渠道策略,主要包括渠道选择、渠道管理与控制等策略。

二、4C理论

随着市场竞争日趋激烈,信息传播速度越来越快,4P理论越来越受到挑战。1990年,美国学者罗伯特·劳特朋教授提出了与传统营销的4P相对应的4C营销理论。4C是指顾客(Customer)、成本(Cost)、沟通(Communication)、便利(Convenience)。

顾客(Customer)主要指顾客的需求。企业必须首先了解和研究顾客,根据顾客的需求来提供产品,同时企业提供的不仅仅是产品和服务,更重要的是由此产生的客户价值(Customer Value)。成本(Cost)不单是企业的生产成本,或者说4P

中的价格(Price),它还包括顾客的购买成本,同时也意味着产品定价的理想情况,应该是既低于顾客的心理价格,亦能够让企业有所盈利。此外,这中间的顾客购买成本不仅包括其货币支出,还包括其为此耗费的时间、体力和精力消耗,以及购买风险。便利(Convenience)指顾客在购买某一商品时,除耗费一定的资金外,还要耗费一定的时间、精力和体力。顾客在购买商品时总希望把有包括货币、时间、精神和体力等的"顾客总成本"降到最低限度,因此企业要尽可能减少顾客的时间支出,通过多种渠道向顾客提供详尽的信息,减少顾客精神和体力的耗费。沟通(Communication)则被用以取代4P中对应的促销(Promotion),企业应通过同顾客进行积极有效的双向沟通,建立基于共同利益的新型企业-顾客关系。

4C营销理论与4P理论相比更注重以市场(顾客)为导向,更符合市场经济条件下"以顾客为关注焦点"的理念。在营销实践中4C与4P理论并没有优劣之分,只是在理念上的侧重点不同,4P理论更强调产品,4C理论则更关注顾客。

三、4R理论

4R理论是由美国学者唐·舒尔茨于2001年在4C理论的基础上提出的。4R理论以关系营销为核心,重在建立顾客忠诚,它既从企业的利益出发又兼顾消费者的需求,认为随着市场形势的发展,企业需要从更高层次上以更有效的方式与顾客建立新型主动性关系。4R分别指关联(Relevance)、反应(Reaction)、关系(Relationship)和回报(Return)。关联(Relevance)强调企业应当同顾客在平等的基础上建立互惠互利的伙伴关系,保持与顾客的密切联系,降低顾客流失的可能性;反应(Reaction)强调及时倾听顾客的需求,并及时做出反应;关系(Relation)强调要把服务、质量和营销有机地结合起来,处理好并与顾客建立长期稳定的关系;回报(Return)强调必须注重营销活动的回报。

四、6P理论

营销学界的泰斗科特勒教授认为,企业能够而且应当影响自己所在的营销环境,而不是单纯地顺从和适应环境。在国际国内市场竞争都日趋激烈,各种形式的政府干预和贸易保护主义再度兴起的新形势下,要运用政治力量和公共关系打破国际或国内市场上的贸易壁垒,为企业的市场营销开辟道路。因此,科特勒于1986年在4P理论的基础上增加了两个附加要素,进而把4P理论扩展为6P理论。增加的2P分别是政治权力(Political Power)和公共关系(Public Relation)。政治权力是指为了进入和在目标市场上经营,向产业官员、立法人员和政府官僚们提出自己的主张,为了获得其他利益集团的预期反应和关注,运用审慎的外事活动和谈判技巧;公共关系则在于影响公众的观念,在公众心目中树立良好的产品和企业形象。该理论表明,营销不仅要考虑市场环境因素,还要考虑政治和社会因素。

五、市场营销理论的进展

市场营销理论说到底是企业市场竞争的概括,企业营销实践的总结。伴随着企业营销活动的现代化,市场营销理论在不断扩展,近年来市场营销理论出现新的发展:

1. 绿色营销

20世纪80年代初,欧洲出现了以销售绿色产品为特色的欧洲市场营销。绿色营销是指企业在营销活动中,谋求消费者利益与环境利益的协调,既要充分满足消费者的需求,实现企业利润目标,也要充分注意自然生态平衡。

2. 关系营销

关系营销是以系统论为基本思想,将企业置身于社会经济的大环境中来考虑市场营销活动,建立并发展与消费者、竞争者、供应者、分销商、政府机构和社会组织的良好关系。

3. 服务营销

1960年,美国市场营销协会最先给"服务"下了定义:用于出售或者是同产品连在一起进行出售的活动、利益或满足。现实经济生活中服务可以分为两大类：产品服务与功能服务。服务营销的核心理念都是顾客满意和顾客忠诚。

4. 网络营销

网络营销指基于互联网、移动互联网平台，利用信息技术与软件工具，满足商家与客户之间交换概念、推广产品、提供服务的过程；通过在线活动创造、宣传和传递客户价值，并对客户关系进行管理，以达到一定营销目的的新型营销活动。

案例　加多宝的营销策略

俗话说，拿得起，放得下。这句话用在加多宝身上非常合适。当法律裁决加多宝不能再使用"王老吉"这个商标时，加多宝马上放弃"王老吉"，转入到重新塑造凉茶品牌的运作之中。

加多宝整个运作的核心就是重新塑造一个凉茶品牌——加多宝。乍一看，加多宝似乎一切都从零开始，可是其很巧妙地利用各种各样的营销策略，展开了精彩绝伦的商战。

改名的广告宣传

首先，广告宣传告诉消费者"怕上火，现在喝加多宝"。先将十多年建立在王老吉身上的心智资源移植到新品牌名称加多宝身上。

其次，传递"全国销量第一的红罐凉茶，现改名加多宝"。利用原来的销量领先（红罐凉茶确实连续销量在全国第一，消费者比较认可的。）树立领导地位，告诉消费者原来红罐凉茶改名加多宝的信息，从而印证前面讲到的"现在喝加多宝"。

再次，在消费者接受改名的事实后，消费者可能担心凉茶的配方与口味有改变，加多宝马上在广告宣传中消除消费者的疑虑："还是原来的配方，还是熟悉的味道。"达到"名改质不改"的目标，让原来支持王老吉的消费者一样支持加多宝。

在广告宣传策略正确的情况下，加多宝马上开展大规模的宣传攻势。除了在覆盖面最广及影响力最大的央视媒体上投放广告，而且选择重点区域的媒体，如消费者对凉茶认知比较深厚地区的浙江卫视、广东的南方卫视等，进行狂轰滥炸般的广告投放。

整个广告宣传策略及投放，就是通过改名"加多宝"，让所有的消费者都知道王老吉真的改名了，然后将王老吉原来建立"怕上火"的心智资源移植到加多宝新改名的品牌上。想想假如加多宝移植成功，节省的不仅仅是十余年宣传的庞大的营销费用，而是抢占了凉茶品牌的领导地位，这才是最重要的，才是更有战略眼光的。

渗透的终端执行

终端执行力的强弱，关系到重新塑造品牌的成败。虽然终端不为加多宝所控制，但是其通过自身渗透的终端执行，将凉茶终端争夺战发挥得淋漓尽致。

加多宝基本上控制了 KA 卖场、批发、学校等渠道终端，并选择重点的餐馆终端，特别是火锅店、湘菜馆、烧烤店等，加强渗透性，做到短时间内铺上改名的红罐包装，以及改名加多宝的品牌形象，配合到广告宣传的改名，达到"步调"的一致。

拿凉茶的大本营广州来说，有 5 万多个士多店，加多宝的业务团队类似开始了二次创业，不断加大人员的投入，拼命地去这些士多店贴海报、搞终端陈列、包装终端形象等，而为了鼓励终端多进货，又搞包装箱回收、买赠等活动，目的就是将渗透的终端执行到底。

用无孔不入来形容加多宝的这种终端执行，那是最恰当不过的。加多宝之所以如此重视终端执行，目的就是在王老吉还没有铺货到渠道时，让消费者方便买得到。这是最直接的也是最有效的移植心智资源的方式。当消费者在一定阶段里不断重复购买某一品牌，就会形成相对固定的消费习惯。等到王老吉上架时，消费者已经形成了消费加多宝的购买习惯，这样加多宝重新塑造凉茶品牌就会水到渠成。

资料来源：陈胜权. 加多宝的营销策略，http://abc.wm23.com/jiangshuidongLiuqu/194021.html

练习题

1. 简述市场营销的定义、特征及演变。
2. 市场营销的基本理论。

参考文献

[1] MBA智库百科. http://wiki.mbalib.com/

[2] 百度百科. http://baike.baidu.com/

[3] 陈富桥、姜爱芹. 营销观念、营销沟通行为与茶叶品牌创建——基于对210家茶叶企业的调查研究[J]. 中国茶叶,2010(12):15-17.

[4] 加里·阿姆斯特朗,菲利普·科特勒(著),楼尊(译). 市场营销学[M]. 北京:机械工业出版社,2011.

[5] 倪自银. 新编市场营销学——理论与实务[M]. 北京:电子工业出版社,2011.

[6] 王文华. 市场营销学[M]. 北京:中国物资出版社,2010.

[7] 张光辉. 市场营销学[M]. 北京:中国农业出版社,2009.

第三章 茶产业与茶叶市场

本章提要

本章从宏观和微观角度概述了我国茶叶产业的发展概况、特点。第一节简要介绍了茶叶产品的分类及其特点。第二节主要概述了茶叶的产销情况。第三节从微观角度分析我国茶叶企业的发展现状和营销模式。第四节概述了茶叶市场的发展现状并展望未来发展趋势。本章要求掌握我国茶产业的基本特征及茶叶市场的基本分类及特征。

第一节 茶叶产品的分类及特点

一、茶叶产品的分类

茶叶种类繁多,其分类方法尚未完全统一,不同的领域、国家有不同的分类方法。早先欧洲人接触到的只有红茶、绿茶和乌龙茶,因此把茶叶简单分成三类。日本学界则把茶叶大致按其在加工中发酵程度的不同分成五类:不发酵茶(绿茶)、半发酵茶(白茶和乌龙茶)、发酵茶(红茶)、微生物发酵茶(后发酵茶如普洱茶和所谓渍物茶如基石茶、泰国腌茶等)和再加工茶(包括速溶茶、茶饮料、着香茶、紧压茶等)。

我国茶叶的分类法则根据加工方法和品质特征,把初制茶分为绿茶、黄茶、黑茶、青茶、白茶、红茶六大基本茶类,以基本茶类为原料进一步精制加工的产品则归入再加工茶类(见表3-1)。而我国出口部门常将茶分为绿茶、红茶、乌龙茶、白茶、花茶、紧压茶和速溶茶等七大类,或将乌龙茶、白茶、花茶、紧压茶等归入特种茶一类。

表3-1 中国茶叶分类

茶类	具体分类		举例
绿茶	蒸青绿茶		煎茶、玉露、恩施玉露等
	晒青绿茶		滇青、川青、陕青等
	炒青绿茶	眉茶	炒青、特珍、珍眉、凤眉、秀眉等
		珠茶	珠茶、雨珍、秀眉等
		细嫩绿茶	龙井、大方、碧螺春、雨花茶、松针等
	烘青绿茶	普通烘青	闽烘青、浙烘青、徽烘青、苏烘青等
		细嫩烘青	黄山毛峰、太平猴魁、南岳云雾等
白茶	白芽茶		白毫银针
	白叶芽		白牡丹、贡眉
黄茶	黄芽茶		君山银针、蒙顶黄芽等
	黄小芽		北港毛尖、沩山毛尖、温州黄汤等
	黄大芽		霍山黄大茶、广东大叶青等
乌龙茶（青茶）	闽北乌龙		武夷岩茶、水仙、大红袍、肉桂等
	闽南乌龙		铁观音、奇兰、黄金桂等
	广东乌龙		凤凰单枞、凤凰水仙、岭头单枞等
	台湾乌龙		冻顶乌龙、包种、乌龙等
红茶	小种红茶		正山小种、烟小种
	工夫红茶		滇红、祁红、川红、闽红等
	红碎茶		叶茶、碎茶、片茶、末茶等

续表

黑茶	安化黑茶	千两茶、茯砖茶、黑砖茶、花砖茶、湘尖茶
	云南普洱茶	普洱散茶、普洱紧茶、七子饼茶等
	四川边茶	南路边茶、西路边茶
	广西六堡茶	广西六堡茶
	两湖青砖茶	湖北青砖茶、湖南临湘青砖茶
	其他黑茶	浙江茯砖茶、陕西茯砖茶等
其他茶	花茶	茉莉花茶、玫瑰花茶、珠兰花茶、桂花茶
	紧压茶	黑砖、方茶、饼茶、云南沱茶、米砖茶等
	萃取茶	速溶茶、浓缩茶、罐装茶
	果味茶	荔枝红茶、柠檬红茶、猕猴桃茶等
	药用保健茶	减肥茶、杜仲茶、降脂茶等
	含茶饮料	茶可乐、茶汽水、冰红茶

二、茶叶的商品特性

茶叶作为一种商品，除了具有一般商品的共性外，还具有自身的特性。主要包括以下几个方面：

(一)产品多样性

中国是一个多茶类生产的国家，拥有红茶、绿茶、黄茶、乌龙茶、白茶和黑茶等六大茶类及其再加工茶，如花茶、紧压茶、袋泡茶、速溶茶、茶饮料、茶食品等成千上万种产品。茶叶产品多样性既是茶叶营销的难点，也是茶叶营销的机会。

(二)品质易变性

茶叶品质易变性指大部分茶叶产品不耐贮藏，品质难以保存完善，风味容易发生劣变。茶叶是一种疏松多孔的物质，具有较强的吸湿和吸异性，保鲜要求较高,储存时要求保持干燥、避光、低温、隔氧等条件,还应密封包装以免串味。同时茶叶又是易碎、怕压的产品,仓储、运输、装卸搬运不当均可能压碎茶叶,从而影响商品质量和市场价格。但如云南普洱茶、湖南的安化黑茶、广西六堡茶等黑茶类产品在合适的贮藏条件(通风、避光、干燥等)下,长期保存品质反而有一种独特的风味。

(三)品质难量化

如前所述,茶叶产品种类繁多,不同茶类的品质要求不同,产品特征差异很大;同一茶类中的不同产品,因产地环境、茶树品种、加工工艺等的不同,均具有不同的品质特色,难于制定统一的产品标准。另一方面,作为一种风味饮料,茶叶品质高低的评定难以用一系列指标来准确衡量,通常依赖于人的感官来判定,即依赖茶叶感官审评方法来评价茶叶产品的色、香、味、形等品质的优劣,这种方法虽能从客观上评价茶叶,但专业性强,需要训练有素的专业人员才能实现。

(四)生产和销售具有一定的季节性

一般而言,在我国的大部分茶区生态条件下,一年中茶叶的产量在3月份到9月份较多。主要生产季节在3月至5月的绿茶称为"春茶",其产量占到全年的一半以上,茶叶品质也是全年最好的。此后生产的夏秋茶质量普遍不如春茶,销售价格较低,茶农和企业的生产积极性不高。不过在云南、广东、海南等地,茶叶的采摘季节较长,部分地区还有少量生产冬茶,而部分茶类在秋冬季节生产的品质表现出某些特有的品质特点,如安溪铁观音的秋茶往往香气浓郁,受到很多消费者的追捧。

茶叶的消费也有一定的季节性,这与茶叶生产的季节性和茶叶的贮藏特性有关。特别是一些高档绿茶,其品质很难保持,必须在低温条件下保存,因此人们会在新茶上市时集中采购,以便品尝到新茶的新鲜爽口;同时,也可同朋友分享或用于家庭消费,形成茶叶销售的季节性特点。

(五)茶叶商品的文化属性

人们通过饮茶不仅可以品茶叶的色、香、味、形,还可达到解渴和健身的目的;同时,茶叶在其数千年的发展过程中,不同地域、不同民族形成了不同的饮茶、用茶风俗,它渗入到人们的精神生活中,形成了底蕴深厚的茶文化。茶是一种日常生活的必需品,还是一种高雅的精神产品。既可以茶结交朋友、陶冶情操,也可以茶养廉、以茶明志、以茶怡情、以茶养性等。因此,茶叶既有物质属性,又是某种文化的物质载体。茶叶产品的文化属性对其价格和销售会产生较大的影响,例如,我国浙江西湖龙井、福建武夷山大红袍等都因其深厚的历史文化底蕴,极大地提升了产品价值。

三、茶叶消费的特点

茶叶消费是指为满足个人、家庭或群体对茶叶的物质生活消费需要与精神生活消费需要而使用、消耗茶叶产品及茶文化的过程。茶叶消费具有以下特点:

(一)茶叶消费的嗜好性

茶叶是嗜好性产品。一般茶叶同烟酒类似,是一种嗜好品,人们对它的消费取决于对它效用了解、认可的程度。地理环境、文化传统、生活习俗、茶叶品质、茶叶价格等是影响茶叶消费需求的主要原因。从总体上看,当收入较低时,茶叶需求对价格和消费者收入的变化会富有弹性。

(二)茶叶消费的多样性

多样性是茶叶消费的明显特征。首先,茶叶产品本身丰富多样,不同产区、茶类、品牌、档次的产品充斥市场,给消费者提供了较大的选择余地。其次,因为社会经济、文化、政治的差别以及自然环境的差别,人们在经济收入、职业、文化程度、生活习俗等方面存在不同程度的差别,形成各自不同的生活习惯、嗜好、兴趣和需求,在茶叶消费上呈现明显的差异。不同消费者在消费需要、消费行为、消费结构、消费方式等方面的不同,使茶叶消费呈现出多样化、个性化等特征。

(三)茶叶消费的地域性

饮茶习惯具有较强的地域性特点,不同地区具有不同的饮茶传统。红茶是世界上消费最多的茶叶,如欧美国家和印度、斯里兰卡等红茶主产国;日本人喜欢喝绿茶;我国南北各地人们饮茶习惯也各有不同,比如福建、广东、台湾地区居民喜欢饮用乌龙茶,上海、两湖、江浙等地居民以饮绿茶为主,北方如北京、天津、东北、西北等地区多饮花茶,西北各少数民族则多饮砖茶等。

(四)茶叶消费的示范性

任何的消费行为都不是孤立的个人行为,特别是像烟、酒、茶这类嗜好品的消费行为。虽然抽烟对人体健康是有害的,而喝茶利于人的身心健康,但从消费的角度,人们抽烟、喝酒、饮茶习惯的养成受关系密切的人如家人、朋友等的影响很大。茶叶消费,除了受经济收入、茶叶品质、价格等因素的影响外,还与地方饮茶风俗、人们的茶叶消费观念关系很大。一个人喝茶的习惯对旁人有很大的影响和示范性。

(五)茶叶消费的季节性

如前所述,茶生产和消费均有一定的季节性。茶叶消费的季节性,除了茶叶生产的季节性、茶叶品质易变性等原因影响外,还有一个原因就是人们在不同季节会习惯于喝某类茶,比如人们在春茶上市后会期待品尝新春绿茶,秋季会喝红茶、乌龙茶,冬季喝茉莉花茶、黑茶等。另外,人们还有用高档礼品茶送礼的习惯,因此在重要传统节日到来前的一段时间,礼品茶的销量会比平常大得多。

第二节 茶产业及其产业链

一、茶产业概述

市场营销学中把买方的集合称为"市场",卖方的集合称为"行业",行业指提供一种或一类相互密切替代产品的卖方的集合。我国《国民经济行业分类》将行业定义为:一个行业(或产业)是指从事相同性质的经济活动的所有单位的集合。茶叶行业(或茶叶产业)指从事茶叶产品生产经营或服务的组织和个体的集合,简称茶产业或茶业。

传统茶产业指的是进行茶叶种植加工的生产经营者的集合,属于农业产业范围。随着现代科技的进步和社会分工的发展,传统茶产业已经分化形成一系列相对独立的又密切联系的产业部门,它们被统称为"茶业关联行业",如归属第一产业的茶树种苗繁育、茶树种植等农业行业。归属第二产业的茶叶生产资料业、茶叶机械设备设计制造、茶叶加工业(初加工、精加工、深加工)。属于第三产业的茶叶商贸流通、茶馆及茶文化传播、茶叶休闲观光、茶叶会展、茶叶科技文教、茶业培训等。

中国是世界第一茶叶大国,茶叶种植面积、茶叶产量和国内消费量均居世界第一位,茶叶出口占世界第二位。据中国茶叶流通协会的数据显示,2013年全国茶叶总产量达189万吨,全国茶叶农业总产值首次突破1000亿元。当代中国茶产业已经形成较完整的产业链条,已成为一个较庞大的国民经济产业,是一个对国计民生有重要影响的行业。

二、茶产业链

茶产业链是近些年来出现较多的一个新概念。根据产业演变理论及产业链理论,在科技进步、社会需求以及市场竞争的推动下,关联产业不断产生,茶产业链不断延长或拓宽,呈链状结构,因此形成了茶产业链。

(一)茶产业链概念

产业链是指从一种或几种资源通过若干产业层次不断向下游产业转移直至到达消费者的路径。其实质就是产业关联,而产业关联的实质是各产业间的供给与需求、投入与产出的关系。产业链的延伸则和产业特性有一定关系,能够专业化的产业容易延长产业链;产品的综合利用程度越高,则产业链越宽。

茶产业链将茶产品作为要素,与茶产品生产形成密切关系,形成产业群,并呈网络结构分布。茶产业链的结构形态主要表现在其产业链的长度和宽度。这里所说的茶产业链的长度,是指产业链中由起点到终点的环节多少,它是对茶产品加工深度的刻画。而茶产业链的宽度,是指茶产品(包括其副产品)的用途多少,它反映的是茶产品综合利用的广泛程度。

例如,就茶的饮用功能而言,其主体运行轨迹是一条线性产业结构链:植茶(鲜叶)—初加工(毛茶)—精加工(商品茶)—商场,这四个环节构成这条产业链的长度。在茶的综合利用上,从植茶(茶树、鲜叶)至加工(毛茶、成品茶)各环节的茶产品都有多种用途。

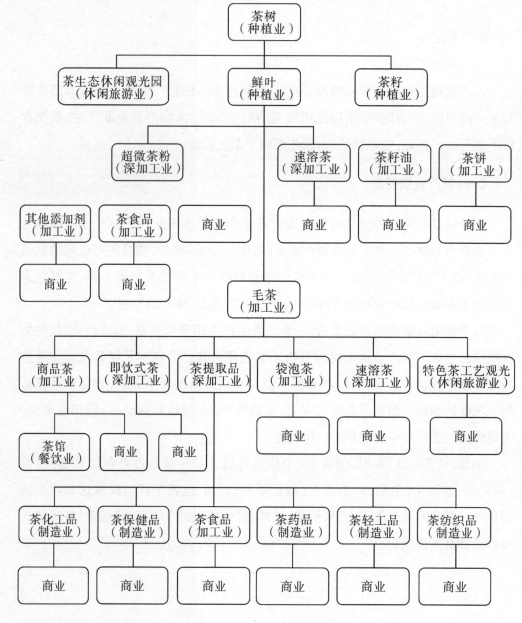

图 3-1 当代茶产业链结构

(二)茶产业链特点

茶产业链中各产业互相依赖、互相作用,形成关联效应。随着茶产业链的延伸与拓宽,不仅极大地提高了产品附加值,同时也促进了关联产业的发展。当茶产业链延伸或者说加工链条延长时,从实物形态看,由于茶产品加工的深化,茶产品的外部特征和物化特性发生转变,功能和作用得以增强和扩大。从价值形态看,则意味着附加价值的增加,即在同样数量投入的条件下,能够吸收更多地为社会承认的活劳动,创造出更高的价值和剩余价值。

茶产业链的拓宽也具有类似的关联效应。随着茶叶产品综合利用程度的提高,同一茶叶原料或资源得到不同方面的拓展和利用,最大化实现了物尽其用,如此也意味着茶叶原料或资源的增值。如在利用茶树采摘鲜叶加工成茶叶的同时,将茶园开发成可供观赏的生态茶园和亲身体验的休闲产品——游客亲自采茶、做茶、评茶;再用茶籽炸成茶油,用榨油的下脚料加工成茶饼,无疑可充分利用茶园资源,增加茶园价值。

由图3-1可以看出茶产业链长且宽。这是由茶叶或茶树的本身特性所决定的,是由科技发展及竞争所推动的,是由市场需求所引导的。

三、茶叶生产与供给

(一)世界茶叶生产概况

世界上有50多个国家和地区种植和生产茶叶,除南极洲和北美洲外,其他各大洲均有种植,但亚洲是茶叶最主要的产地,约占85%,其次是非洲,约占12%,其他各洲所占比例相对较小。据联合国粮食及农业组织(Food and Agriculture Organization of the United,FAO)统计数据显示,世界茶叶采摘面积和产量总体呈稳步增长态势(见图3-2)。2012年世界茶叶采摘面积327.60万公顷,产量481.81万吨,与上一年相比,同比分别增长0.25%和4.19%,10年年均增长率分别为2.95%和4.19%,50年年均增长率分别为9.03%和17.18%。

中国和印度是世界茶叶主产国,2012年两国茶叶产量合计占到总量的56.03%,分别为35.28%和20.75%。肯尼亚、斯里兰卡、土耳其、越南等国家产量也占有一定的比例。从采摘面积上看,中国也是世界最大的茶叶生产国,2012年采摘面积达 150 万公顷,占 45.79%;印度茶叶的采摘面积也相对较大,2012 年达到 60.50 万公顷,占 18.47%。(见表 3-2)

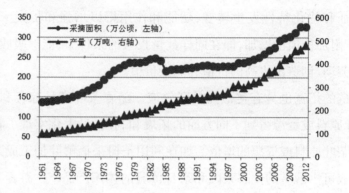

图 3-2 世界茶叶生产情况变化趋势

数据来源:FAO 数据库

表 3-2 2012 年世界茶叶主产国生产情况

国别	产量(万吨)	占比	采摘面积(万公顷)	占比
中国	170.00	35.28%	150.00	45.79%
印度	100.00	20.75%	60.50	18.47%
肯尼亚	36.94	7.67%	19.06	5.82%
斯里兰卡	33.00	6.85%	22.20	6.78%
土耳其	22.50	4.67%	7.59	2.32%
越南	21.69	4.50%	11.60	3.54%
伊朗	15.80	3.28%	2.40	0.73%
印度尼西亚	15.01	3.12%	12.25	3.74%
阿根廷	10.00	2.08%	3.80	1.16%
日本	8.59	1.78%	4.59	1.40%

数据来源:FAO 数据库

(二)中国茶叶生产概况

改革开放以来,我国茶叶产量和茶园面积呈现稳步增长态势,特别是 2003 年以后发展更为迅速(图 3-3)。2013 年全国茶园面积 246.90 万公顷,是 2003 年的 2.04 倍,是 1978 年的 2.35 倍,10 年年均增长 7.3%。2013 年全国茶叶总产量 192.40 万吨,是 2003 年的 2.50 倍,是 1978 年的 7.13 倍,年均增长 9.59%。

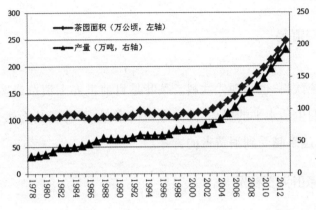

图3-3 1978—2013年我国茶叶产量和面积变化情况

数据来源：《中国统计年鉴》

在丰富的茶叶市场需求引导下，我国茶叶产品结构呈现多样化的发展趋势，各大茶类所占比重逐渐优化，总体表现出绿茶占比逐渐下降，红茶占比呈先下降后回升的趋势，其他茶类占比逐渐增大。绿茶所占比重由1990年的61.57%提高到2007年74.99%，后下降至2013年的68.09%；红茶占比由1990年的20.31%下降至2007年的4.56%，而后回升至2013年的8.13%；乌龙茶产量所占比重由1990年的6.19%上涨至2013年的12.18%；黑茶所占比重由1990年的4.63%波动上升至2013年的4.94%。其他茶产量所占比重由7.31%波动下降至2013年的5.93%。（见图3-4）

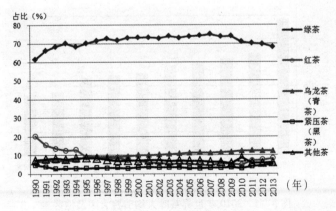

图3-4 1990-2013年我国各茶类占比变化情况

注：各茶类所占比例按产量数据计算，产量数据来自历年《中国茶业统计资料》。

四、茶叶消费与贸易

茶叶是传统饮料，也是现代饮料。茶叶是目前世界上消费最多的无酒精饮料之一。随着人们生活水平的提高，健康意识的增强，茶叶以其天然、健康、文化、时尚的非凡魅力，越来越受到消费者的青睐。

(一)世界茶叶消费概况

茶为世界三大无酒精饮料之一，有160多个国家和地区消费茶叶，饮茶人口达20多亿。由于人们健康意识的不断增强，作为健康饮料的茶叶消费不断增加。据国际贸易中心(International Trade Centre, ITC)数据，1990年世界茶叶消费总量约260万吨，2000年增至288万吨，2010年增至400万吨左右，10年年均增长1%左右，后10年年均增长3.3%，总体人均消费在0.48千克左右，近些年增至0.5千克左右。不同国家茶叶人均消费水平差异较大，据ITC数据显示，科威特人均茶叶消费量最大，年均达2.92千克；爱尔兰、阿富汗、土耳其和英国等国家及地区的消费量也比较大，年均消费分别达2.18千克、2.06千克、1.99千克和1.2千克。

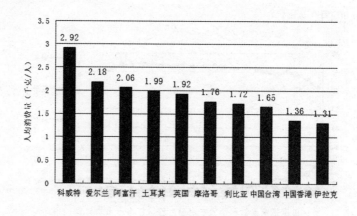

图 3-5　2010年世界茶叶人均消费大国及地区

注：人均消费量按2009年至2011年平均计算得出，各年消费量数据来自ITC。

不同国家和地区的居民消费茶叶的嗜好不同,欧美国家主要偏好红茶,而中国、日本、韩国、北非和中亚一些国家主要偏好绿茶。从变化趋势上看,世界红茶消费仍占主导地位,约占到60%的比例,但增长减慢;而绿茶、特种茶等的消费比重逐渐增大,具有特殊风味的高品质茶和无公害茶需求增速较快,低档茶需求逐渐减少。

随着社会进步和人们生活水平的提高,世界茶叶消费格局逐渐发生变化,其消费领域不断扩大,消费方式日益多样化,除了传统的茶叶产品外,袋泡茶、速溶茶、茶饮料、香味茶、去咖啡因茶、有机茶、草药茶等新兴茶产品受到更多消费者的青睐。具有多种营养、药用价值和生理保健功效的新兴茶产品是未来茶产业新的增长点。

据国际贸易中心统计,2013年全球茶叶出口量193.47万吨,出口金额72.50亿美元,与2001年相比,同比分别增长28.59%和144.41%。斯里兰卡、中国、肯尼亚和印度是茶叶主要出口国,2013年这4个国家的茶叶出口量合计占全球茶叶总出口量的64.17%。其中,斯里兰卡的出口量和出口额最大,达35.53万吨和15.28亿美元,占全球总出口的18.36%和21.08%。

全球茶叶进口贸易也呈快速增长态势,2013年进口量达184.76万吨,金额达68.59亿美元,与2001年相比,同比分别增长29.56%和135.16%。全球茶叶进口相对分散,其中俄罗斯、英国、美国、巴基斯坦、肯尼亚和埃及等国的进口相对较多,2013年分别占到9.37%、7.45%、7.04%、6.60%、5.67%和5.67%。

(二)中国茶叶消费概况

我国饮茶历史悠久,是世界最大的产茶大国和消费大国,随着人们生活水平的不断提高,饮茶保健观念不断深入人心,近年来我国茶叶需求快速增长(见图3-6),2011年,我国茶叶总消费量达到115万吨左右,同比增长5%,年均增长10%左右,约占世界茶叶消费总量的45%。近年我国人均茶叶消费量也呈快速增长趋势,据国际贸易中心统计,2011年我国人均消费量达0.85千克,但与科威特、爱尔兰等茶叶消费大国相比还有较大差距。从茶类消费上看,绿茶依然是国内消费的主导,其他茶类需求也快速增长。

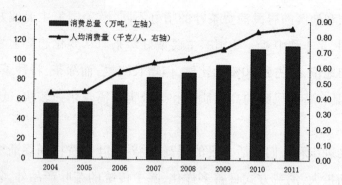

图 3-6　中国茶叶消费情况

数据来源：ITC

在我国，各地各民族由于生活习惯、茶叶生产区域性、收入水平等特征形成了不同的饮茶习惯，消费的茶类和档次差别也很大。一般而言，南方产茶区的人民习惯喝本地产的茶叶，如粤、闽、港、台居民喜欢饮乌龙茶，江、浙、沪、皖、湘、赣、鄂、黔、桂、川、滇等诸省（区、市）居民喜欢饮绿茶，东北、西北、华北等地居民喜欢喝花茶，西北、西南地区的边疆少数民族同胞喜欢饮砖茶（奶茶等）。

国际贸易中心统计数据显示，2013 年中国茶叶出口量 32.58 万吨，出口金额 12.46 亿美元，与 2001 年相比，分别同比增长 30.51% 和 264.39%。中国茶叶主要出口到摩洛哥、乌兹别克斯坦、美国、毛里塔尼亚、日本和俄罗斯等国家，2013 年出口到这 6 个国家的分别占 18.78%、7.19%、6.78%、5.58%、5.39% 和 4.15%。中国茶叶进口相对较少，2013 年进口量近 2 万吨，金额为 0.75 亿美元，主要来源于斯里兰卡、印度、中国台湾、越南等地区。

（三）未来我国茶叶消费的发展趋势

1. 茶叶消费从大宗茶为主转向以名优茶、名牌茶为主

随着人们收入的增加和生活水平的提高，对茶叶质量的要求也越来越高，导致在目前茶叶消费市场中，低档茶滞销，大宗粗茶积压，而价格昂贵的名优茶、名牌茶走俏，高档茶畅销不衰。另外，人们对茶叶的消费也逐步从"物质"转向"感觉"消费。这就要求不仅要"名茶"，更要有"名牌"。

2. 茶叶消费趋向多元化

从茶类来看,已形成多茶类并进的局面。在茶文化火热、名优茶兴起等多重因素下,茶叶的传统区域性消费习惯正在走向分解,取而代之的是更为现代的、多元化的茶叶消费趋势。比如,在过去很长一段时期内,花茶的消费一直占据着北方茶叶消费份额的90%以上;到2006年前后,这个比重已下降到不足60%,而绿茶、乌龙茶、普洱茶等迅速成为北方地区的消费新宠。

从茶叶的衍生产品来看,将形成茶饮料、茶叶功能性产品、茶食品、茶叶日用品等枝叶并茂的局面。茶饮料以简捷、方便的特点吸引了一批消费者,消费量正以每年10%以上的速度递增。除直接消费茶叶外,通过对茶叶有效物质的提取,包括茶色素、茶多酚等在内的茶叶提取物及其有关产品正广泛地影响着我们的生活:在日用品领域,以茶为主题的牙膏、香皂、洗发水等产品深受消费者喜爱;在医药领域,由茶多酚制成的药品和保健品开始得到人们的认可;而在食品领域,茶油、茶粉、茶糕点、茶糖果、茶餐等已经成为一种消费时尚。随着科技手段的提升,茶叶将进入更为广泛的领域,茶的魅力还将得到更为充分的展示。

3. 消费者更加注重饮茶的生理和心理双重需求

喝茶已成为一种生活方式,不仅要喝好茶——解渴、舒心。更要喝出品位、喝出文化、喝出健康,即消费者对茶叶的消费逐步追求生理和心理的双重满足感。因此,茶叶除了良好的色、香、味、形和富有健康功能、文化内涵之外,其自身的卫生质量也是消费者所重视的一个重要因素。伴着欧盟、日本、美国等食品进口卫生标准的提高,中国2005年10月1日起也开始实施《食品卫生标准》,在新的标准下,有机茶认证生产、加工和管理等必将得到进一步规范,在卫生和质量符合消费需求的同时使茶叶贸易更好地与国际接轨。

第三节　茶叶企业

　　茶产业包括茶叶种植业、茶叶加工业和贸易服务型企业。其中茶叶加工业有包括茶叶初加工业、茶叶精加工业、茶叶深加工业、茶叶机械设备制造业等。随着科学技术的发展,茶产业及市场发展的需要,茶叶加工业及茶叶机械设备制造业逐渐从传统茶产业中分离出来,成为独立的产业。中国现有7万多家茶叶初制厂、3000多家茶叶精制厂、几百家茶叶包装拼配厂、几十家茶饮料厂、约百家茶叶成分提取品(如茶多酚)厂、几百家茶机厂等构成中国茶叶加工业。从事茶叶加工的工作者约500万人,各类初、精制茶和保健茶100多万吨,产值500多亿元人民币。近10年茶饮料发展很快,至2005年生产约650万吨,产值近300亿元人民币。

一、茶叶企业的类别

　　根据茶叶企业所处的产业链条位置及经营范围,大体可将茶叶企业分为以下几类:

　　(1)种植及初加工企业。这类企业主要负责茶园的日常管理工作,以及将茶叶鲜叶经过初制加工成毛茶。

　　(2)初精制联合企业。这类企业在购买茶叶鲜叶或毛茶后,将进一步加工成为成品茶。

　　(3)茶叶内外贸企业。这类企业主要负责将茶叶产品销售至消费终端,包括国内消费者和国外消费者。

　　(4)茶馆型企业。这类企业主要偏向于服务类型,通过提供专业茶艺师的表演、喝茶、吃饭、打牌消遣等业务盈利。

　　(5)综合型企业。这类企业拥有自己的茶园基地、加工厂、销售平台以及服务,具有全产业链特征。

但是很多企业具有产前、产中及产后全产业链的经营特征或部分交叉,为此各类型企业没有明显边界。

二、我国茶叶企业的特点

自茶叶企业放开经营权后,我国茶叶企业发生了结构性变化,大多数国有加工厂、流通茶叶企业实现了股份化、民营化转制。但是由于茶叶行业入行门槛较低,导致我国茶叶市场呈现多元化的竞争状态,甚至出现了恶性竞争,从而使得茶叶企业整体规模相对较小。具体特点如下:

(1)茶叶企业数量众多,市场竞争无序。我国茶叶初制厂7万多家,精制厂也有数千家,茶叶市场竞争激烈,品牌营销企业又不多,使得茶叶产品流通无序、市场不规范,暴露出各种弊端。

(2)茶叶企业规模相对较小,质量差异较大。我国大多数茶企为微小型企业,其生产规模较小,初加工相对比较分散,难以进行标准化生产和管理,茶叶品质质量差异大。

(3)茶叶企业综合效益不高。大部分茶企属于中小企业,其经营管理理念相对于国外较为落后,高科技茶叶产品少、茶叶生产采摘机械化水平较低,茶叶单产不高,企业的综合效益不高。

三、我国茶叶企业的营销模式

我国茶叶企业结合自身基础和优势,摸索出一套适合自身的营销模式,在"进专业市场批发、通过代理商进超市"的基础上,采用规范化的管理、现代化的推广,并开设连锁店、专卖店、超市专柜,配备专业的导购人员,改善了消费者购买的便利性,打破了行业困境,逐步树立起了企业品牌。营销渠道大致可分为以下几种:

1. 茶农直销

茶农作为生产商的直销,以一种面对面的方式销售商品。茶农作为直销者,绕过传统批发商或零售通路,直接从顾客处接收订单,由茶农自己在固定营业场所向最终消费者直接推销产品的渠道。

2. 初制加工厂批发与零售

茶企通过采购初制加工厂毛茶,再进行精制加工后出售,或者加工厂通过自己的销售部直接进行茶产品的销售。

3. 茶叶专业店直销

通过商场专柜、品牌专卖店销售茶产品。这类专业店通常以经营某一知名茶叶种类为主。它们通常是原有的茶叶种植、加工企业,如八马、竹叶青、安溪铁观音集团等。多数为名优茶产茶区领导企业,有雄厚的产地资源和生产加工能力,通过广告、公关和形象终端等方式塑造企业品牌在该品类茶叶中的形象和地位。

4. 超市销售

仿照立顿模式,产品向快速消费品转型,通过现代KA(Key Account)终端销售。部分茶叶生产企业创新意识和研发能力较强,开始逐步尝试从销售传统茶叶向创新型茶叶产品转变,使茶产品具有快消品性质,降低产品价格,提高产品流通速度,扩大消费人群和饮用方式。如云南龙润普洱茶集团较早开始发展袋泡茶,通过KA超市面向更广泛的消费群体销售,以创新便捷的产品形式拉近与消费者的距离。

5. 茶叶专业批发市场

由于茶叶批发市场的品种较全,在批发市场交易能够满足中间商(消费者)的多样性需求。通常在批发市场交易的是中间商,当然部分批发市场兼具零售功能。批发市场可分为产区批发市场和销区批发市场。其中,产区批发市场进场交易的商户以生产者为主,而销区批发市场以中间商居多。

6. 茶叶网络营销

茶叶网络营销具有"传播范围广、受众群体庞大、广告宣传费用低、无店面租金成本、无时空限制、内容形象生动、双向交流、反馈快、方便资金结算"等优点,呈现出了巨大的增长潜力。网络营销作为一种无店铺的零售方式,能实现资金流、信息流、物质流"三流合一",是未来茶叶营销发展的趋势之一。

第四节 茶叶市场

一、茶叶市场的形成与发展

我国茶叶市场中内销属完全竞争市场,出口为垄断竞争市场。茶叶的消费弹性小,而茶叶生产弹性大。内销市场的特点是厂家多,产品同质,需求无弹性,价格无法控制;行业进入和退出相对容易,单一品牌市场占有率难以超过5%;交易信息完全,市场效率高,盈利水平低。而外销市场的特点是厂家较多,产品有一定差别,需求弹性较大;价格受一定程度的控制(特别是收购价),行业进出较容易;盈利水平较高,10家企业占50%~60%的市场。

根据国家对茶叶市场的控制情况,大体可将其演变划分为6个阶段。1979至1982年为茶叶大战阶段。改革开放后,农民收入大幅度增加,消费需求上涨,加上外销市场较好,茶叶市场竞争较激烈。1983至1984年外贸受控制,国内经济结构调整,消费需求低迷,茶叶积压严重。1985至1989年6月,内销市场放开,国家降低税费,市场活跃,出现了"第二次茶叶大战"。1989年7月至1993年,国内经济紧缩,外贸不景气,茶价大跌。1994至1995年,"卖茶难"逼迫茶叶企业开发名优茶,出现了"名优茶热"。1996年至今,一直在进行结构调整,近几年产销两旺,逐步进入良性循环时期。

二、茶叶市场的分类与特征

(一)市场空间

市场空间即市场的地理界限。从经济运行来看,是商品流通以及形成商品流通的商品供给和商品需求的空间范围。

1. 国际茶叶市场

国际茶叶市场主产国包括中国、印度、肯尼亚、斯里兰卡和土耳其等,这五国的茶叶产量已经占到全球总产量的75%以上。国际茶叶市场中,目前仍是以红茶为消费主流,红茶产量约占全球茶叶总产量的60%,但乌龙茶和绿茶等的消费日益增多,而以高质量为特征的无公害茶——有机茶销量也大幅增加。

国际茶叶市场的特征如下:

(1)茶叶的消费持续增长。从20世纪初到现在,世界人口从16亿增加到60多亿,人口增加3.75倍,同期内世界茶叶消费量则增加7.5倍,人均年消费量从0.19千克增加到0.45千克,提高1.36倍。虽然20世纪90年代以来人均消费量略有下降,但由于以茶与健康和茶文化为内容的茶叶促销活动,使得消费量有所回升。预测到21世纪中期,人均消费水平按0.5千克计,则茶叶消费量将达480万吨。

(2)茶叶产品结构多样化。茶叶的产品向方便、健康、经济、多样化发展。目前世界茶叶贸易市场上仍以红茶为主且产量逐年递增。绿茶和以乌龙茶为代表的特种茶因保健功效、特有香气及浓厚的东方文化特质渐受青睐,逐渐抢占红茶消费市场。面对茶叶消费市场越来越高的进口门槛,茶叶出口企业将目光转向有机茶。有机茶作为一种无污染、高品质的茶产品,目前已在世界上逐渐形成消费时尚,在国际市场上供不应求。另外,随着消费者健康意识的提高,药茶也逐渐流行起来。

（3）茶叶品类消费多样化。不同地区对茶叶的习惯爱好不同，如俄罗斯和独联体国家人民喜爱斯里兰卡红茶，英国、巴基斯坦和埃及人民喜爱CTC（Cruch Tear Curl）红茶，波斯湾地区人民爱喝汤色很浓的茶，而在北美人们喜爱低价格的和茶汤、色泽较浅的茶，因此未来世界茶叶贸易将在很大程度上取决于茶叶产品的适应性和竞争性。

2. 国内茶叶市场（含边销茶市场）

国内茶叶市场生产和消费均具有一定的区域性特征。如浙江主要生产绿茶，福建主要生产乌龙茶，广西花茶产量丰富，云南主要生产普洱茶。茶叶消费上，京津一带主要消费花茶，江浙皖则以绿茶消费为主，闽粤和台湾乌龙茶消费十分兴旺。

（二）茶类

1. 绿茶

绿茶属于未发酵茶，是我国最主要的茶叶品类，其产量稳居六大茶类之首，2013年占到总产量的近70%。其分布广泛，其中浙江、江苏、安徽、福建、江西、四川、贵州、湖南、湖北等是主产大省。其制作工艺主要包括杀青，或者整形、烘干等。名优绿茶原料要求高，一般以一芽一叶或一芽两叶为主。根据2009年农业部发布的《全国茶叶重点区域发展规划（2009—2015年）》，截至2015年，我国已建成2个绿茶重点区域，即长江中下游名优绿茶重点区域与长江上中游特色和出口绿茶重点区域。其中，长江中下游名优绿茶重点区域包括浙江的东部、西部和南部茶区，福建的闽东茶区，江苏的苏南茶区，安徽的皖南、皖西茶区，江西的赣北茶区，湖北的鄂东南茶区和河南豫南茶区。而长江上中游特色和出口绿茶重点区域主要包括川西绿茶区，川南优质早茶区，川东北特色茶区，黔中茶区，重庆茶区，陕南茶区，湖北的武陵山、三峡及西北部茶区，湘东北、湘西南茶区。如上文所述，茶类消费与其生产区域紧密相关，绿茶的主要消费市场也主要分布我国南方，近些年北方市场绿茶消费量也逐渐增多。

2. 乌龙茶(青茶)

乌龙茶属于半发酵茶,是独具汉族特色的茶类,产区主要分布于福建的闽北、闽南及广东、台湾三个区域。乌龙茶主要经过采摘、萎凋、摇青、炒青、揉捻、烘焙等工序而制成,其原料以新芽3~5叶为主。近些年我国乌龙茶发展较快,其产量所占比重从1990年的6%左右持续上升至2013年12.18%。其中福建和广东是传统产区。根据农业部发布的《全国茶叶重点区域发展规划(2009—2015年)》,截至2015年,我国已建成东南沿海优质乌龙茶重点区域,包括闽南乌龙、闽北乌龙和粤东乌龙茶区。乌龙茶内销市场主要为广东和福建,部分外销到日本、东南亚等国及港澳地区。

3. 红茶

红茶属全发酵茶,原产于中国,16世纪流入欧洲,主要分布在中国、斯里兰卡、印度、印度尼西亚和肯尼亚等茶叶主产国。国内主要分布在安徽、福建、江苏、四川等地。红茶制作主要包括萎凋、揉捻(切)、发酵、干燥等一系列工艺,其原料以茶树新芽叶为主。近30年我国红茶市场发展呈现先下降后回升的变化趋势,其产量所占比重从1985年的近20%持续下降到2007年的4.5%左右,而后缓慢回升至2013年的8%左右。根据农业部发布的《全国茶叶重点区域发展规划(2009—2015年)》,到2015年,我国将建成西南红茶和特种茶重点区域,主要包括云南的滇西、滇南茶区以及广西的桂西南。

4. 黑茶(紧压茶)

黑茶属于后发酵茶,是我国所独有的传统茶类,其生产历史悠久,并以制成紧压茶边销为主,产区主要分布于湖南安化、陕西、湖北、四川、云南、广西等地,其产量占到茶叶总产量的4%左右。黑茶制作工艺主要包括杀青、揉捻、渥堆和干燥,其原料要求较低,并以粗老枝条为主。按区域分类,黑茶可分为湖南黑茶(茯茶)、四川藏茶(边茶)、云南黑茶(普洱茶)、广西六堡茶、湖北老黑茶及陕西黑茶(茯茶)和安徽古黟黑茶等。黑茶消费主要分布在边疆地区,如内蒙古、新疆、青海、西藏等。由于黑茶具有独特的口味和保健功效,近年来黑茶颇受大众喜欢,广东、上海、北京、山东、陕西等地消费人群逐渐增多。

5. 白茶

白茶属于轻微发酵茶,是汉族茶农创制的传统名茶,主要分布在福建福鼎、政和、松溪、建阳、云南景谷等地。白茶产量相对较少,所占比重不到1%。白茶主要经过萎凋、烘焙(或阴干)、拣剔、复火等工序制成,主要以新芽为主,但按其原料不同而有不同分类等级。近些年白茶、黑茶、黄茶等小品种茶消费需求较旺盛,消费区域逐渐向北扩张。

6. 黄茶

黄茶属于轻发酵茶,是我国特有茶类,产区主要分布在湖南岳阳、安徽皖西、四川雅安和名山县等地,其产量占比不到1%。其制作工艺包括鲜叶杀青揉捻、焖黄和干燥,焖黄工艺是形成黄茶特点的关键,也是区别于绿茶的主要工艺。黄茶消费群体主要分布在南方,山东、北京等部分北方市场消费群体在逐步扩大。

(三)消费目的

1. 礼品茶

中国是礼仪之邦,崇尚礼尚往来,逢年过节总是会给对自己重要的人送去能代表心意的礼物,高档茶叶当然也是可以作为礼品的一种选择,礼品茶市场相对广阔。随着生活水平的提高和对生活质量的要求提高,具有明显保健功能的茶叶越来越受到人们的青睐。

2. 生活茶

随着消费水平的提高,社会交往增多,消费观念的转变以及人们保健意识的增强,越来越多的人选择了茶作为日常生活的最佳天然保健饮料。随着国家倡导理性消费,反对铺张浪费,对高档茶的畸形消费将逐渐回归正常,一个理性化的茶叶消费时代即将到来。

3. 茶馆

茶馆是我国传统的服务行业,在我国有着几千年的发展历史。特别是近二三十年来,随着我国经济的发展,人们生活水平的提高和休闲时间的增多,促进了茶馆行业的蓬勃发展。据统计,全国目前大大小小的各种茶馆、茶楼、茶坊、茶室等的总量突破了10万家,产值约100亿元。而茶馆对社会的贡献不仅是经济上的,在社会文明方面也起着很大的作用。茶馆是人们放松身心、交朋会友、洽谈商务等活动的场所,也是茶文化和我国传统文化的传播阵地。

4. 办公用茶

茶叶因其有提神醒脑的作用,也越来越受到办公一族、职场白领等的喜爱。如市场上流行的袋泡茶,简单易冲,方便快捷。另外,花草茶因其美容养颜、排毒明目等作用而受到欢迎,尤其是对职场女性具有很大吸引力。

案例 3.1 市场兴、产业升——浙江新昌县茶叶发展与浙东名茶市场的兴起

从1998年呱呱坠地,到2003年取得"正式户口",再到今天异军突起,名震大江南北,期间只用了短短10年时间,创造这一快速成长纪录的,叫"大佛龙井",一个来自浙江新昌的茶叶区域公用品牌。

在新昌,43万总人口中,有18万人吃的是"茶"这碗饭。从种茶到卖茶,从茶几生产到茶旅游开发,由于品牌所发挥的纽带和辐射作用,茶叶早已从"副业"变成了"主业",从"一产"走向了"三产"融合。整个县的茶叶产值达到了20亿元。

众所周知,浙江龙井,因其独特的制作工艺,一直享有盛誉,特别是旗下的西湖龙井,在茶品牌中,无人能出其右。此外,云南普洱、福建乌龙麾下,强势品牌也是层出不穷。在这样一种激烈竞争的大背景下,"大佛龙井"的脱颖而出,自然引起人们的高度关注。

绝地重生——"大佛龙井"蹒跚起步

　　新昌是国内绿茶主产区之一,种茶已有1500多年历史。茶叶,既是当地老百姓的"米袋子",也是地方政府的"钱袋子"。当地所产的圆形绿茶——"珠茶",曾被誉为"软黄金",是历史上负有盛名的外贸产品。20世纪80年代中期,茶叶统购统销取消。让人始料不及的是:长期以来习惯于"只管种、不管卖"的茶农,一夜间陷入了"卖茶难"的困境。新昌的茶叶种植面积由此迅速下降。新昌茶叶何去何从?

　　新昌是个山区县,被四明山、天台山、会稽山所环抱,有"八山半水分半田"之称。受各种山区小环境的制约,除茶叶以外,可供选择的、适宜发展的其他农业产业并不多。为此,新昌背水一战,果断推出了"圆改扁"的名茶战略,将圆形的珠茶改为扁形的"龙井茶"。随后,"圆改扁"的培训在全县36个乡镇全面铺开,先后举办培训班500多期,培训人员4万多人。

　　"名茶战略"绝不仅仅只是改变茶叶外观和制作方法那么简单:既然是名茶,总得有个品牌。但是,让千家万户的茶农去做品牌,既不现实也无必要。理想的办法是,由政府做后盾,由茶叶协会出面,打造一个统一的茶叶品牌,供新昌境内广大茶农共同使用。但既然是统一的品牌,就得有统一的质量标准。

　　另外,受土壤、气候等多种因素影响,农产品的质量难以统一。新昌虽然是一个茶叶大县,但是土地零散,立地条件较差,各种茶园的规模普遍较小。一亩茶园往往分成几处,生产加工也是单家独户,各自为战。1998年底,《"大佛龙井"浙江省地方标准》正式颁布实施。千家万户分散经营的新昌茶农从此有了共同的、可操作的规范化标准。这意味着"大佛龙井"的品牌建设之路,从此正式扬帆起航。

　　由此可见,区域公用品牌是符合中国农业发展现状的品牌建设路径。当前,由龙头企业、合作社或专业大户为主体建设品牌,因受各方面实力制约,无法在短期内取得成功,而且覆盖面和受益面有限。政府主导公用品牌建设的利好在于:可以充分调动所有资源(包括财力、人力、经验等),形成合力,受益面不再是一个企业或部分人,而是辖区内所有农民。而新昌的另一贡献在于:在区域品牌建设之初,就抓住质量标准这一基础,为日后品牌腾飞创造了条件,提供了保证。

品牌营销——"大佛龙井"脱颖而出

有了公用品牌并不意味着大功告成,品牌需要策划、需要营销、需要传播。先行一步的新昌,在"大佛龙井"的营销策划上进行了许多尝试。

1995年,国内名茶产业刚刚起步,各种名茶销售一路绿灯,供不应求。"大佛龙井"就早早开始了品牌营销的战略布局。当年5月9日,"大佛龙井进京"仪式在北京隆重举行,农业部等有关部委的官员前往祝贺,各大中央媒体被"第一次绿茶进京"活动的创意所吸引,长篇累牍做了报道。十多年后,这一创意还被云南普洱等广为效仿。

初获成功的新昌人一发而不可收:在济南泉城广场举办万人品茶大会,一夜之间,"大佛龙井"在济南家喻户晓;申请承办上海国际茶文化节闭幕式,首次尝试将一个国际节庆活动的闭幕式移师到了浙江山区,海内外茶人、茶商由此云集新昌,"大佛龙井"的传播对象从普通消费者转向了业界;与老舍茶馆结成战略合作伙伴关系,在茶馆内专门开辟了"大佛龙井"陈列馆,并以此为平台,策划举办了一系列活动;五一劳动节到了,"大佛龙井"献劳模活动搞得轰轰烈烈;非典期间,"大佛龙井"送给首都医护人员,不仅宣传了品牌,树立了形象,还强化了绿茶的抗非典功效;奥运是百年一遇的全球盛典,炎炎烈日之下,"大佛龙井"来到奥运场馆建设者身边,给他们送去清凉;2005年,国民党主席连战访问大陆,在老舍茶馆品尝"大佛龙井"。

与其他品牌相比,"大佛龙井"除了品牌营销活动具有创意外,还有一个"以茶养茶"的公用品牌运行资金保障机制。即以县名茶协会的名义组建"浙东茶叶市场",市场的全部收益除去必要的成本之外,均用于"大佛龙井"的品牌营销。同时,时刻关注社会热点,抓住机会,进行品牌营销策划,收到事半功倍的效果。"大佛龙井"品牌营销策划可以概括总结为名人名店效应、热点新闻效应、热心公益效应、事件营销效应,这些案例已成为国内广告界的经典而被广泛引用。

三产联动——"大佛龙井"终成正果

"大佛龙井"从无到有,从小到大,由弱到强,先后获得中国著名品牌、全国农业名牌产品等几十个荣誉称号,成为国内茶叶品牌的"黑马",声誉日隆。在品牌的带动下,当地茶产业发展势头迅猛。而由于"大佛龙井"区域品牌产生的核辐射,茶产业的概念早已跨过一产,延伸到二产、三产。

中国茶市作为一个流通市场,就是借助于"大佛龙井"而得以崛起。其前身为浙东名茶市场,因过于简陋,无法适应日益庞大的茶叶交易而易地新建。规划总占地375亩(0.25平方千米),拟将中国茶市、茶山、标准化加工点等茶叶生产基地等进行整体包装,建成一个集茶叶交易、学术研究、文化传承、教育娱乐为一体的4A级茶文化、茶旅游大观园。目前一期工程已于2007年底结束,400余家茶商已陆续进驻市场。2008年,市场交易量达6800吨,交易额7.2亿元,带动周边东阳、磐安、嵊州、永嘉、三门等县市50万亩(约0.33平方千米)茶园,交易遍及全国22省近百个茶叶专业市场,成为国内最大的龙井茶集散地。

新昌的茶乡游也随之兴起。产茶季节,旅游部门将大佛寺景点和中国茶市相结合,让游客在采茶、炒茶、品茶、购茶中怡然而乐。200多家茶楼、茶馆生意火爆。新昌的旅游因为结合了新的元素受到客人的热捧。

"大佛龙井"品牌的溢出效应还表现在工业领域。在新昌,茶几、茶叶包装、茶保鲜剂、茶工艺品生产,等等,林林总总的工业企业一共有200多家,产值2亿多元。其中的横峰茶几厂,每年茶几的销售额就有1亿多元,成为国内同类产品中最大的生产企业。

如今,到了新昌,就像到了"大佛龙井"的世界。人们种的是茶,喝的是茶,谈的是茶,看到的、听到的都是茶。"大佛龙井"不仅与人们的生活息息相关,而且成为地方经济发展的引擎。茶农们离不开"大佛龙井",新昌整个县域经济的发展也离不开"大佛龙井"。"大佛龙井"的影响力,早已越过农业产业,波及经济社会发展的各个层面。

资料来源:蒋文龙,柯丽生,新昌县与"大佛龙井"——一个农产品区域公用品牌的深度解剖,http://www.farmer.com.cn/wlb/nmrb/nb1/200907060007.htm

附录:国内主要茶叶产区与销区批发市场简介

名称	开业时间	建筑面积	营业面积	规划铺位	摊位	年交易额	年交易量
广州市芳村南方茶叶市场	1993	15	8	2500	—	20	—
安徽江南第一茶市	1988	14	13.5	1160	2400	16	—
安溪中国茶都集团茶叶批发市场	2000	18	12	1800	3000	15.80	1.50
山东济南茶叶批发市场	1996	10	7.6	1000	680	13.80	4.60
大西南茶叶专业批发市场	—	5.18	—	1000		10	10
云南康乐茶叶市场	2004	3.76	1.64	350		8.60	—
佛山市南海凯民茶博城有限公司	—	13	6.50	1000		8	1.10
福州市五里亭茶叶批发市场	—	5	5	923		8	
广西横县西南茶城	1993	2.06	1.10	202	199	7.70	2.87
新昌江南名茶市场		10	—	1500		6.50	0.60
丽江松阳浙南茶叶市场	2003	5.60	5.4	200	10 000	6.7	3
杭州千岛湖茶叶市场	1999	2.96	—	300		5.62	0.50
中国大别山绿色商城	2004	18	8.7	—		5	0.82
山东潍坊茶叶批发市场	1997	2	—	300		4~5	0.80~1
武汉中南第一茶市	2000	1.37	—	248		4.20	2
宜昌三峡国际旅游茶城	2003	9.18	6.30	1200		10.10	3.45
北京马连道茶城		6.80	—	400		3~4	
上海大宁国际茶城	1996	5	1.50	390		3.20	
河北石家庄佳农茶叶市场		1.90	—	208		3.20	0.72
北京茶叶总公司批发市场	—	3		320		3	—

注:数据来源于国家统计局;本表以2007年交易额为序;单位:万平方米、个、亿元、万吨。

练习题

1. 简述世界茶叶的基本生产、贸易及消费情况。
2. 简述中国茶叶的基本生产、贸易及消费情况。
3. 简述中国茶叶市场的基本特征。

参考文献

[1] 桂平雄.茶叶市场学特性与茶叶营销管理[J].茶叶,1997,23(3):54-57.

[2] 黄韩丹.关于我国茶叶消费特性之实证研究(硕士论文)[D].2006.

[3] 陈东灵,苏朝晖.中国茶叶市场的分销策略[J].沈阳大学学报,2009,21(2):31-34.

[4] 陈东灵.茶叶营销发展趋势探析[J].福建茶叶,2011(4):52-55.

[5] 陶德臣.近代中国茶叶市场结构与功能[J].中国社会经济史研究,2001(1):69-78、68.

[6] 中国茶叶流通协会.2013年中国茶叶产销形势和2014年预测分析[J].中国茶叶,2014(11):4-6、9.

第四章 茶叶市场营销环境与消费者分析

本章提要

了解市场营销环境及消费者行为对茶叶市场营销至关重要。本章重点分析了茶叶市场营销环境的基本含义、特征及其分析手法,同时也讨论了消费者行为的影响因素。第一节介绍了茶叶市场营销的环境和特点,第二节介绍了不同营销环境的特征及其对策,第三节介绍了茶叶市场的消费者行为及其影响因素。本章要求掌握茶叶市场营销环境的基本含义、特征,同时需掌握消费者行为特征。

第一节 茶叶市场营销的环境与特点

一、营销环境的含义与特征

(一)茶叶市场营销环境的含义

环境是指事物外界的情况和条件。茶叶市场营销环境是指存在于茶叶企业营销系统外部的不可控制或难以控制的因素和力量,这些因素和力量是直接或间接影响企业营销活动及其目标实现的外部条件。

茶叶企业如同自然界的生物有机体,总是存在于一定的环境之中,面临着优胜劣汰、适者生存的选择。因而茶叶企业的营销活动不能脱离其存在的环境而孤立地开展。茶叶企业只有主动地去适应环境,了解、掌握环境状况及其发展趋势,通过开展与环境相适应的营销活动来影响企业的外部环境,使环境有利于企业的生存和发展,从而提高企业营销活动的有效性。

市场营销环境是一个多因素、多层次、广泛复杂而又发展变化的系统。其中被大众普遍接受的则是营销大师菲利普·科特勒的划分法,即将整个营销环境划分为微观环境和宏观环境两大类。这种划分方式不仅揭示了营销环境的层次性,而且还指明了对企业营销活动产生直接或间接影响的多种因素和力量,如图4-1所示。

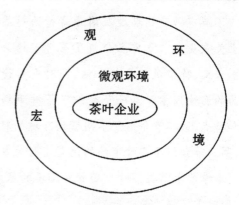

图4-1 营销环境对企业的作用

微观环境是指与茶叶企业紧密相连、存在直接经济业务联系,并直接影响和制约企业营销能力和效率的各类行为主体,包括供应商、企业、营销中介机构、顾客、竞争者和公众等行为主体。其中,供应商、企业、营销中介机构和顾客构成了企业的核心营销系统,它们形成了一种相互协作和服务的关系;而竞争者和公众则是企业营销活动成功与否的决定性因素,它们与企业形成的主要是竞争和制约的关系。

宏观营销环境是指既影响企业营销活动,又影响微观环境的一系列巨大的社会力量。主要包括人口环境、经济环境、科技环境、自然环境、政治法律环境和社会文化环境等六大因素。微观环境和宏观环境中诸因素的关系如图4-2所示。

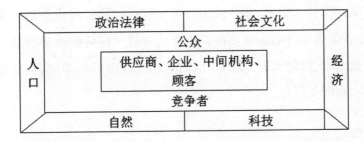

图4-2 各种环境因素的关系

微观环境与宏观环境之间不是并列关系,而是包容与从属关系,各个微观环境主体总是处于宏观大环境因素的包围和影响之中,并依托于宏观环境的变化而变化;而宏观环境一般以微观环境为媒介去影响和制约企业的营销活动,在特定场合,也可直接影响企业的营销活动。

(二)茶叶市场营销环境的特征

1. 客观性

营销环境因素主要是由企业不可控的外部力量构成,它不以营销者意志为转移而客观存在着,对企业营销活动的影响具有强制性和不可控性的特点。对于企业而言,客观存在的环境,企业是难以按照自身的要求和意愿而随意改变的,如人口因素、政治法律因素及社会文化因素等。但是,企业可以主动监测和把握市场环境,并随着市场环境的变化不断调整营销方案,使营销方案与环境保持动态平衡。与此同时,密切关注环境诸多要素和力量的变化也可以使企业因势利导,让其营销活动能够主动适应客观经济环境,并将不利转化为有利并加以利用。

2. 差异性

不同的国家或地区之间,宏观环境存在着广泛的差异;不同的企业之间,微观环境也是千差万别。正因营销环境差异的存在,企业为适应不同的环境及其变化,必须采用独具特色且针对性较强的营销策略。例如,中国加入世贸组织后,贸易中的技术和绿色壁垒对我国茶叶出口形成了较大的冲击,但这一冲击对不同出口企业而言又存在较大差异,如经营无公害、绿色食品茶、有机茶的企业则面临更多机会,而经营常规茶叶的企业则面临更多的挑战。环境的差异性要求茶叶企业必须做到因地制宜、因时而异,及时采取与其相适应的营销策略,从而提高营销策略的时效性和高度关联性。

3. 动态性

营销环境作为茶叶企业营销活动的基础和条件,时常处于一个动态的变化发展之中。构成营销环境的众多因素都随着社会经济的发展而不断变化,根据各因素变化程度的不同,可将它们划分为较稳定的环境、缓慢变化的环境和骤然变化的环境。营销环境因素的变化,就如同一把双刃剑,不仅带来机会也带来挑战。因此,茶叶企业应建立对环境变化趋势及其发展状态的时时预测机制,设立企业营销预警系统等,以实现对不断变化的环境的追踪,及时调整生产营销策略。

4. 相关性

营销环境中的各种因素之间并不是孤立存在的,而是相互影响相互制约的,某一因素的变化都可能直接或间接引起其他因素的变化。例如,导致茶叶价格上涨的直接原因是市场需求旺盛、产品供不应求,而与此相关的间接原因则可能是生产原料成本上涨、灾害、国家政策导向等。营销环境的相关性要求茶叶企业必须把对营销环境的研究作为一个系统研究,切不可将各个因素割裂开来,或是仅凭表象做出决策,而是要全面系统地分析各要素的因果联系,由表及里,挖掘现象的本质。

(三)茶叶企业营销与营销环境的关系

在茶叶企业营销活动中,市场营销环境是不可控制且难以控制的,这些环境因素对企业的营销活动产生的影响,具体表现在以下三个方面。

第一,市场营销环境对企业营销具有双重影响。市场营销环境及其自身的变化不仅可为企业提供新的市场机会,为企业的发展创造条件,而且也会给企业带来威胁,限制或阻碍企业的生存与发展。由于营销环境具有多变性,在一定条件下,威胁和机遇会进行相互转化。因此茶叶企业应时刻保持敏锐的市场嗅觉,加强对宏微观环境的分析,善于捕捉市场机会;同时也要及时预见环境威胁,针对不同的状况采取适当措施,推动企业营销活动的顺利开展,实现企业的持续发展。

第二,市场营销环境是企业营销活动的资源基础。企业营销活动所需的各种资源,如资金、信息、人才等都是由环境提供的,它们与企业的发展密切相关,影响企业利用机会和规避风险的能力,直接关系到企业的发展前途。因此企业必须分析研究营销环境因素,在把握各个因素特点的同时,还应关注不同营销环境下各种因素的最佳组合,充分发挥各要素的作用,实现企业的营销目标。

第三,市场营销环境是企业制定营销策略的重要依据。市场营销环境是客观存在的,不以企业的意志为转移。但企业可以充分发挥主观能动性,依据客观的市场营销环境制定具有针对性且行之有效的营销策略,并在营销活动过程中根据营销环境的变化不断做出调整。另外,茶叶企业的营销活动作为市场营销环境的组成部分,也会影响市场营销环境。

茶叶企业在制定营销策略、开展市场营销活动中,应以积极、主动的态度去适应营销环境,有效地把握市场机会。同时,可在一定条件下运用自身的资源,积极开展营销活动,创造更有利于企业营销活动开展的空间。菲利普·科特勒的"大市场营销"理论认为,企业为了成功地进入特定的市场,在策略上应实现经济手段、心理手段、政治手段以及公共关系手段的协调运用,以博得国内外和地方的有关方面的合作与支持,为企业从事营销活动创造一个宽松的外部环境。

二、茶叶企业营销的宏观环境

宏观营销环境包括人口、经济、政治与法律、科学技术、自然、社会文化等因素,企业及其微观环境的参与者,无不处于宏观环境之中。宏观环境是作用于一切组织或个人的社会大环境系统,对企业的市场营销活动产生广泛而强烈的影响。

(一)人口环境

市场由兼具购买欲望和支付能力的人组成,人是构成市场的第一要素。人口环境对市场具有长远的和整体的影响,从根本上制约着企业营销机会的形成和市场目标的选择。因此,把握人口环境的现状和变化发展趋势,多角度全面地认识人口环境与企业营销的关系,是企业开展营销活动的重要依据之一。一般来讲,对市场营销的人口环境的把握主要从人口规模、人口增长率、人口构成及人口分布4个方面着手,对其进行动态和静态的分析。

1. 人口规模

人口规模是指一个国家或地区的总人口数量,是衡量市场潜在容量的重要因素。对提供满足人们基本生活的茶企业而言,其所在的市场区域人口规模越大,其市场规模和潜能也越大,营销机会也越多;而提供高档茶产品或定位于奢侈品市场的茶叶企业,单纯的人口数量还不足以确定其市场规模,还必须考虑到人口的实际购买力大小,只有联合二者才能全面客观地分析市场的规模。如果一个国家或地区的人口规模大,且人均收入水平高,购买力强,对任何茶叶企业的营销活动都是有利的。

2. 人口增长

人在市场中的双重身份带来了人口增长对企业营销的双面影响:一方面,如果人口增长伴随着经济快速发展,则人们的平均购买力也会相应地或更快地提高,这意味着经济的发展和市场的扩大,将为茶叶企业提供更多的发展机会;另一方面,如果人口增长速度超过经济的增长速度,则人们的平均购买力可能会被人口高速度增长拉低。因此茶叶企业不仅要从静态的人口规模上考察市场容量,还应从人口增长的动态趋势去考察市场,并把这种趋势与经济增长形势结合起来分析企业的营销局势。

从全球整体而言,人口还是处于不断增长的趋势。人口的过度膨胀给有限的地球资源带来了巨大压力,为此各国政府、非政府组织等倡导和推行低碳、绿色、健康生活。茶叶作为一种无酒精的饮品是世界三大饮料之一,它是大自然对人类的馈赠,与时代发展节奏相吻合。茶叶企业营销应结合天然、绿色、生态、保健、养身、旅游等概念,把握人口增长的趋势和特点。

3. 人口构成

人口构成是指各类人口在总人口中所占的比重。对于人口构成的划分比较复杂,一般可分为自然构成和社会构成两大类。

1)自然构成

人口的自然构成一般包括年龄、性别、家庭和种族等。

(1)年龄构成。年龄构成是指不同年龄段的人口比重。消费者的消费需求和消费模式,由于年龄、生理和心理特征、收入状况等不同而有所区别。就消费模式而言,一般青年消费者偏好方便、快捷的茶叶消费方式,而中老年消费者则倾向传统的泡饮方式。

(2)性别构成。性别构成是指男女人口各自在总人口中的比重,常用性别比表示。其中,女性消费者注重茶叶的抗衰老、抗氧化、瘦身美容等功效,而男性更关注与自己的购买力水平相称的茶产品。

(3)家庭结构。根据家庭成员组成情况,可分为完整家庭和不完整家庭。完整家庭由于人员较多,多选择容积比较大的家庭装茶饮料、散装实惠型茶叶;不完整家庭如单身者,多选择容积较小的瓶装茶饮料和包装精美的茶叶。为此,要求茶叶营销者在产品设计、包装和促销工作上对不同家庭结构的需求做出及时的反应。

2）社会构成

人口的社会构成包括职业构成、民族构成和教育程度及地域或城乡构成等。不同职业、民族、教育程度及不同地域或城乡的人口对茶叶消费需求、消费习惯存在较大差异。因此，茶叶企业应瞄准市场，根据目标客户采取相应的营销手段。

4. 人口分布

人口分布可分为人口地理分布和人口地区间流动。

1）地理分布

地理分布指不同地区人口的密集程度。由于自然条件、经济环境、生活习惯等差异，农村与城市、东部与西部、北方与南方、热带与寒带、山区与平原等不同地理环境的人口在茶叶消费需求方面有着显著的区别，如内蒙古、新疆等边远地区传统上因缺乏蔬菜、水果，且以油腻的食物为主，则以黑茶、沱茶、砖茶等为主；而北方气候干燥，则以茉莉花茶为主。

2）人口地区间流动

当前我国人口流动主要表现为从农村流向城镇、从内地流向沿海地区和工矿区。人口流动越多的地区，人口构成也会呈现多样化的发展状态，对茶产品的需求也会呈现多样化的发展态势。因此，不同种类、品质的茶叶市场空间就会不断扩大，不仅优质高档的茶产品会有较大的市场，而且中档、低档茶叶市场空间也不小。

（二）经济环境

经济环境是指与茶叶企业营销活动密切相关的各类经济要素的组合，主要包括经济发展阶段、经济形势、经济体制、政策和社会购买力等。在人口规模既定的情况下，市场规模与社会购买力成正比。社会购买力是一个综合性指标，其直接或间接地受到消费者收入与支出、消费信贷及居民储蓄、币值和税收等因素的影响。以下将从消费者收入、支出、储蓄和信贷四个方面加以分析。

1. 消费者收入

消费者收入由工资、利息和红利等构成,收入水平决定其购买力。在分析消费者收入时要着重区分"个人可支配收入"和"个人可任意支配收入"这两个概念。个人可支配收入是指个人收入减去直接负担的各项税款和其他具有强制性的负担(如交通罚款)之后的余额,它是影响消费者购买力和消费支出的决定性因素。而个人可任意支配收入是指个人可支配收入减去维持生活所必需的支出和其他固定支出(如房租、分期付款、保险费、抵押借款等)所剩下的那部分个人收入。消费者的个人可任意支配收入越多,则购买力越大,茶叶企业的营销机会就越多。

2. 消费者支出

消费者收入影响支出,支出模式会随收入变化而发生相应的变化,通常用恩格尔系数表示收入与支出的关系:

恩格尔系数 = 食物支出变动的百分比/收入变动的百分比

这一公式反映了人们收入增加时食物支出变化的趋势,是衡量一个国家、地区、家庭生活水平的基本标准。联合国根据恩格尔系数的大小制定了一个划分(家庭、阶层、国家、地区均适用)贫富的标准:系数在59%以上者为绝对贫困化水平,系数在40%~50%之间为小康水平,系数在30%~40%之间为富裕水平,系数在30%以下为最富裕水平。茶叶企业可以通过对目标市场恩格尔系数的了解,制定营销规划和策略。

3. 消费者储蓄

消费者储蓄是指消费者出于某些目的将收入的一部分做储存待用。储蓄形式多样,如银行存款、债券、股票及基金等。我国人均收入水平虽然不高,但储蓄率却比较高,这与中国人爱存钱的传统观念是分不开的。到2013年底,我国城乡居民储蓄存款达447 602亿元*,说明我国国内茶叶市场潜在规模比较大。茶叶企

---

* 数据来自《2013年中国统计年鉴》

业营销人员可从目标市场储蓄变化来研究消费者储蓄的动机,从而把握当前市场需求,预测未来市场变化。如下表4-1反映了自2003年以来我国茶叶的内销量,总体呈较快的增长趋势。

表4-1　2003~2013年中国茶叶内销数量

(单位:万吨)

年份	2003	2004	2005	2006	2007	2008	2009	2010	2011	2012	2013
产量	50.00	52.50	64.80	74.10	87.60	90	100	110	120	147.63	160.40

数据来源:中国茶叶流通协会

4. 消费者信贷

消费者信贷是一种超越自己目前购买力的超前消费行为,即消费者凭信用或担保先取得商品使用权,然后按期归还贷款。目前我国消费信贷的范围和种类正在逐步扩大,主要为购买消费品的分期付款、住房公积金贷款和按揭贷款等,这在一定程度上刺激了茶叶的消费,因此,茶叶企业营销可研究目标市场的消费者信贷状况,以制定相适应的营销策略。

(三)政治与法律环境

政治和法律密切相关,两者对茶叶企业经济行为具有强制力和制约力。任何茶叶企业总是在一定的政治和法律环境下运行的,而政治与法律环境不是一成不变的,茶叶企业必须密切关注其变化,并根据这些变化及时调整自己的营销目标和措施。

1. 政治环境

政治环境主要指国家政体、政局、政策及政治团体等因素,它对茶叶企业的影响具有直接性、不可逆性和难预测性。国际关系和谐友好、政局稳定、政策支持茶产业发展,则茶产业兴旺;反之,则阻碍茶叶企业经济活动的开展。例如,我国加入世界贸易组织(WTO)以来,世界对中国茶叶表现出接受而又阻挠的双面性,欧盟、日本等发达国家纷纷设立了以农药残留最大限量为主的"绿色壁垒",且越来越严格。茶叶企业应时刻关注及把握政策走向,有效利用各项资源,制定相应的营销、发展策略。

2. 法律环境

法律环境是指国家及省、市、自治区主管部门颁布的对茶叶企业营销活动有影响的法律、法规、条例、标准和法令等。我国维护企业公平竞争、保护消费者权益和保护社会利益的立法等皆与茶叶企业营销相关联。企业熟悉法律环境,不但能保证自身严格依法经营,而且可以用法律手段保护自己的合法权益。但各国社会制度、经济发展阶段和国情不同,其法律环境也会存在差异,因此从事国际市场贸易的茶叶企业,必须对目标国家的法律环境、国际法规、国际惯例和准则进行学习研究,及时调整、制定营销策略。

(四)科学技术环境

科学技术是第一生产力,科技的发展对经济发展有巨大的影响,对茶叶企业的市场营销活动既会带来机会也会带来挑战。随着科技在茶产业中发挥的作用日益凸显,机械揉茶机取代了千百年来的手工揉茶,茶叶真空包装机便利了茶叶运输和保存等。茶叶企业必须密切关注技术环境和知识经济的发展趋势,针对市场的需求善于利用创新技术研发新产品,开拓新市场。高新技术的发展也促进了产业结构朝尖端化、软性化、服务化方向发展,茶叶企业营销管理者在注重提升产品质量、种类的同时,还必须考虑应用尖端技术,重视软件开发,强化用户服务意识,以适应知识经济时代的要求。

(五)自然环境

自然环境是指企业营销活动所需要或受营销活动所影响的自然资源,包括资源状况、生态环境和环境保护等方面。自然环境会给茶叶企业的市场营销活动带来考验,同时茶叶企业也应对自然环境的变化承担应有的责任。随着世界各国日益重视自然资源管理,茶叶企业经营活动受到国内外自然资源和环境保护方案的约束,茶叶企业营销管理者应加强对当前自然环境面临的难题和变化趋势的关注，应按照循环经济的发展思路，实施生态营销、绿色营销等策略，实现可持续发展。

（六）社会文化环境

社会文化环境一般是指在某种社会生活中长期以来形成的对事物的态度和看法、价值观念、宗教信仰、道德规范、审美观念以及世代沿袭的风俗习惯等。社会文化环境在茶叶企业营销中有着特殊的意义，其影响极为隐秘、深远、广泛与复杂，是其他因素无法比拟的。社会文化环境对茶叶企业营销的影响也是无处不在的，且具有多层次、全方位和渗透性。这里主要分析社会文化中的价值观念、审美观念、风俗习惯和宗教信仰等具有代表性的因素。

1. 价值观念

价值观念是指某一特定的社会中人们对事物的评价标准和崇尚风气，是社会文化的重要组成部分。不同国家和民族的价值观念存在着较大的差异，即使是同一个国家、同一个民族，不同的地域和阶层间也会存在差异。一个社会的核心价值观念是世代相传的产物，不仅不会轻易改变，而且会通过学校、教堂、寺庙、企业和政府而不断强化和扩展。因此茶叶企业在进行营销活动时，应深入了解目标市场的价值观念，尊重不同文化背景下的价值差异，避免出现与消费者价值观相抵触的营销行为。

2. 审美观念

由于民族习俗、社会环境、教育水平以及科技发展水平的差异，不同国家或地区的审美观念会有所区别，审美观往往蕴含在商品的设计、款式、色彩、格调、记号以及包装这些与产品质地和包装相关的要素之中，这些看似细微的要素都会影响到商品的市场机会。

3. 风俗习惯

风俗习惯是世代相传且相对稳定的生活方式和行为方式，不同国家、民族、地区的风俗习惯具有较大差异。一般来讲,常见的风俗有民族性、地域性、政治性、信仰性、喜庆性、纪念性、禁忌性等,不同的风俗习惯形成了不同的消费习俗和商业习惯。对于茶叶企业而言,熟知各地各民族的风俗习惯有利于把握好市场的独特需求偏好,同时还可以促进企业创造最佳的营销方案。例如,中国的春节、端午节及中秋节等传统节日,西方国家的圣诞节等。

4. 宗教信仰

宗教对人的生活方式、价值观念以及消费行为都具有深刻的影响。不同宗教的宗教行为规范、宗教节日和宗教禁忌等存在着一定的差异。例如佛教食素;伊斯兰教信徒的饮食禁忌,例如在斋月,白天禁食,等等。这一系列的宗教信仰和规范都会影响茶叶企业的营销决策。

三、茶叶企业营销的微观环境

茶叶企业微观营销环境主要是由企业、供应商、营销中介、顾客、竞争者和社会公众等构成。由于微观环境既受制于宏观营销环境,又与企业营销形成协作、竞争、服务和监督的关系,直接影响并制约着企业的营销能力。因此,企业必须熟知微观环境各构成要素,处理好各要素之间的关系,保证营销行为与微观环境相协调。

(一)企业内部环境

企业内部环境由企业内部纵向管理层和横向职能部门构成。其中纵向管理层由决策层、管理层和执行层构成,横向职能部门可根据功能的不同划分为供应、生产、营销、技术、财务、人事等职能部门。茶叶企业开展市场营销活动必须协调好纵向、横向各部门之间的关系,明确各部门的权责,使营销管理工作在企业内部得到大力支持,促进营销活动的顺利实施。企业内部环境如图4-3所示。

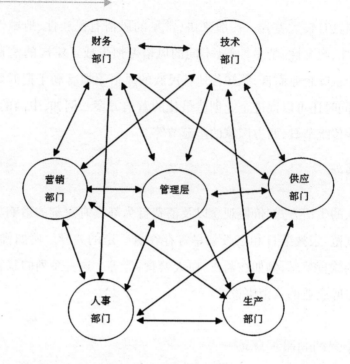

图4-3 企业内部环境

(二)供应商

供应商是指向企业及其竞争者提供生产经营所需的各种生产要素的组织或个人。供应商对企业营销业务有实质性的影响,其所供应的原材料数量和质量将直接影响产品的数量和质量,所提供的资源价格会直接影响产品成本、价格和企业利润。企业在选择供应商时要综合考虑供应商的信誉、技术水平、财务状况、品牌形象、付款条件、质量和价格等,认真选择最佳的供应商和供应商组合,并与之建立良好的合作关系。此外,为了减少供应商对企业的影响和制约,还应积极开拓更佳的供货渠道,或采取逆向的发展战略,以增强企业的市场竞争能力。

(三)营销中介

营销中介是指协助企业将其产品销售给最终购买者的组织或个人,是市场营销不可缺少的中间环节。目前营销中介的形式主要包括业务分销机构、实体分配机构、营销服务机构和金融机构等。

1. 业务分销机构

业务分销机构即中间商,是协助企业寻找顾客或直接与顾客进行交易的商业性组织或个人,主要是指购买并拥有商品所有权的批发商和零售商。代理中间商包括代理商、经纪人和生产商代表,专门介绍客户或与客户洽商签订合同,但不拥有商品所有权。在企业未能建立自己的完全销售渠道(自销)的情况下,中间商的销售效率及任何变动对产品从生产领域流向消费领域都会产生巨大的影响。企业应维持与中间商的良好关系,把中间商的活动纳入到企业整体营销活动体系中,保持营销活动的流畅性。

2. 实体分配机构

实体分配机构是指帮助企业进行产品保管、包装、储存、运输、装卸等的专业仓储和运输公司,使市场营销渠道中的物流畅通无阻,为企业创造时空效益服务。

3. 营销服务机构

营销服务机构主要是指为厂商提供营销服务的各种机构,如市场调研机构、营销咨询公司、广告公司、会计师事务所、审计师事务所,等等。企业可自行承担某些业务,也可以委托外部服务机构代理相关业务。企业在对营销服务机构进行利用时,要注意选择最能适合本企业,且专业化程度较高的机构并能有效提供企业所需服务的机构。

4. 金融机构

金融机构是指可协助厂商融资或分担货物购销储运风险的机构,如银行、信用社、保险公司、证券公司等。在市场经济中,企业与金融机构关系密切,企业间的财务往来要通过银行结算,企业财产和货物要通过保险取得风险保障,贷款利率与保险费率的变动也会直接影响企业成本,而信贷来源受到限制更会使企业处于困境。因此,处理好企业与金融机构的关系,对企业的发展有较大的影响。

(四)顾客

顾客是企业服务的对象,是营销活动的出发点和归宿,企业的一切营销活动都应以满足顾客的需要为中心。根据顾客的购买意图和身份可将顾客市场划分为消费者市场、生产者市场、中间商市场、政府市场、非营利组织市场和国际市场等类型。每类顾客市场都有各自的特点,且随着时间的推移而不断变化,茶叶企业营销人员应根据不同市场类型的特点及所处的实际情况来确定相应的营销策略。

(五)竞争者

在竞争性的市场经济中,茶叶企业在营销活动中要面对各种类型的竞争者,以及错综复杂的竞争关系。如本行业的竞争者、替代品生产者、潜在加入者、原料供应商及消费者等。从消费需求的角度来看,竞争者可以分为以下几种类型:

1. 欲望竞争者

欲望竞争者是指提供不同产品,满足不同消费欲望的竞争者。消费者在同一时刻的欲望是多方面的,但很难同时满足,这就出现了不同的需求,即不同产品之间的竞争,如为满足解渴的欲望消费者会选择购买饮品,而饮品可能是茶,也可能是碳酸饮料、果汁或矿泉水等。因此对于非饮品企业就形成了不同产品之间的竞争格局。

2. 平行竞争者或类型竞争者

平行竞争者或类型竞争者是指满足同一消费欲望的不同产品之间的可代替性的竞争者,它是消费者在决定其需求类型之后形成的次一级竞争。这一类竞争者属于平行竞争者。如购买茶产品,可以是固态茶、液态茶,也可以是普洱或是绿茶等。

3. 产品竞争者

产品竞争者是指满足同一需要的产品的各种形式间的竞争者,如满足购买茶叶的需要可买乌龙茶、红茶、白茶、普洱茶、绿茶等。

4. 品种竞争者

一个产品可以由不同品种构成,各个品种之间也会形成一种竞争的格局。同一产品的不同品种的竞争就形成了品种竞争。例如乌龙茶中有铁观音、大红袍、黄金桂、肉桂、水仙等不同品种的产品。

5. 品牌竞争者

品牌竞争者指生产相同规格、型号、款式的产品,但品牌不同的竞争者。品牌竞争者生产的产品之间具有较高的替代性,竞争十分激烈,因此品牌竞争者把培养顾客品牌忠诚度作为竞争的重要手段。

企业的营销系统总是被一群竞争者包围和影响着,要想取得成功,必须在满足消费者需要和欲望方面比竞争对手做得更好。为此,企业必须加强对竞争者对手的研究,知己知彼,扬长避短,在顾客心目中确定其所提供产品的地位,获取战略优势。

(六)公众

公众是指对企业实现营销目标的能力有实际或潜在兴趣及影响的一切团体或个人。明智的茶叶企业会积极采取有效措施保持与公众的良好关系,树立良好的企业形象。通常企业所面临的公众主要有以下几种类型:

1. 融资公众

融资公众是指关心和影响企业融资能力的机构,如银行、投资公司、股东、证券经营机构、保险公司及信托公司等。

2. 媒介公众

媒介公众是指使企业与外界联系的大众媒介,主要包括报纸、杂志、广播电台、电视台和网络等大众传播媒体。企业为了树立良好的公众形象同时建立企业口碑,就必须与媒体建立友好互动关系,争取更多更好的有利于本企业宣传和发展的新闻、特写以及社会评论。

3. 政府公众

政府公众是指与企业业务活动有关的政府部门,如工商、税务、商检、海关等部门。企业的发展战略与营销计划必须与政府的发展计划、产业政策、法律法规保持一致,及时把握政策走向并积极向政府有关部门进行咨询。

4. 群众团体

群众团体包括消费者协会、环境保护组织及其他社会团体等。企业营销活动关系到社会各方面的切身利益,必须密切关注来自社团公众的批评和意见,并采取适当的调节方案促进企业发展战略和营销方案的不断完善。

5. 社区公众

社区公众是指企业所在地邻近的居民和社区组织。企业必须保持与当地公众的良好关系,积极支持和参与社区的重大活动,为社区的发展贡献力量,争取社区公众理解和支持企业的营销活动。

6. 一般公众

一般公众指除上述各种公众之外的一般社会公众。企业应了解他们对其产品和活动的态度,应建立良好的企业公民形象。

7. 内部公众

内部公众指企业员工,包括企业领导、管理人员和员工。企业内部任何成员的言行都会对企业在社会上的形象产生影响,企业应经常向员工通报有关情况,介绍企业发展计划,发动员工出谋献策,关心员工福利,建立完善的奖励机制体系,激发全体员工以主人公的态度参与到企业的发展中去,从而实现内部凝聚力的增强。

第二节　茶叶营销环境分析与对策

市场营销环境处于不断变化的状态,茶叶企业在不同时期面临着不同的市场营销环境。营销环境的发展变化给企业营销带来的影响大致分为两类:环境威胁和市场机会。对企业营销环境的分析和评价,是营销者制定营销战略、策略和计划的重要依据。营销者应该严密地监测相关环境的发展变化,利用监测数据分析、鉴别和评价由营销环境变化造成的机会和威胁,以便企业及时采取相应的对策,抓住和利用市场机会,避免环境威胁。

一、环境威胁分析

环境威胁是指营销环境中对企业营销不利的各种因素的总和。企业营销者要善于分析营销环境的发展趋势,识别现有或潜在的环境威胁,并正确认识和评估威胁的可能性和严重性,以采取相应的对策措施。否则,企业对环境威胁不能采取果断的营销对策,不利的环境势必会影响到企业的市场地位,甚至会使企业发展陷入困境。

营销者一般将环境威胁对企业的影响程度及其出现的概率相结合进行分析,即采用威胁分析矩阵图来分析、评估营销环境威胁,如图4-4所示。

出现概率

		高	低
影响	大	1	2
程度	小	3	4

图4-4 威胁分析矩阵图

在图4-4的四个象限中,处于第一象限的威胁出现的概率高,影响程度大,企业必须特别重视,并密切监视、分析、评估、预测其发展趋势,及早制定应对策略;处于第2和第3象限的威胁企业也不能忽视,因为第二象限的威胁出现的概率虽低、第三象限威胁的影响程度较小,但一旦出现两者给企业也会带来很大的危害,故企业应准备好相应的对策措施;处于第四象限的威胁出现的概率和影响程度均小,企业主要是要注意其发展趋势,观察它是否有向其他象限发展的可能。

二、市场机会分析

市场机会是指营销环境中对企业市场营销有利的各种因素的总和。企业要想开拓市场,提高产品的市场占有率,就必须密切关注营销环境变化带来的市场机会,做出适当的分析和评价,对企业的营销方案做出适时的调整,并结合企业自身资源和能力,及时将市场机会转化为企业机会。有效地捕捉和利用市场机会是企业营销成功的前提。

同环境威胁分析相似,市场机会分析评价也主要采用"机会分析矩阵图"(如图4-5所示),即从市场机会将给企业带来的潜在利益的大小和机会出现概率的大小来分析,并将这两方面进行结合。

出现概率

		高	低
潜在	大	1	2
利益	小	3	4

图4-5 机会分析矩阵图

在图 4-5 的四个象限中,处于第一象限的机会潜在利益和出现概率都很大,是企业须格外重视的;处于第二和第三象限的机会企业也不能忽视,因为第二象限出现的概率虽低,但其出现后给企业带来的潜在利益是很大的,第三象限潜在利益虽小,但其出现的概率很大,企业对这两种情况都应加以注意,适时利用;对于第四象限,企业主要是要观察其发展趋势,依据变化情况及时采取措施。

三、综合环境分析

在实际市场营销环境中,营销环境一般是机会与威胁、利益与风险并存的,企业所面临的单纯的环境威胁或是机会是很少存在的。在对市场营销综合环境进行分析时,通常需要借助"综合环境分析矩阵图"来进行,该图反映的是威胁水平的高低和机会水平的大小的综合图示,如图 4-6 所示。

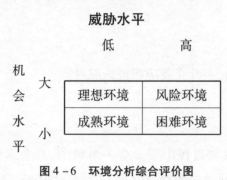

图 4-6 环境分析综合评价图

(一)理想环境

理想环境即营销环境态势为高机会和低威胁的状态,即利益大于风险,对企业十分有利,企业应注意抓住这种理想的环境机遇。

(二)风险环境

风险环境即营销环境态势为高机会和高威胁,利益与风险并存,在此环境状态下企业应谨慎行事。

(三)成熟环境

成熟环境即营销环境态势相对较平稳,机会和威胁均较低,企业应该在维持现状的同时积极开拓产品市场。

(四)困难环境

困难环境即营销环境态势为低机会与高风险,风险大于利益,企业的处境已很困难,企业必须想方设法扭转局面;若困难局面已无法挽回,则须果断决定退出该市场环境,另谋发展。

四、企业营销对策

(一)威胁对策

面对营销环境威胁,茶叶企业应积极采取对策:

1. 防患于未然

任何茶叶企业在发展过程中很少会一帆风顺,总会遇到各种不利因素的侵扰,当这些因素还不明显或影响甚微时,企业就应该开始关注其变化趋势,尽可能将威胁隐患消除在萌芽状态。

2. 对抗策略

威胁环境如果已经出现,茶叶企业应积极努力调动各项关系来进行抵抗、抑制和扭转不利的局面。

3. 缓和策略

如果企业面对的威胁非常大以致利用企业现有资源难以抵抗时就需及时调整营销策略,尽可能减轻威胁,缓和企业的状况。如企业可以通过加强内部管理、开发新产品、提高效益等减轻损失。

4. 转移策略

当企业难以通过缓和策略来缓解威胁时，就需要采取转移策略以规避风险和威胁。一般转移策略有两种方法：一是市场转移，即将受到威胁的产品转移到风险较小或是基本没有风险的市场中去；二是投资转移，即把受到威胁的产品的投资转移到其他不受威胁且有市场机会的产品开发中去。

（二）机会对策

面对营销机会，企业不应该盲目乐观，必须对机会进行谨慎的评价，审慎利用。

1. 及时利用

当环境变化为企业营销造就了机会，且机会与企业的营销目标、资源条件相符，企业可享有竞争中的差别利益时，就要及时采取措施，调整营销战略，充分利用机会。

2. 适时利用

当企业面对的环境机会相对稳定，但暂时不具备利用机会的条件下，企业要积极筹备，待时机成熟再加以利用。

3. 创造利用

有些市场机会不易被发现，这就需要营销管理者利用环境因素间的微妙联系去分析预测，以战略家的胆识和前瞻性的眼光去挖掘市场机会。消费者的需求是可以引导和唤醒的，市场中存在很多机会，需要营销者去挖掘和创造，将潜在机会变成现实机会，把未来机会变成近期机会，把他人机会变成自己的机会。这些都需要营销者们在对市场环境的分析中能做到创造性与前瞻性的统一。

第三节 茶叶消费者市场及其购买行为分析

一、消费者行为概述

根据茶叶购买者的特点,可以将茶叶市场分为两部分,即组织消费者市场和最终消费者市场。组织消费者市场是指非个人消费者即团体组织,包括各类企业和非营利性组织;最终消费者市场是指个人消费者,通常简称为消费者市场。本节将从消费者与消费者行为及消费者行为模式这两方面进行消费者市场的研究。

(一)消费者与消费者行为

1. 消费者

消费者是指为个人目的而购买商品或接受服务的社会成员。他们是茶产品的最终使用者,也是茶叶企业所面临的服务对象。消费者的需求是多样的,因而他们面对不同的产品也会有不同的购买行为。因此,研究消费者市场既是茶叶企业营销工作的前提,也是营销战略和策略制定的基础。

在对茶叶及其产品服务的消费过程中,消费者行为存在着五种不同的角色(见表4-2)。对于不同类型的茶产品,同一消费者可能扮演着不同的角色。企业营销人员必须确切了解在每种产品和服务的购买活动中,哪些人具有购买决策权和实施购买行为,以便制定正确的营销策略。

表4-2 不同类型的购买行为角色

角色类型	角色描述
倡议者	提出或有意愿购买产品或服务的人
影响者	其看法或建议影响最终购买决策的人
决策者	在是否购买、哪里买等方面做出决定的人
购买者	实际购买产品或服务的人
使用者	实际消费或使用产品及服务的人

资料来源:张云起,贺继红.市场营销学[M].济南:山东大学出版社,2006

2. 消费者行为

消费者行为是指消费者为索取、使用和处置消费物品所采取的一系列活动的总称,同时还包括先于且决定这些活动的决策过程。消费者行为是作为一个整体过程,获取或购买产品或服务只是这一过程的一个阶段。因此,茶叶企业营销人员在研究消费者行为时应该着眼于与消费者建立并发展长期的交换关系。研究消费者行为就应调查、了解消费者在获取产品、服务之前的评价与选择活动,同时也应重视产品获取后的使用、处置及反馈等活动,通过研究消费者的行为可以有效地发现市场、开发新产品。

3. 消费者行为的特点

消费者行为实际上是一种选择性的行为。就个人角度而言,消费者行为一般具有以下特点:

1) 消费者行为是一个复杂多变的过程

消费者行为具有多样性和复杂性。由于受到性别及年龄等诸多因素的影响,消费者行为的多样性可以表现为不同人对产品的需求、偏好和选择方式的不同,以及同一个人在不同时期和环境条件下对产品的选择及购买行为的差别。消费者行为的复杂性则主要以三种形式表现出来:①消费者行为的多样性和多变性;②消费者购买决策活动的难度;③消费者行为实际为消费者心理活动的外显。

2)消费者行为的目的性

任何消费者行为都是为了满足其自身的某种需要而发生的,因而每一次购买决策都具有很明确的目的性。

3)消费者行为的可诱导性

消费者行为是为满足需要而产生的,但消费者本身往往并不确定应该以何种方式来满足自身需要。研究表明,消费者的冲动性购买比例占购买行为的80%以上,因而可以看出消费者行为具有一定的可诱导性。营销者可以通过提供合适的产品、服务来引导消费者,诱发消费动机。

(4)消费者行为的关联性

消费者行为的关联性是指消费者对一种产品需求的满足而引起对另一产品的需求或拒绝。很多茶及相关产品之间具有一定的互补或替代关系,如茶叶与泡茶用具有互补关系。了解并研究消费者行为的关联性,对指导茶叶企业合理地设计产品组合及定价具有重要意义。

(二)消费者行为模式

营销者要通过合适的营销手段主动地影响和引导消费者,而非被动地去适应消费者。企业研究消费者行为模式的主要工作包括:消费者对于企业可能推行的各种营销活动将会做出何种反应、消费者会如何反映、营销人员要怎样才能影响消费者做出预期的反应。图4-7描述了消费者行为模式。

在世界上,任何人都不是独立存在的。由图4-7可见,消费者作为社会人,其消费行为看似是个人行为,其实是受诸多因素影响的。影响消费者行为的因素包括两方面:一是文化和社会等环境因素,二是个人和心理等内在因素;内在因素对消费者行为产生直接影响,外部因素则需要透过内在因素对消费者行为起作用。营销者必须了解影响消费者行为的因素及决策过程,才能对预期的消费者反应给出合适的刺激。

营销刺激	外部刺激
产品	经济
价格	技术
地点	政治
促销	文化

消费者行为的影响因素	消费者的决策过程
文化	问题认识
社会	信息收集
个人	评估
心理	决策
	购后行为

消费者的反映
产品选择
品牌选择
购买时机
购买数量
经销商选择

图 4-7 消费者行为模式

资料来源：吴健安.市场营销学(第三版)[M].北京：高等教育出版社，2007

二、影响消费者行为的个人因素

(一)心理因素

1. 需求与动机

消费者需求是指消费者在一定的社会经济条件下，为了满足物质和文化的需要而对物质产品和服务的具有货币支付能力的欲望和购买能力的总和。消费者的一种需求可以有多种满足方式，可能会产生多种行为动机；一种行为动机也可能由多种需求产生。因此，营销者应确切了解消费者某一行为源自何种需求，可以运用心理学家提出的关于需求和动机的基本理论加以分析。这里着重介绍在消费者行为研究中应用较为广泛的亚伯拉罕·马斯洛的需求层次理论，该理论于1943年提出。如图 4-8。

马斯洛认为，一个人同时存在多

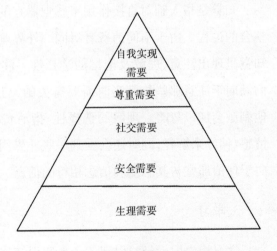

图 4-8 马斯洛需要层次理论图

资料来源：亚伯拉罕·马斯洛.人类激励理论[M].北京：科学普及出版社，1943

种需求,但在某一特定时期每种需求的重要性并不相同。人们首先追求需求结构中的主导,当主导需求被满足后就会失去对人的激励作用,人们就会转而关注下一个相对重要的需求。一般而言,人类的需求是由低层次向高层次发展的。需求层次理论可以帮助企业营销者了解什么样的产品和服务才是最适合消费者当前的生活水平的。

2. 感觉与知觉

消费者的感觉与知觉是消费者认知构成的两个阶段。认知构成是人由表及里、由现象到本质反映客观事物的特性与联系的过程。

1)感觉

感觉是指人脑借助于视觉、味觉和触觉等感觉器官,对直接作用于感觉器官的外界事物的个别属性的直接反映。企业营销人员应当通过调查确定一些重要的感觉评价标准,了解消费者对各种茶产品的感觉,设计相应的市场营销组合策略。

2)知觉

知觉是指人脑对直接作用于感觉器官的外界事物的整体反应,是对感觉进行整合的过程。由于不同消费者对同一外界刺激或情境所形成的知觉会有所差异,知觉呈现出注意、理解及记忆的选择性。注意的选择性,指在外界诸多刺激中人们倾向于注意那些与其当时需要有关的、与众不同或反复出现的刺激物,而对其他刺激会加以忽略。理解的选择性,指消费者在接受刺激的同时,会掺杂个人的情感、偏好来解释,同时还会受到一些外界因素的影响。记忆的选择性,指人们倾向于保留那些与其态度和信念相符的信息。

3. 学习

学习指由后天经验引起的个人知识结构和行为的改变。在日常生活中,消费者对茶产品的消费行为所依赖的环境,包括市场的各种变量,诸如茶产品的质量、价格及广告宣传等可能不断地变化着。为了适应变化着的环境,消费者需要通过学习不断获取信息并做出有效反应。另外,学习对消费者行为还具有强化作用,该强化作用分为正强化和负强化。正强化是指某种行为受到奖励或取得好的成果时,这种行为会被鼓励再次实施;反之,如果某种行为受到惩罚,则该行为会被放弃,这就是所谓的负强化。因此,茶叶企业为了扩大销售、留住顾客,就应该提供可以提升消费者满意的产品和服务,并伴以必要的提示。

4. 态度

态度是指人们对客观事物以肯定或否定的方式评价的一种心理倾向。消费者可以通过学习形成对某一事物的态度,态度反过来又会影响人们的行为。此外,态度具有稳定性,一旦树立就很难改变,消费者对茶及相关产品的所有态度将形成一个体系,要改变其中任何一个,势必要考虑改变其他相应的态度。因此,营销者的工作重点在于了解消费者对自己的产品、品牌及企业的态度,以及如何帮助消费者对自己所提供的产品树立积极的态度;同时在确立营销策略时,应尽量使本企业的产品去适应消费者已有的态度。

(二)个人因素

消费者行为除受心理因素影响外,还受个人因素的影响,包括消费者个人的年龄和所处的人生阶段、个人资源状况、职业、生活方式、个性特征及自我概念等。

1. 年龄和所处人生阶段

年龄及所处人生阶段不同,消费者对产品和服务的选择存在较大差异。譬如,一个人处于中老年或已婚阶段,会对健康颇为关注,更多地倾向于纯茶产品或茶保健品;青少年或单身阶段,较多关注时尚与潮流元素,则会将目光投向茶饮料、茶食品等快捷产品。

2. 个人资源状况

个人资源通常包括经济收入和时间。消费者只有拥有足够的可支配收入,才会考虑购买比较高档的产品或服务;而是否拥有足够的时间去搜集和整理产品信息,决定了某一茶产品是否有机会在众多的同类产品中脱颖而出。茶叶作为一种非必需消费品,其营销者应该关注个人收入、储蓄及利率的变化发展趋势。此外,营销者更要关注如何将信息和服务主动提供给消费者,减少信息搜集的时间,提高产品或服务的选中率。

3. 职业

职业会影响消费者对产品和服务的选择,如蓝领工人多喜欢量大价廉的大包装或散装茶;而白领则对产品品质、包装要求较高。一个茶叶企业可以根据自己的市场定位对产品进行生产、设计、包装和宣传。

4. 生活方式

生活方式指一个人在生活中表现出来的活动、兴趣和看法的模式。生活方式勾勒了一个人在社会上的行为及相互影响的全部形式,它受社会文化、社会阶层及职业背景的影响,可以帮助营销者理解消费者不断变化的价值观及其对购买行为的影响。茶叶营销者应设法从多种角度区分不同生活方式的群体,明确针对某一生活方式群体设计产品与广告。

5. 个性特征及自我概念

个性是一个人的行为中表现出的实质的、经常的、稳定的、带有一定倾向性的心理特征,是影响消费者消费行为的一个重要因素。不同个性的消费者在购买过程中有着不同的表现。个体的自我概念是指个体对自我的评价,表现为多种类型,没有严格的划分标准。自我概念也会影响消费者的购买行为与购买决策,因为人总是追求与自我概念相符的产品或服务。茶叶营销者应该设法使自己的产品、品牌、代言人形象与目标消费群体的自我概念相符。

三、影响消费者行为的环境因素

根据环境因素的性质,影响消费者行为的环境因素分为物质环境和社会环境因素两大类。

(一)物质环境

物质环境指自然界中对消费者行为产生影响的各类物质的总称。根据空间关系可概括为以下三类：一是有形的占据空间的因素，如地理资源、茶店及其装修、产品陈列等；二是无形的不占据空间的因素，如气候、噪音和时间等；三是空间关系，即消费者与茶产品、茶产品销售场所的空间位置关系以及各物质因素相互之间的空间位置关系，如消费者距离茶店的远近、茶店在商业区中的位置、茶产品在商场或茶店中的相对位置等都与消费者存在着空间关系。

(二)社会因素

社会因素指社会上各种事物，包括社会制度、社会群体、社会交往、道德规范、国家法律、社会舆论、风俗习惯，等等。它们的存在和作用是强有力的，影响着人们态度的形成和改变。这里我们将主要从文化、社会阶层及相关群体三个方面展开对社会因素的论述。

1. 文化

文化是人类创造的所有物质文明和精神文明的总和，主要包括教育程度、生活方式及共同遵守的信仰、价值观、风俗习惯等。社会文化不同，人们的审美观、价值观等就存在差异，进而影响其消费行为。在国际茶叶贸易中，营销者首先要了解目标国家的社会文化，才有利于交易的顺利进行。譬如，在印度及许多欧美国家，红茶在他们的茶产品消费中占主导且茶叶包装应避开黑色，而日本则应避开黄色。

2. 社会阶层

社会阶层是社会学把由于政治、社会等多种因素而形成的，在社会的层次结构中处于不同地位的社会群体的总称。同一社会阶层的人在生活方式、消费方式和价值观等方面具有相似性。一般而言，处于不同社会阶层中的人无论是价值观还是生活方式都存在很大差异。就以买茶这一消费行为来讲，处于社会底层的消费者多选购价低的低档茶,而处于社会中上层的消费者多购买优质的高档茶。因此,在茶叶营销过程中,要根据目标社会阶层的购买行为,结合自身优势推出最恰当的营销策略。

3. 相关群体

相关群体是指在形成一个人的理想、态度、信仰及生活方式等方面,给其重要影响的群体,并能够直接或间接影响消费者购买行为的集体。根据影响力的大小可分为三类:一是主要群体,如家庭成员等对消费行为具有直接和主要的影响;二是次要群体,如各级茶叶协会等社会团体和业余组织,对消费行为起间接影响;三是期望群体,如名人、明星等偶像人物,对消费者也有很大的影响。相关群体对消费者购买行为的影响,主要表现在示范性、效仿性和一致性。因此,在茶叶营销过程中,营销人员应高度重视相关群体对消费者消费行为的影响,了解与产品目标市场关系紧密、传递功能最强的相关群体,以促进产品推销及扩大销售。

四、消费者购买茶叶的决策过程

消费者购买决策是指消费者为满足某一特定需求,对产品、品牌或服务进行分析、评价、选择和购买的过程。消费者个体的差异导致不同消费者购买决策的复杂程度不同,有的需花费很多时间完成,有的则在瞬间就能完成。概括来讲,消费者购买决策具有以下四个特点。

一是目的性。在决策过程中,消费者要围绕目标进行筹划、安排、选择,促进一个或若干个消费目标的实现。

二是过程性。购买决策是指消费者受到环境刺激产生需求,形成购买动机,然后会分析、选择和实施购买方案及购后行为并影响下一次购买决策,从而形成一个完整的循环过程。

三是复杂性。购买决策的影响因素、决策过程及决策内容均具有复杂性。首先,购买决策影响因素的复杂性。消费者的购买行为受到多方面因素的影响和制约,对购买行为的影响具有不确定性。其次,决策过程的复杂性。消费者在做决策时不仅要展开一系列的心理活动,还必须进行推理、分析、判断等一系列思维活动,这些都会导致决策过程变得更加复杂。第三,决策内容的复杂性,如确定何时、何地、以何种方式、何种价格购买何种品牌茶叶等。

四是情景性。影响购买决策的因素随时间、地点、环境的变化而变化,消费者将面临的消费情景将会产生巨大的差异,从而导致其具体决策方式也会产生差异。

(一)消费者购买决策过程模式

受多方面因素影响,购买决策过程的复杂程度不同,消费者决策过程既有共性又有个性,一般遵循五个阶段模式,即需求认知、信息搜集、信息评估与决策、购买实施及购后行为。

1. 需求认知

需求认知就是消费者认识到自己需要什么。消费者对需求的认知是消费行为的开始,需要刺激唤起消费需求,而唤起的需求可以强化为消费需求,也可能减弱消失。根据需求认知的性质,可分为主动型与被动型需求。主动型需求即消费者自身认识到需求的存在,并转化为消费需求;被动型需求即消费者尚未意识到需求的存在,需别人提示才意识到,并感到其重要性,形成消费的意愿。

根据消费者需求认知类型,茶叶营销者可采取对应的营销策略。面对主动型需求,销售者只需向消费者说明产品的优越性并使其信服;面对被动型需求,则需要营销者付出较多努力,营销者应注意不失时机地采取适当措施,让消费者意识到需求的迫切性、重要性,唤起和强化消费者的需要。

2. 信息搜集

消费者明确消费需求后开始分析信息需求,继而进行相关信息的搜集。一般情况下,信息来源可分为内部信息和外部信息。

内部信息是指储存于消费者大脑中的信息,主要指记忆来源,这是消费者最直接、最有效、最信赖的信息来源。需要注意的是,内部信息最终来源于外部。

外部信息根据来源可以分为以下三个方面：一是个人来源，如家庭成员、朋友、邻居、同事等提供的信息；二是商业来源，如茶叶广告、茶产品说明书、茶叶展销会等渠道获得的信息；三是公共来源，如茶叶协会、消费者组织、政府机构和大众传媒等传播的信息。

综上而言，茶叶营销者可以通过多种渠道传播产品或服务的信息，以加强信息的影响力，尽可能地将信息以更快捷、更主动的方式提供给消费者，并在消费者面前树立正面、积极的良好形象。

3. 信息评估与决策

通过信息搜集，消费者将所获信息加以整理，按一定的评价标准进行比较、评估和筛选，从而确定最佳购买方案。

消费者在进行产品评价的过程中一般会通过一定的评价规则，如按所关注属性的重要程度，或综合考虑产品各属性，对备选方案展开筛选。例如，消费者欲选购一款铁观音产品，收集了 A、B、C……H 共 8 家铁观音销售商的信息，要求价格在 1500 元以下，A、B、D 三家销售商被淘汰；要求包装设计 9 分以上（按主观评价打分），C、F、H 商家被剔除；要求观音韵在 8 分以上，E 商家被淘汰，只有 G 商家入选。

值得注意的是，消费者除了以评价规则进行产品筛选外，还会关注产品的"顾客让渡价值"。顾客让渡价值是指消费者选购的产品所带来的总利益与所付出的总代价之差。其中，总的利益是指包括产品价值、服务价值、品牌价值以及欣赏价值的一组利益，总代价包括货币成本、时间成本、体力成本和心理成本。

在信息基本透明的情况下，消费者一般会以顾客让渡价值的大小作为购买决策的主要依据，其关系如下：

表 4-3 顾客让渡价值与购买决策的关系

顾客让渡价值	消费者选择指数
>0	★★★（首选）
=0	★★☆（候选）
<0	☆☆☆（放弃）

4. 购买实施

消费者对商品信息进行评价并做出决策,然而从购买决定到购买行为之间,还会受到两方面因素的影响:

一是他人态度。他人态度对消费者购买决定起到强化或减弱作用。肯定态度可加快购买行为的实施;否定态度则弱化购买意愿。他人否定态度越强烈,他人则与消费者关系越密切或者是在相关方面越权威,对其是否购买的影响力就越大。

二是意外因素。消费者购买意愿是在某些预期条件得以满足的情况下形成的,如预期质量、预期价格、预期服务、预期收入等,倘若某一或某些预期条件没有实现,消费者购买意向就可能改变。例如,实际的茶叶质量低于所预期的、茶叶价格偏高、茶叶销售人员态度较差等都可能导致消费者改变购买决定。

5. 购后行为

消费者购买茶叶的购后行为主要包括对产品饮用、处置及购后评价。通常消费者进行产品预期和实际感知的比较(图4-9),以对本次消费行为进行评价,而购后评价将直接影响到下一次的购买。消费者购后行为模式如下:

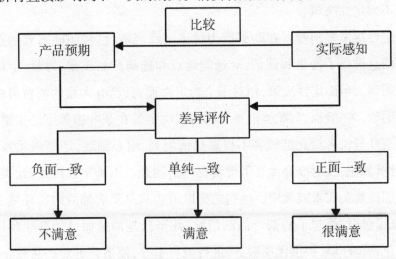

图4-9 消费者购后行为模式

从营销角度来讲,顾客满意是消费者将产品可感知效果与自己的期望值相比较后,所形成的愉悦或失望的心理感受状态,顾客满意程度很大程度上取决于购前期望得以实现的程度。当产品预期与实际感知一致,消费者对本次购物满意;正面一致,很满意;负面一致,不满意。就消费者而言,如果不知所购茶叶的冲泡、品饮方法,使实际感知不如产品预期,便产生了不满与抱怨;如果消费者知晓,则顾客满意度概率将会提高。

茶叶营销活动赢得顾客满意,不仅是一次营销活动的成功,更是企业战胜对手获取成功的最好手段,因此企业要努力提高顾客满意度,主要措施如下:一是了解顾客个性化需求,及时向顾客提供优质的茶叶产品和良好的服务;二是向顾客提供各种需要的附加利益,进一步加深顾客的好感;三是建立企业与顾客之间双向的、畅通的、有效的信息交流通道,使顾客随时得到企业的帮助。

(二)消费者购买决策类型

在茶叶选购过程中,不同消费者购买决策过程的复杂程度是不同的,即使同一消费者,因各种因素的影响,不一定每次都具有相同的购买决策过程。根据消费者购买目的的确定程度,可把决策类型划分为以下三种:全确定性决策、半确定性决策和不确定性决策。

全确定性决策是消费者在购买行为付诸实践之前,已经明确需要的茶产品,并对相关信息进行了搜集和评估,对选购地点和选购产品质量、数量、价格、包装要求已很明确。半确定性决策,相对于全确定性而言,已有大致的消费目标,但具体要求不明确。一般而言,此类消费者的购买决定是在茶叶销售点经多重选择后做出的。茶叶营销者对此类顾客不仅要热情周到、耐心细致,还要熟悉各产品的特点、保健等知识,及时准确回答消费者提出的问题。不确定性决策,此类消费者多数没有明确购买需求或欲望。他们之所以进店只是受店铺的购物环境、店面装修、商品陈设吸引,或想了解茶产品的情况,甚至只是消遣而已。茶叶营销人员,应注重优化营销环境,提供优质服务,进行消费引导,使消费者对产品或企业产生好感,刺激其产生购买欲望。

案例 4.1 分析营销环境——八马茶业品牌策划

八马茶业是中国安溪铁观音制造商中的佼佼者之一,世界500强企业供货商。拥有现代化的乌龙茶铁观音精制加工厂,也是国家乌龙茶GAP示范基地、国家茶叶标准技术委员会委员企业。在2008年金融危机蔓延的环境下,八马茶业却逆市而行,外销大幅增长,内销也在平稳运行。八马茶业更是希望将自身打造成茶叶中的奢侈品牌,因此找到了叶茂中策划,以下是八马茶业品牌策划的过程:

首先对茶叶市场营销环境进行了深入的了解:

茶叶大国缺乏强势品牌

中国是自古文明的茶叶大国,2008年世界茶叶的销售额为1800亿元,而中国茶叶市场规模仅为180亿元。是什么原因导致产茶大国却没有诞生一个世界性的茶叶品牌呢?

1. 小生产,大市场

茶叶加工行业还处在各自为战的小规模、产品单一化的茶厂及茶农模式,缺乏品牌意识和销售团队。小生产与大市场的矛盾,小农经营与现代茶业的矛盾阻碍了本土茶产业的全球化进程。

2. 有规模,低价值

中国茶叶有极为庞大的消费人群及消费能力,并且有着整体规模巨大的茶叶产业,但因为习惯了传统的"重销售,轻品牌"模式,无法将产品的价值最大化,无法深挖附加价值,更不用提建设茶的品牌效应了。因此在中国大规模的茶叶市场上少有高价值回报。

3. 重品类,轻品牌

中国形成了安溪铁观音、西湖龙井等数百个名震江湖的茶叶品类,却没有一个叫得响的茶叶品牌。中国茶叶大多建立在品类认知的基础上,而品类又多建立在地域认知上,比如西湖龙井、黄山毛峰、安溪铁观音……中国茶叶在建立品牌的初期,也大多以产地作为品牌的基础认知,因此中国茶叶市场始终处于认品类而轻品牌的模式中。

4. 有标准,难执行

茶叶的标准,多为专业人士和那些懂茶的消费者的经验积累,是可意会而不可言传的感受认知;茶行业各自为战的模式使得市场上没有一套适用的茶叶检测标准。这也导致了市场上不法投机的商人们牟取暴利、以次充好的杀鸡取卵式经营模式。消费者难以对茶叶品质做出准确的判断,光凭经验购买,也使得部分消费者不得不对中高端茶敬而远之。

案例 4.2 明星产品——像尖刀一样锋利

八马旗下最有潜力的产品赛珍珠已连续四年成为福建省人大、政协会议礼品茶,有着巨大的魅力。八马挖掘其有别于其他茶叶的优势,将赛珍珠打造成浓香铁观音的代表之作。赛珍珠之所以风靡茶市,其中很重要的原因就是因为口感传统。为了凸显出八马家族三百年世代做茶、坚持十三代从未中断的正宗铁观音传人的历史背景,策划团队精心创造了"最奢侈的味道 就是传统"的广告语。

八马的公关工作主要是通过举行全球巡回品鉴会开展的。八马以全球巡回品鉴会作为高端品牌赛珍珠的主要传播方式,邀请每个地区的企业家品茶,通过这样的方式将赛珍珠的魅力由沿袭传承的技艺展示、权威的数据报告、熟悉的传统口感传达给与会的每一位嘉宾。

全球巡回品鉴会大大提升了赛珍珠以及八马的知名度,赛珍珠凭借意见领袖的肯定成为市场广为追逐、供不应求的畅销产品,因数量有限,公司时常不得不限量供应。

八马充分把握了国家发展的趋势,在 2010 年的世博会上,八马被选为世博会专用茶。2010 年,中国最大的盛事莫过于上海世博会的召开,全世界的目光聚集中国、聚集上海,借势世博产生最佳的宣传功效。

与此同时,八马企业又传来了让人振奋的消息:八马茶业成为上海世博会联合国馆专用茶、更荣列中国世博会十大名茶。这更坚定了八马借势世博会的信心。世博会这个绝佳的展示舞台可让八马传递的"礼"文化上升到传递世界之礼的层面。

在世博会期间,有 100 多位来自世界各国的政要了解了八马;短短 3 天的时间八马世博会联合国馆专用茶展销入账数千万;而八马赛珍珠更作为十大名茶代表赠送给联合国副秘书长阿瓦尼·贝南,并成为联合国馆永久藏品。

资料来源:http://blog.sina.com.cn/s/blog_496f70540102dujl.html

案例思考

1. 在八马茶业品牌策划中,消费者因素对其有何影响?
2. 分析八马茶业品牌的传播策略是如何贯彻其市场定位的?
3. 八马茶业在品牌定位中是怎样建立高端消费群体与其产品的相关性的?

练习题

1. 何谓市场营销环境?如何理解市场营销环境对茶叶企业的重要性?
2. 试分析宏观环境和微观环境的构成及其对茶叶企业营销活动的影响。
3. 如何展开茶叶市场营销环境的分析与评价?
4. 消费者行为有哪些特点?
5. 影响消费者行为的个人因素和环境因素有哪些?
6. 试述消费者购买决策过程。

参考文献

[1] [美]菲利普·科特勒,凯文·莱恩·凯勒,卢泰宏著,卢泰宏,高辉译.营销管理(第13版·中国版)[M].北京:中国人民大学出版社,2009.

[2] [美]迈克尔·R,所罗门著,卢泰宏,杨晓燕译.消费者行为(第8版·中国版)[M].北京:中国人民大学出版社,2009.

[3] 郭国庆.市场营销学[M].武汉:武汉大学出版社,2000.

[4] 吴健安.市场营销学(第三版)[M].北京:高等教育出版社,2007.

[5] 张云起,贺继红等.市场营销学[M].济南:山东大学出版社,2006.

[6] 张庆伟.浅析顾客价值的体系构成与量化方法[J].科学之友(下旬),2011(12):146-147.

[7] 周文.营销渠道[M].北京:世界知识出版社,2003.

[8] 张少榕,曾秀钗.揭开闽派茶企制胜的法宝[J].中国市场,2011(38):68-69.

[9] 冯丽云,李英爽,任锡源.差异化营销[M].北京:经济管理出版社,2006.

[10] 郭贤达,蒋炯文.战略市场营销:经理人精要指南[M].北京:北京大学出版社,2006.

第五章 茶叶市场营销调研与预测

本章提要

市场调研及预测是茶叶企业营销决策的基础和前提。本章重点介绍了茶叶市场营销调研的内容、意义、分类、方法以及步骤，同时介绍了茶叶市场需求的测量项目与预测方法。第一节提出了茶叶市场营销调研的基本概念并简要介绍了营销调研的内容及分类情况。第二节介绍了茶叶市场营销调研的步骤和方法。第三节对茶叶市场需求的测量及测量项目进行了论述，并介绍了茶叶市场需求预测的不同方法。本章要求掌握茶叶市场营销调研的基本概念，了解茶叶市场营销调研的不同方法，同时还需熟悉茶叶市场需求的测量项目与预测方法。

第一节 茶叶市场营销调研

一、茶叶市场营销调研的含义与作用

(一)茶叶市场营销调研的含义

茶叶市场营销调研是运用科学的方法,有目的、有计划地收集、整理和分析茶叶市场营销方面的信息,获得合乎客观事物发展规律的见解,提出解决问题的建议,为营销管理人员了解营销环境,发现机会与问题提供资料,为市场预测和营销决策提供依据。茶叶市场营销调研的本质是为市场管理决策制定过程提供信息量丰富的、系统的、客观的方法。

可以从以下几个方面理解茶叶市场营销调研的内涵:

1.茶叶市场营销调研是一个系统的过程

茶叶市场营销调研是一个经过周密策划、精心组织然后进行科学实施,由一系列工作环节、步骤、活动和成果组成,而不是单个的资料记录、整理或分析的过程。

2.茶叶市场营销调研是一项严谨客观的工作

数据的客观收集、分析和解释是科学方法的显著特征,市场营销调研作为市场学的科学方法也具有和其他科学方法一样的客观性。茶叶市场的营销调研也必须遵循一般调研的规律,确保数据收集、分析、解释的过程严谨、客观。

3. 茶叶市场营销调研本质上是一项市场信息收集并整理的工作

茶叶市场营销调研是运用一定的技术、方法、手段，遵循一定的程序，收集加工市场信息，为决策提供参考依据。它应包括信息需求确定、信息处理、信息管理和信息提供等职能。

4. 茶叶市场营销调研的出发点和落脚点都是为决策制定提供服务

茶叶市场营销调研通过各种手段对数据进行收集、分析和解释，其目的就是为决策的制定提供充足、及时、准确的信息，它是围绕决策问题展开的，最后必将服务于决策制定。

(二)茶叶市场营销调研的作用

市场营销调研是茶叶企业营销活动的出发点，其实施对企业营销活动的开展和获得成功具有十分重要的意义。

1. 有利于制定科学的营销规划

茶叶企业通过对市场进行营销调研，可清楚地了解市场的现状并做出客观分析，并通过分析的结果把握市场动态和走势，这样才能深度挖掘机会或发现企业面临的风险，并根据市场需求及其变化、市场规模和竞争格局、消费者意见与购买行为、营销环境的基本特征，科学地制定和调整企业营销策略和规划。

2. 有利于优化营销策略

茶叶企业根据市场营销调研的结果，可分析研究产品的生命周期，开发新产品，制定产品生命周期各阶段的营销策略组合。例如，企业可以根据消费者对现有茶产品的接受程度、对产品及包装的偏好进行不断改进，同时开启产品新创意，开始研发茶叶新产品，开发茶叶新用途。

3. 有利于开拓新市场

茶叶企业通过市场调研,可发现消费者尚未满足的需求,通过测量市场上现有产品及营销策略对消费需求的满足程度,实现新市场的开拓。此外,营销环境的变化,往往也会影响和改变消费者的购买动机和购买行为,给企业带来新的机会和挑战。企业可根据市场营销调研数据的分析结果确定和调整企业发展方向。

二、茶叶市场营销调研的类型及内容

(一)营销调研的类型

1. 按市场调研的方式划分

(1)市场普查。市场普查是对所要了解的研究对象全体进行逐一、普遍和全面的调查,即对市场调查指标有关的总体进行调查,是全面收集市场信息,获得较为完整、系统的信息资料的一种方法,但往往需要投入大量的人力、物力和财力。

(2)重点调查。重点调查是指在调查对象总体中选定一部分重点对象进行调查。这种调查方式较易选定为数不多的重点对象,与市场普查相比,能够以较少的人力、物力和财力较快地掌握调查对象的基本情况。

(3)典型调查。典型调查是在调查对象总体中有意识地选择一些具有典型意义或代表性的对象进行专门调查。这种调查方式通常用于研究新生事物、新情况和新问题,抑或用来总结先进经验,优势在于便于掌握典型,指导全面工作。

(4)抽样调查。抽样调查是指从市场调查对象总体中抽取一部分子体作为样本进行调查,然后根据样本信息推算市场总体情况的方法。在茶叶市场营销调查实践中,此方法较为常用。

2. 按市场调研的主体划分

(1)茶叶企业的市场调研。茶叶企业是茶叶市场调研的重要主体。随着经济的繁荣,茶叶市场产销两旺,市场竞争日益激烈,在这种市场环境中,茶叶企业每一阶段的决策和行动都依赖于对茶叶市场信息的及时、快速掌握,这样就需要市场调研的大力支持。本章主要对以企业为主体的商业领域调研进行阐述。

(2)政府部门市场调研。政府部门在社会经济活动中承担着管理者和调解者的职能,其市场调研所涉及的范围一般比较广,内容比较多,而且政府调研的结果对企业具有十分重要的指导意义,茶叶企业应充分利用政府部门市场调研的信息资料。

(3)社会组织的市场调研。国内外存在各种茶叶的社会组织,如各种茶叶协会、学会等团体,各种中介组织、事业单位、群众组织等,这些社会组织为了给学术研究、企业和政府提供强有力的信息咨询,也会组织开展一些市场调研活动。一般而言,这类市场调研专业性较强,调查结果比较可信,参考价值较高。

(4)个人市场调研。个人市场调研具有调研范围较小、内容少、历时短和不规范的特点,但其形式较灵活,往往可以发掘一些企业或其他主体难以发现的信息。

3. 按市场调研的目的和性质划分

(1)探索性调研。探索性调研是调研者为了掌握和理解所面临的市场调研问题的特征和与此相联系的各种变量的一类市场调研。它的主要特征是灵活且多样,调查方法简便易行,如相关资料的收集、定性调研、专家或相关人员的意见集合等。

(2)描述性调研。描述性调研主要是客观地反映市场各个要素及其相互关系的现状。它主要应用于茶叶市场研究、销售分析、产品分析、销售渠道研究、价格分析、形象分析等,是结论性调研的一种,也是最基本的市场调研。在进行描述性调研前需着重注意以下三点:第一,调研实施前应有事先设计好的计划;第二,样本资料要具有代表性和规模性;第三,要有正规的信息收集方法,并对资料来源做仔细筛选。

(3)因果性调研。因果性调研是指针对目前企业市场营销活动中出现的一些现象和问题的深层次动因而进行的研究性调查活动,也称深层次性市场调研。其目的在于检验某种理论假设或解释某类客观现象,寻求现象发生或存在的因果关系。

(4)预测性调研。预测性调研是指为推断和测量市场的未来发展趋势和变化情况而进行的研究活动。市场需求预测是企业战略规划和营销决策的基础和前提,所以预测性调研对企业的生存和发展具有重要意义。

探索性调研、描述性调研、因果性调研和预测性调研四者并非完全独立进行的,有时需要结合起来进行调研的方案设计。

(二)营销调研的内容

茶叶市场营销调研涉及营销活动的各个方面,主要有产品调研、顾客调研、销售调研和促销调研等,如图5-1所示。

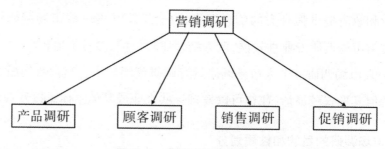

图5-1 营销调研的主要内容

(1)产品调研。产品调研主要包括对现有茶产品的改良,新产品设计、开发和试销,以及目标顾客对产品偏好趋势的预测,如产品的感官要求、质量、款式、包装等。

(2)顾客调研。顾客调研包括对其消费心理、消费行为的特征进行调查分析,研究影响顾客购买行为的因素及是如何影响的、顾客对品牌的偏好及对本企业产品和服务的评价、潜在顾客的需求情况及影响需求因素等。

(3)销售调研。销售调研主要包括以下几个方面:第一,对销售行为和影响销售活动成败的因素的调研;第二,对企业销售活动进行全面审查,如对销售量、销售范围、分销渠道方面的调研;第三,对产品的市场潜量与销售潜量以及市场占有率的变化情况的调研;第四,本企业与主要竞争对手相比,自身优势、劣势的评价。

(4)促销调研。促销调研主要是有目的地对企业在产品或服务的促销活动中所采用的各种促销方法的有效性进行测试和评价,如广告目标、媒体影响力、广告设计及效果、公共关系的主要动作及效果、企业形象的设计和塑造等。

第二节 茶叶市场营销调研的步骤和方法

一、茶叶市场营销调研的步骤

一般的茶叶市场营销调研包括六个步骤,如图5-2所示。

图5-2 茶叶市场营销调研的步骤

(一)考察调研的必要性

对企业而言,市场调研成本较高,可能使调研成本超过企业获得的收益,也可能使企业错过市场时机导致财力、物力匮乏等。因此,不管是针对企业出现的问题,还是为新产品的推广,营销管理者都不要匆忙开展市场调研活动,而是要先分析问题的性质,再决定是否有必要进行市场调研。

(二)明确调研目标

为保证营销调研的成功和有效,要明确调研所要达到的具体目标,如了解企业经营中出现的困难、市场竞争问题及未来的发展方向等,并充分考虑调研成果的时效性。

(三)拟定调研方案

在确定市场调研目标后,茶叶营销部门就要拟定调研方案。调研方案主要包括调研的组织管理、经费预算、时间安排、调研方法、调研工具、具体对象、区域范围、信息来源、调研资料收集整理分析的方法、制作调查问卷、设定报告项目等。

(四)信息收集

调研计划完成后,信息收集即可由本企业调研人员或委托调研公司收集。信息来源通常分为一手资料和二手资料两种。二手资料也称次级资料,因收集方法容易,成本较低,一般作为首选收集对象,其来源通常为国家机关、行业机构、市场调研与信息咨询机构等发表的统计数据或公开发表的研究报告、著作及论文。其次才是一手资料,这时就应根据调研方案中已确定的调查单位、方法、对象等展开,从而取得所需的资料。一手资料获取费用虽然较大,但适用性强,是调研所需资料的主要提供者。本章所讲的营销调研方法、技术等都是针对收集第一手资料而言的。

(五)信息分析

在获得大量调研数据后,根据调研目的,首先对数据进行审核订正、分类汇总,再利用统计学原理、方法或软件展开整理和分析,最后采用文字、图表、公式将资料中潜在的各种关系、变化趋势、规律加以总结。

(六)提交报告

针对调研目的,调研人员需运用调研资料进行分析,得出调研结果,进而撰写调研报告。调研报告是呈现给茶叶营销者及决策者,为决策提供科学依据的资料,因此报告内容应力求简明、准确、完整、客观。主要内容包括调研的目的和范围,使用的方法,调查的结果以及针对调研结果提出的建议及必要的附件等内容。

二、茶叶市场营销调研的方法

获取市场信息是调研的主要目的。从某种程度上讲,茶叶市场营销调研的方法就是获取市场信息的方法。调研方法选择的合理与否,会直接影响调研结果。市场调研的基本方法可分为五类:文案调研法、访问调研法、观察调研法、实验调研法和非全面调研法。各种调研方法都是各有利弊的,只有了解各种方法,才能正确选择和应用。

(一)文案调研法

文案调研法又称桌面调查法或室内调研法,即是根据调研目的,通过查阅企业内部和外部现有的与调研内容相关的各种信息和情报,进行统计分析,获得调研成果的一种调研方法。

其优点是:经济易行,不受时间、空间的限制,具有快捷性、间接性、历史性和继承性的特点。文案调研为茶叶营销实地调研提供重要的辅助支撑。这是项艰辛的工作,它要求调研人员拥有较多的茶学专业知识和实践经验,并且具备足够的耐性、创造性和持久性。

其缺点是:工作强度大且持续时间长,且对调研人员的专业素质和时间经验要求较高,同时它所收集的资料具有一定的时滞性。

需要注意的是,历史资料是文案调研的主要依据,现实中正在发生变化的新情况、新问题难以得到及时的反映;此外,所收集的数据、信息一般经过作者的筛选和处理,各种资料之间单位基准不一致,易造成使用者前后矛盾的困扰。因此,使用时,调研者应设法寻找资料来源出处得到完整的原始资料,详细了解原始资料的各种定义,并做必要的调整来实现使用的便捷性。

(二)访问调研法

访问调研法是茶叶市场营销调研者为把握市场信息,将所要调查的事项以面对面、书面、信件、电话或网络的方式,向被调查者提出问题,从而获得所需资料的一种调研方法。在茶叶市场营销调研中，它是一手资料收集中最常用且最基本的一种方法。采用访问调研法，通常应该事先设计好访问程序、调查表或问卷，以便有步骤地提问，提高访问的效率。

根据与被调查者的接触方式，访问调研法又可分为面对面访问法、电话访问法、信件访问法和网络访问法。

1. 面对面访问法

面对面访问法即指茶叶营销调研人员按照抽样方案中的要求或事先规定的方法，到被抽中的家庭、单位或某些场所，选取适当的被访者，再依照问卷或调研提纲进行面对面的直接访问，从而获取信息的一种方法。面对面访问法一般包括入户访问和拦截式访问。

其优点是：一般效率较高，调查问卷回收率高并且可得到较高质量的样本和内容多、问题深、质量高的数据；容易建立访问员与受访者之间的信任和合作关系；还可以达到间接宣传企业形象的功效，发掘企业的潜在顾客。

其缺点是：调查成本较高、耗时较长。拦截式访问较难控制实施质量，因为无论如何控制样本及调查的质量，收集的数据都无法证明对总体有很好的代表性从而影响调研的准确性。

注意事项：第一，控制访问时间，不宜持续过长；第二，调研问题宜简短，内容不宜太长，不能涉及个人隐私或商业秘密；第三，访问不宜从难题或关键性问题开始；第四，及时判断被调查者的回答，若发现矛盾之处，应予以核对。

2. 电话访问法

电话访问法是指调研者按照统一问卷，通过电话向被访者提问来获取信息。在电话普及的今天，电话访问法不失为一种简便易行的方法。

其优点是：电话调研速度快，范围广；费用低，可有效控制成本；访谈可控，交谈自由、坦率，回答率高，误差小。

其缺点是：时间短，答案简单，难以深入；无法观察和了解被调研者的神态；受电话设备的限制。

需要注意的是,电话访问法要求调研人员事先拟好将进行的提问,同时还需具备较高的随机应变能力和沟通表达能力。

3. 信件访问法

信件访问法是将事先设计好的调查表(亦称问卷)以信件形式,通过邮寄送达被调研者手中,请他们填好后回复或寄回,以此获取信息的方法。该法可用于被访问者不愿或不便面谈及其反应可能受调研者行为影响的情况下。此外问卷需简洁,问题需明了。

其优点是:第一,增加样本量,扩大了调研范围,且不受调研所在地区的限制,只要有通讯地址,即可进行不限空间的调研,如开展多省、全国或国际性调研;第二,大大降低了调研成本;第三,对被访者而言,可以减少其情绪波动及受调研者倾向性意见的干扰,同时有充足的时间填答问卷;第四,该种方法可用于较敏感或隐私问题进行调查。

其缺点是:问卷回收时间长,影响信息的时效性;问卷回收率较低;复杂问题或心理活动因素难以得到反映;难以甄别被访者是否符合条件。

需要注意的是,信件访问法适用于对时效性要求低、通讯方式准确的市场调研项目。信件寄出前,最好能与被调研者提前接触,信件应讲明调研的目的和结果的重要性;调研者态度应诚恳和礼貌,调研内容要具趣味性和易读性,还应附有一定的物质奖励措施,并附上回信的信封和邮票;信件寄出后,用电话或短信进行跟踪提醒。

4. 网络访问法

网络访问法是指利用因特网技术进行调研的一种方法。访问形式多样,主要包括:E-mail法、Web站点法、Internet phone法、Blog法、QQ法或与专业调研机构合作,在聊天室选择网民进行调查,或在BBS电子公告牌上发布调查信息,或采取互联网中继聊天(IRC)这种网络实时交谈等消费者网络交互的方式。

其优点是:第一,信息收集的广泛性。网络访问不受时间、空间的限制,信息收集具有广泛性。第二,调研信息公布的及时性与共享性。因特网信息传递速度快,可及时向世界各地发送调研信息,实现了信息的全面共享。第三,调研活动的经济性与便捷性。网络调研只需在网络上发送调研问卷和相关信息,大幅降低了传统调研工作中的成本,使得调研活动方便快捷。第四,提高了调研结果的准确性。网络调研时,被调研者处于一种相对放松和从容的气氛中,且匿名提交调研问卷,可以较好地避免来自调研者主观因素的影响。

其缺点是:第一,网络调研的对象仅限于上网一族,而网络用户的数量却是网络调研发展的必要条件,否则将严重影响调研结果的科学性和客观性。第二,多数被调查者因各种原因而拒绝参加网上调研活动,造成样本的流失,影响调研结果的可靠性。第三,网络的无限制性,使调研可能存在重复作答现象,难以辨别,其调研结果失去意义。

网络调研时应注意,调研要遵循网络行为规范和文化准则;注意网络调研的安全性,防范病毒或黑客利用调研问卷侵入被调研者电脑来获取用户信息;调研问卷应避开个人隐私,如通讯地址、电话等;网络调研要结合其他调研方法使用,不能完全依赖网络调研结果。

(三)观察调研法

观察调研法是调研者不通过提问或交流,而是用自己的感官和辅助工具去直接观察被调查对象,从而获得资料的一种方法。科学的观察具有目的性、计划性、系统性和可重复性。该方法所需信息应该是能观察到或能从观察到的行为中推导出来,所要观察的行为必须是相对短期的、重复性的、频繁的或在某方面可预测的。

其优点是:直观、可靠、简单、易行、干扰少。观察法可以直接或间接观察被调研者的行为,使人们处于一种自然的状态,更接近真实,不受被观察者的意愿和回答能力影响,而且简便易行,灵活性强,可随时随地进行。

其缺点是:第一,通常只有行为和自然的物理过程才能被观察到,而无法了解被观察者的动机、态度、想法和情感;第二,它只能观察到公开的行为,并且这些行为的代表性将影响调查的质量;第三,观察调研法不适用于大范围的调研。

运用观察调研法时应注意,调研者应选择具有代表性的研究对象,且最好不要被调研者觉察,确保被调研者处于自然状态,从而保证观察结果的真实性。结果分析时必须实事求是、客观公正,如将观察数据与相应的营销环境等相结合进行分析,会得到很有价值的调研结果。此外,调研前应该准备好记录纸和观察工具,观察项目也最好要有一定的格式,以便尽可能详细、快速地记录调研内容的相关事项。

(四)实验调研法

实验调研法是指市场调研者有目的、有意识地改变或控制影响调研目的一个或几个因素,来观察市场营销活动在这些因素影响下的变动情况。实验调研法是一种具有实践性、动态性和综合性的直接调查方法,其应用范围非常广,凡是推出新产品及某一种茶产品需改变包装、设计、价格和广告策略时都可应用。常用的实验调研法主要有以下几种:

1. 无控制组的事前事后对比实验

这是最简便的一种实验调研形式。一般只选择一个实验组确定实验时间,实验前对正常的市场营销情况进行记录,然后再测试实验后的情况,观察改变或控制实验因素前后实验组产生的变化情况。通过进行对比观察,了解实验因素影响作用的大小。

2. 有控制组的事前事后对比实验

有控制组的事前事后对比实验,是指在同一时间周期内,在不同的企业和单位之间,选取控制组和实验组,并且对实验结果分别进行事前测量和事后测量,再进行事前事后对比。这一方法有利于消除实验期间外来因素带来的影响,从而可以大大提高对实验因素调研的准确性。

3. 控制组同实验组对比实验

控制组,又称对照组,是指非实验单位(非实验对象的企业和市场)和实验组,其中实验组指的就是实验单位(作为实验对象的企业和市场)。控制组同实验组对比实验,是以实验单位的实验结果同非实验单位的情况进行比较而获取市场信息的一种实验调查方法。其优点在于可以排除由于实验时间不同而可能出现的外来因素的影响,这是因为实验组与控制组在同一时间内进行市场营销对比,不需要按时间顺序分为事前事后。

4. 随机对比实验

随机对比实验,是指按随机抽样法选定实验单位所进行的实验调研。其形式多样,方法与随机抽样相似,如有单纯随机抽样、分层随机抽样、分群随机抽样等。采用何种形式选定实验单位,必须从实际出发,根据具体条件、具体情况而定,并以能够获得准确的实验效果为原则。

实验调研的优点是:第一,调研人员可以主动地改变或控制市场因素的变化,了解实验因素对市场的影响。第二,实验调研一般都是实验与现实市场活动相结合而进行的,所获资料和数据具有可靠性和实用性。第三,实验调研具有可重复性,这使得实验调研的结果更准确,更具说服力。第四,有利于探索和解决市场营销问题的具体途径和方法。

其缺点是:第一,实验市场与其他市场不可能完全一致,实验对象和实验环境很难具有充分的代表性,调研结果具一定的特殊性,应用范围较窄,推广具有一定的风险性。第二,市场营销活动的影响因素错综复杂,很多因素无法人为控制或排除,实验结果不可能准确无误。第三,市场实验调研法对调研者的要求较高,所需费用较高,花费时间较长。

需要注意的是,这四种实验调研方法尽管各有特点,但前三者都是按照判断分析的方法选择实验单位的。当调研者对调研对象情况比较熟悉、实验单位数目不多时,采取判断分析法选定实验单位,不仅简便易行,也能够获得较好的调研效果。但是,当实验单位很多,市场情况十分复杂时,按主观的判断分析选定实验单位就比较困难。这时可以采用随机对比实验,即采用随机抽样法选定实验单位,使众多的实验单位都有被选中的可能性,从而保证实验结果的准确性。

(五)非全面调研法

非全面调研法是指调研范围只包括调研对象一部分的调研活动。主要包括重点调查、典型调查、抽样调查三种。其特点是调研对象少,节省人力、物力和财力,调研易深入和细致化,从而提高统计资料的准确性和时效性。

1. 重点调研

重点调研是指在调查对象中,选择一部分重点单位作为样本进行调研,以取得统计数据的一种非全面调研方法。在进行重点单位的选取时应遵循两个原则:一是根据调研任务的要求和调研对象的基本情况而确定,一般要求重点单位应尽可能少,而其标志值在总体中所占的比重应尽可能大,以保证有足够的代表性;二是选取组织机构较健全、业务力量较强且统计工作基础较好的单位。其主要特点是:调研投入少、速度快,所反映的主要情况或基本趋势比较准确。该法主要优点在于可以反映调研总体的主要情况或基本趋势。因此,当调研任务只要求了解总体的基本情况时,而部分重点单位又能集中反映所研究问题时,便可采用重点调查的方式。

2. 典型调研

典型调研是指在对调研对象进行初步分析的基础上,有意识地选取少数具有代表性的典型单位进行深入、周密、系统的调查研究,借以认识同类事物的发展变化规律及本质的一种非全面调研方法。选择典型单位时应据调研目的,在对事物和现象总体情况初步了解的基础上,选择能够集中有力地体现问题和情况的主要方面的对象为研究对象。典型调研一般用于调研样本过大,而调研者又对总体情况比较了解,同时又能比较准确地选择有代表性对象的情况。该种调研法省时、省力、灵活方便,调研内容较为细致,适用于对新情况、新问题的调研。

3. 抽样调研

抽样调研是指从全部调研对象中,随机抽选其中的一部分单位来进行调研,并据以对全部调研对象做出估计和推断的一种非全面调研方法。该方法也是市场营销调研中的常用方法之一。其主要特点是按随机原则抽选样本,排除了主观因素的干扰,将误差控制在规定的范围之内。此方法获取的结果具有可靠性和准确性,且调研范围较小,结果时效性较强,极大程度上节省了调研资源。当没必要进行全面调研,或调研对象数量很大且全面调研难度大,又或是调研所带来的利益低于所花费的成本时,市场营销调研者往往倾向于采用抽样调研法。

第三节 茶叶市场需求的测量与预测

茶叶市场需求测量和茶叶市场需求预测是两个相互关联的概念,它们的共同点是为了分析和挖掘市场机会,研究和选择目标市场,制订和实施营销计划及方案并控制营销过程;不同之处在于前者指对目前需求进行估计,后者是对未来需求进行估计。需求测量着重估计现实市场潜量和企业可能获取的市场份额,对发现和分析市场机会、研究和选择目标市场至关重要,但要制定可靠的营销计划和切实可行的营销方案,还要研究、分析和估计与可能的营销努力相对应的市场需求,这便是市场预测。

一、茶叶市场需求的测量

(一)市场划分

参与商品买卖的人以及买卖进行的场所构成了市场,一般对市场的划分是从消费者角度进行的。茶叶市场可划分为潜在市场、有效市场、目标市场和渗透市场。潜在市场是指对茶产品具有一定兴趣的消费者群体,约占总人口的10%;对茶产品感兴趣并且有支付能力的消费群体构成了有效市场,其约占潜在市场的40%;目标市场是指被企业营销活动之"矢"瞄准的有效市场中的某一消费群体,占有效市场的25%;渗透市场是指购买茶产品的消费者群体,占目标市场的50%,但仅占潜在市场的5%。

(二)茶叶市场需求

1. 茶叶市场需求

茶叶市场需求是指在一定时期,某一区域范围内,在特定的市场营销环境和特定的市场营销方案下,特定消费者群体可能购买的茶叶的总量。茶叶市场需求可以从以下八个方面来理解:

(1)产品。茶叶分为六大类,每类又可细分为很多种,即使同类茶叶的实际需求也存在多种差异。在茶叶市场需求测量时,应首先确定所要测量的产品类别及范围。

(2)总量。通常表示需求的规模,可用实物数量和相对数值表示。如2010年,全球茶叶需求量为400万吨。

(3)消费者群体。市场需求测量时,要明确是总市场的消费者群体,还是一个层次市场、目标市场或某一细分市场的消费者群体。

(4)地理区域。根据非常明确的地理界线测量一定的地理区域内的需求。

(5)时间周期。市场需求测量具有时间性,如年度、5年、10年的市场需求。由于未来环境和营销条件的变化具有不确定性,预测时期越长,测量的准确性就越差。

(6)营销环境。测量市场需求时,应注意对各类因素进行相关分析,如宏观环境中人口、经济、政治、法律、技术、文化诸因素的变化及其对茶叶需求的影响。

(7)营销努力。市场需求也受可控因素的影响,企业的营销活动对市场需求有直接的影响。

(8)购买。指订购量、装运量、收货量、付款数量或消费数量等指标。

茶叶市场需求受茶叶质量、价格、促销和分销方式等因素的影响,一般表现出某种程度的弹性,不是一个固定的数值。因此,茶叶市场需求也称为茶叶市场需求函数。图5-3反映了市场总需求与行业营销费用的函数关系。由图可知,即使不支出营销费用,市场仍存在最低需求量;随着行业营销费用的增加,市场需求一般会随之增大,但市场需求增速减缓;当营销费用超过一定水平后,市场需求趋于平稳,达到极限值。市场需求所达到的极限值称为市场潜量,市场潜量受市场环境的影响,其中经济环境因素对市场潜量的影响最为深刻,图5-3说明了经济繁荣的市场潜量比经济衰退期要高。

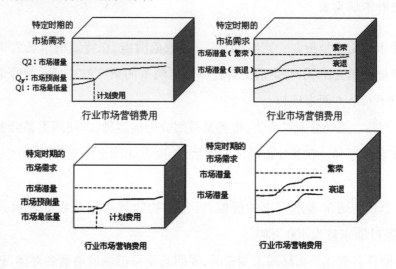

图5-3 市场总需求与行业营销费用函数

市场需求最低量与市场潜量之间的距离表示市场营销灵敏度,即表示行业营销对市场需求的影响力。当市场需求达到最大时,即使进一步扩大营销力量也不会刺激更大需求的产生。市场需求函数并不是随时间变化而变化的需求曲线,即不直接反映时间与市场需求的关系,只是反映当前市场营销力量与当前市场需求的关系。

2. 企业需求

企业需求是指企业在茶叶市场总需求中所占的份额。企业需求潜量是指公司的营销努力相对于竞争者不断增大时,企业需求所达到的极限。在特殊情况下,企业需求潜量可能与市场潜量等同,如某类茶产品的整个市场为某一企业所独占,则企业需求相当于市场需求。但在绝大多数情况下,企业需求潜量低于市场需求。

企业需求公式表示如下:

$$Q_i = S_i \times Q \tag{5-1}$$

其中,Q_i 表示第 i 个企业需求;S_i 表示第 i 个企业的市场占有率;Q 表示市场总需求。

企业的市场占有率是指企业需求或销售额占茶叶市场总需求或行业销售额的比重。从公式可以看到,企业需求的大小取决于企业的市场占有率和市场总需求。在市场竞争中,企业的市场占有率受企业营销努力的影响,两者呈正相关,企业营销有方,所得到的市场份额就会扩大。假定营销努力与营销费用支出成正比例:

$$S_i = \frac{M_i}{\sum M_i} \tag{5-2}$$

其中,M_i 为 i 公司的营销费用;$\sum M_i$ 为全行业的营销费用。

由于不同企业的营销费用支出所取得的效果不同,则 i 公司的市场占有率计算公式为:

$$S_i = \frac{a_i M_i}{\sum M_i} \tag{5-3}$$

其中,a_i 代表公司营销费用的有效率。

如果再考虑到企业营销费用的地区分配,以及以往营销努力的递延效果和营销组合的协同效果等因素,上述表达式还可以进一步完善。

二、目前茶叶市场需求的估计

(一)市场总需求

市场总需求指在一定时期内,特定的营销环境和特定的茶行业营销努力水平下,茶行业中所有企业可能达到的最大销售量,其估算公式为:

$$Q = n \times q \tag{5-4}$$

其中，Q 表示市场总需求，n 表示市场上购买者数目，q 表示平均每个购买者的年购买量。

由公式(5-4)还可推导另一种计算市场总需求的方法——连锁比率法。连锁比率法是由一个基数乘以若干个百分比加以调整组成，即由一般相关要素移向茶叶这一大类，再移向特定茶产品，层层往下推算。当估计一个量的各个组成部分比直接估计数量更容易时，可以考虑采用这种方法。

假定某企业开发出一种新乌龙茶产品，估计其市场需求总额时可借助下列公式：

新乌龙茶产品需求总额 = 人口 × 人均可任意支配收入 × 人均可任意支配收入中用于购买食品的百分比 × 食品花费中用于饮料的平均百分比 × 饮料花费中用于茶类的平均百分比 × 茶类花费中用于乌龙茶的平均百分比

(二)区域市场需求

区域市场需求是指一定时期内，特定营销环境和茶行业营销努力水平下，茶行业在某区域中所有企业可能达到的最大销售量。因茶叶属于消费品，估算消费品区域市场需求的方法，主要是购买力指数法。测量茶叶市场总需求后，茶叶企业可采用购买指数法进行拟进入最佳区域的市场需求的估算。

购买力指数法是借助与区域购买力有关的各种指数以估算茶叶市场需求的方法。例如，美国《销售与市场营销管理》杂志每年都公布全美各地和各大城市的购买力指数，并提出以下计算公式：

$$B_i = 0.5Y_i + 0.3R_i + 0.2P_i \tag{5-5}$$

其中，B_i 表示第 i 区域购买力占全国总购买力的百分比，Y_i 表示第 i 区域个人可支配收入占全国的百分比，R_i 表示第 i 区域零售额占全国的百分比，P_i 表示第 i 区域的人口占全国的百分比；0.5、0.3、0.2 分别为三个因素的权数，表示该因素对购买力的影响程度。

上述公式在应用时，应结合区域购买力和茶的种类，对权数进行调整。如需精确地测量，还应考虑季节性波动、市场特点等因素。

(三)市场占有率与市场相对占有率

市场占有率表明企业的产品在整个茶叶市场上的"势力范围",市场相对占有率是指企业的市场需求或销售额占竞争者市场需求或销售额的百分比,两者在一定程度上反映了企业的竞争力和盈利能力,是企业竞争地位最集中、最综合且最直接的反映。因此,企业有必要了解茶行业的销售额、本企业的市场占有率和相对市场占有率的状况。

茶行业销售额可以通过国家统计部门、新闻媒介、行业主管部门、行业协会等途经获得。企业可通过对比分析计算市场占有率,还可将本公司市场占有率与主要竞争对手的市场占有率进行比较,以计算相对市场占有率。市场占有率或相对市场占有率越高,表明企业经营和竞争力越强。企业市场占有率受多种因素影响,一般从以下几个重要因素分析市场占有率的变化:产品质量因素、价格差别因素、营销努力与费用因素、营销组合策略差别因素、资金使用效率因素等。

三、茶叶市场需求的预测的方法

茶叶市场需求预测是在相对准确的茶叶市场营销调研和统计数据的基础上,运用科学的预测方法,对未来一定时期的茶叶市场需求及影响需求的诸多因素进行分析研究,对市场需求的未来发展趋势与状态做出判断、推算和测定。茶叶市场需求的预测方法通常分为定性预测法和定量预测法两大类。

(一)定性预测法

定性预测是指预测者根据茶叶相关领域的专家学者对茶叶市场未来发展变化的估计,以及已掌握的历史资料和直观材料,凭借个人经验对茶叶市场未来发展趋势与状态做出估计、判断和测算的方法。定性预测注重事物发展在性质方面的预测,能充分发挥人的主观能动作用,灵活,简单易行,可较快地提出预测结果。其不足之处是易受主观因素的影响,缺乏对事物发展做数量上的精确描述。定性预测适用于对预测对象数据资料掌握不充分;影响因素复杂,难以用数字描述;对主要影响因素难以进行数量分析等情况。根据预测参与者和预测思路划分,定性预测法主要有专家意见法、类比预测法、其他定性预测法等。

1. 专家意见法

专家意见法是指根据市场预测的目的和要求,组织茶叶领域的专家,对被预测对象未来的发展趋势做出判断。主要的专家意见法包括以下几种:专家个人预测法、专家会议预测法、德尔菲法、专家主观概率预测法。

(1)专家个人预测法:指邀请个别专家进行预测的方法,通常适用于对偶发性、非常规性、宏观性及战略性的问题的预测。

(2)专家会议预测法:指组织一些专家以集体研讨形式进行预测,是目前应用较为广泛的一种预测方法,其中最为典型的是头脑风暴法。专家会议预测法的优点是能充分发挥各位专家的作用,集思广益,可在较短时间内得到富有成效的创造性成果,为决策提供预测依据。其缺点是预测活动受专家心理因素影响较大,如易受权威人士或大多数人意见的影响,或存在不愿意发表与其他人不同的意见、不愿意轻易改变自己已经发表过的意见等情况。

(3)德尔菲法:指采用匿名或"背靠背"的方式,征询专家小组成员的意见,经过反复征询、归纳、修改,最后得出比较一致的预测结果。德尔菲法的主要缺点是过程比较复杂,花费时间较长。但与专家会议预测法相比,德尔菲法既能发挥专家会议法集思广益的优点,又避免了其不利因素,预测结果更为客观、可靠和统一。德尔菲法是目前国内外运用十分广泛、有效且权威的市场预测方法之一。

(4)专家主观概率预测法:指专家对事件发生概率(即可能性大小)的一种心理评价,主要包括两种方法:一是由专家给出预测对象发生的主观概率,然后计算平均值,以平均值作为预测结果;二是在给定某一概率的条件下,由专家来预测事物的表现及状况。这种预测方法简便易行且适用性较强,但具有明显的主观性。因此,运用此法,应加强严谨性和科学性并且要提倡集体的思维判断,同时注意把握与其他预测方法的结合运用。

2. 类比预测法

类比预测法是以与预测事物相类似的事物的发展趋势为参照物,推断预测事物发展趋势的一种预测方法。其突出特点是要求预测对象与类比对象具有类比性、相似性或近似性,类比对象间的共有属性越多,则预测结论的可靠性越大。该预测法主要适用于中长期的茶叶市场预测,或预测新产品的销售潜力及市场变化规律。

3. 其他定性预测法

除上述预测方法外,常用的定性预测还包括管理人员研讨预测法、销售人员估计预测法等。

(1)管理人员研讨预测法:指与市场有关或者熟悉市场情况的各级管理部门的负责人以集体研讨形式对预测问题发表意见、展开讨论,并得出预测结果的方法。该方法在一定程度上弥补了统计资料不足的遗憾,适用于不可控因素较多问题的预测。其不足之处是预测结果容易受主观因素影响。

(2)销售人员估计预测法:指通过听取销售人员的意见,然后对意见进行综合、整理、分析,从而预测市场需求的方法。此法简单易行,还可增强销售人员完成销售任务的信心。但多数销售人员因往往对宏观经济形势及企业的总体规划缺乏了解,或受销售目标的制约,个人预测知识、能力的影响,预测值容易出现偏高或偏低的情况。在销售人员较多的情况下,综合他们的意见所做的预测具有较高的现实性且参考价值较高。

(二)定量预测法

定量预测是指依据客观数据,运用一定的数学、统计学方面的方法进行数据的整理分析,并建立数学模型,将其用于预测和推算茶叶市场未来发展变化情况的预测方法。定量预测偏重于事物发展在数量方面的分析,重视对事物发展变化的程度做数量上的描述,较少受主观因素的影响。其缺点是比较机械,不易灵活掌握,对信息资料质量要求较高。

常用的定量预测分析方法有回归分析预测法、时间序列分析预测法、直线趋势外推预测法。

1. 回归分析预测法

以影响预测事物的因素为自变量,以所要预测事物为因变量,根据市场各因素是否呈线性关系及影响因素的个数,可将回归分析预测法分为:一元线性回归预测法、多元线性回归预测法和非线性回归预测法。

1)一元线性回归模型及其参数估计

一元线性回归分析预测法,是根据自变量 X 和因变量 Y 的相关关系,建立 X 与 Y 的线性回归方程进行预测的方法。一般情况下,市场现象受多种因素影响,而并非仅受一个因素的影响。所以应用一元线性回归分析预测法,必须对影响市场现象的多种因素做全面分析。只有当在诸多的影响因素中,确实存在一个对因变量影响作用明显高于其他因素的变量,才能将它作为自变量,应用一元线性回归模型对市场进行分析,当模型拟合效果好时,可以用该模型对未来的需求进行预测。

一元线性回归分析法的基本回归模型为: $Y_i = a + bX_i + e_i$,其中 Y_i 为因变量或被解释变量, X_i 为自变量或解释变量, a 为直线截距, b 为直线斜率, e_i 为第 i 个观测变量的误差 $(i = 1, 2 \cdots n)$ 。通常 a 和 b 是未知的,需要根据模型从样本观测值中估计,经验回归预测方程为:

$$\hat{Y}_i = \hat{a} + \hat{b}_i X_i \qquad (5-6)$$

上述公式中,每个 X_i 都有唯一个因变量估计值 $\hat{Y}$ 与之对应。用 $e_i = Y_i - \hat{Y}$ 表示回归方程估计值 $\hat{Y}$ 与实际观察值 Y_i 之间的误差。普通最小二乘法要求样本回归函数尽可能好地拟合观测值,即样本回归线上的点 $\hat{Y}_i$ 与真实观测点 Y_i 的"总体误差"尽可能地小。普通最小二乘法给出的判断标准是:被解释变量的估计值与实际观测值之差的平方和

$$\sum_{i=1}^{n} e_i^2 = \sum_{i=1}^{n} (Y_i - \hat{a} - \hat{b}X_i)^2$$

最小。简单求误差之和可能将很大的误差抵消掉,只有平方和才能反映二者

在总体上的接近程度,使 $\sum_{i=1}^{n} e_i^2$ 最小的 $\hat{a}$ 和 $\hat{b}$ 必须满足下列方程组:

$$\begin{cases} \sum_{i=1}^{n} Y_i = \hat{a} \sum_{i=1}^{n} X_i \\ \sum_{i=1}^{n} X_i Y_i = \hat{a} \sum_{i=1}^{n} X_i + \hat{b} \sum_{i=1}^{n} X_i^2 \end{cases} \quad (5-7)$$

解公式(5-7),得到:

$$\begin{cases} \hat{a} = \bar{Y} - \hat{b}\bar{X} \\ \hat{b} = \dfrac{\sum_{i=1}^{n}(X_i - \bar{X})(Y_i - \bar{Y})}{\sum_{i=1}^{n}(X_i - \bar{X})^2} \end{cases} \quad (5-8)$$

其中,

$$\bar{X} = \frac{1}{n} \sum_{i=1}^{n} X_i, \bar{Y} = \frac{1}{n} \sum_{i=1}^{n} Y_i$$

参数 $\hat{a}$ 和 $\hat{b}$ 确定后,根据给定的自变量,代入经验回归方程,即可求出因变量 $\hat{Y}$ 的预测值。

2)多元线性回归模型及其参数估计

多元线性回归分析预测法,是指通过存在线性关系的、两个或两个以上的自变量与一个因变量,建立预测模型进行预测的方法。在茶叶市场需求预测时,预测事物的发展变化常常涉及多个影响因素,几个影响因素间主次难以区分,或者有的因素虽属次要,但也不能忽略其作用。如茶叶销售额的变动,不仅与促销费用有关,还跟茶叶品质、价格及分销渠道等因素有关。这时采用一元回归分析预测法进行预测效果是不佳的,需要采用多元线性回归分析预测法。

多元线性回归的基本模型为:

$$Y = a + b_1 X_1 + b_2 X_2 + \cdots + b_n X_n + e_i, (i = 1, 2 \cdots n) \quad (5-9)$$

上述公式中,a 表示截距,b_i 表示第 i 个因变量的回归系数。

对回归系数及误差进行估计,建立预测回归方程如下:

$$\hat{Y} = \hat{a} + \hat{b}_1 X_1 + \hat{b}_2 X_2 + \cdots + \hat{b}_n X_n \quad (5-10)$$

根据最小二乘法原理,当总误差最小时,估计回归参数,通过相关分析、方差分析和显著性检验等概率统计方法检验回归预测的有效性,建立较优的预测回归方程。

3)非线性回归预测法

在实际茶叶市场预测中,多数经济变量间的关系并不是线性关系,对这种类型现象的分析预测一般要应用非线性回归预测。然而,非线性回归方程一般很难求解,如可以通过变量代换,可以将很多的非线性回归转化为线性回归,因此可以用线性回归方法解决非线性回归预测问题。

在下列两种情况下,应采用非线性回归预测法。第一,无法通过初等数学变换转化为线性回归模型的非线性经济变量关系;第二,即使非线性变量关系可以通过初等数学变换转化为线性模型,也可能造成模型随机误差项性质的改变。非线性回归预测模型有很多,如对数曲线方程(LOG)、反函数曲线方程(INV)、二次曲线方程(抛物线)(QUA)、三次曲线方程(CUB)与logistic曲线方程(LGS)等均为非线性回归方程。在建立非线性回归预测模型过程中,选择合适的曲线类型很重要,这主要依靠专业知识和经验。常用的曲线类型有幂函数、指数函数、抛物线函数、对数函数和S型函数。

2. 时间序列分析预测法

时间序列分析预测法是将某种经济统计指标的数值按时间先后顺序排列成序列,再对时间序列进行统计分析,然后根据时间序列所反映出来的发展过程、方向和趋势,进行类推或延伸,用以预测未来发展趋势的预测方法。其基本特征是根据过去的变化趋势预测未来的发展,前提是假定事物的过去延续到未来。因此,一般情况下,时间序列分析法对于短、近期预测比较显著。通常适用于具有详细时间序列资料的市场现象,或无法确定其主要影响因素或无法将主要影响因素量化的市场现象。

时间序列分析预测法以时间的推移来研究和预测茶叶市场需求趋势,借以排除外界因素影响。分析时,通常是把各种可能发生作用的因素进行分类,再运用其因果关系进行预测。对于茶叶销售的时间序列(Y)来说,其变化趋势主要是以下四种因素发展变化的结果:

(1)趋势(T)。即人口、资本积累、技术发展等因素共同作用的结果。利用过去的销售资料描述出销售曲线,即可看出某种趋势。

(2)周期(C)。受经济周期影响,销售额往往呈波浪形运动。认识循环周期对中期预测相当重要。

(3)季节(S)。指一年内销售额变化的规律性周期波动。此变化通常与气候、假日、交易习惯有关。

(4)不确定因素(E)。包括自然灾害、战乱以及其他变故,这些偶发事件一般无法预测,应从历史资料中剔除这些因素的影响,考察较为正常的销售活动。

上述因素构成的加法模型如下:

$$Y = T + C + S + E \tag{5-11}$$

也可构成乘法模型,即

$$Y = T \times C \times S \times E \tag{5-12}$$

或构成混合模型,如

$$Y = T \times (C + S + E) \tag{5-13}$$

3. 直线趋势外推预测法

直线趋势外推预测法是依据时间序列所反映出来的变动趋势,运用最小平方法,以直线斜率表示增长趋势来预测未来发展变化的预测方法。其公式为:

$$Y = a + bX \tag{5-14}$$

其中,a 为直线在 Y 轴上的截距;b 为直线斜率,反映年平均增长率;Y 为销售预测趋势值;X 为时间。

根据最小平方法原理,我们先计算预测趋势值的总和,即

$$\sum_{i=1}^{n} Y = na + b \sum_{i=1}^{n} X$$

其中,n 为年份数。再计算 XY 的总和,即

$$\sum_{i=1}^{n} XY = a \sum_{i=1}^{n} X + b \sum_{i=1}^{n} X^2$$

为简化计算,将 $\sum X$ 取 0。若 n 为奇数,则取 X 的间隔为 1,将 $X=0$ 置于资料期的中央一期;若 n 为偶数,则取 X 的间隔为 2,将 $X=-1$ 与 $X=1$ 置于资料中央的上下两期。

当 $\sum_{i=1}^{n} X_i = 0$ 时，上述两式分别变为：

$$\sum_{i=1}^{n} Y = na \quad \sum_{i=1}^{n} XY = a\sum_{i=1}^{n} X + b\sum_{i=1}^{n} X^2;$$

由此推算出 a、b 值为：

$$a = \frac{\sum Y}{n}; b = \frac{\sum XY}{\sum X^2} \tag{5-15}$$

所以，

$$Y = \frac{\sum Y}{n} + \frac{\sum XY}{\sum X^2} * X \tag{5-16}$$

[例 5-1] 假设某公司 2002 年至 2006 年的销售额分别为 840 万元、1050 万元、1240 万元、1480 万元和 1680 万元，运用直线趋势法预测 2007 年的销售额。由于 $n = 5$ 为奇数，且间隔为 1，故 $X = 0$ 置于中央一期即 2004 年，X 的取值依次为 -2、-1、0、1、2，XY 依次为 -1680、-1050、0、1480、3360，X^2 依次为 4、1、0、1、4，根据已知条件求得：

$\sum Y = 6290, \sum XY = 2110, \sum X^2 = 10$

将它们代入公式(5-16)中，解得：

$Y = 1258 + 211X$

预测 2007 年的销售额，则 $X = 3$，代入上式，得：

$Y = 1258 + 211 \times 3 = 1891$（万元）

定性预测和定量预测并不是相互排斥的，而是相互补充的，在实际预测过程中应该把两者正确地结合起来使用。

除上面所阐述的预测方法外，现代统计学和计量经济学中的一些方法也可用于茶叶市场需求预测，如聚类分析、判别分析、因子分析、主成分分析等。茶叶市场调研人员还应了解并学会使用诸如 SPSS、SAS、Eviews 等统计软件，以便灵活选用各种预测方法，大大提高茶叶市场需求预测的效率和精确度。

案例 5.1 福建人饮茶习惯调研

福建是我国主要的茶叶产销大省是三大茶类——乌龙茶、红茶、白茶以及再加工茶——花茶发源地,有着浓厚的饮茶氛围。习惯作为一种强大的力量,对茶叶市场有着极其深刻的影响。为了解福建人饮茶习惯,为茶行业发展以及消费者饮茶行为提供导向,2011年《茶周刊》与福建盖洛特市场研究有限公司、我要调查网联合发起2011年福建饮茶消费习惯调研。该调研采集全省饮茶样本,从市民饮茶习惯、购买茶叶习惯入手,并对目前市场上的茶叶品牌进行满意度调研,调研结果分析报告如下:

【饮茶习惯】

乌龙茶依然是主流

在福建,乌龙茶依然占据着主流。调研数据显示,当前最常被饮用的茶叶中,乌龙茶铁观音稳居第一位,岩茶以59%的份额位居第二,绿茶占48%,红茶占42%。

据了解,此次参与调研的被访者中,男性群体占67%,女性群体为33%;按年龄分布,20—30岁占64%,30—50岁占33%,20岁以下占3%。从被访者的职业来看,绝大部分为公司职员、个体经营者、企事业单位人员,另有其他行业人员。

饮茶习惯的调研,从饮茶对象、饮茶场所、饮茶频率、经常饮用的茶叶类型、喜欢饮茶的原因、饮茶对身体的好处、饮茶是否会影响睡眠等7个方面进行。调研发现,大约50%的人主要是和朋友一起饮茶,独饮的占27%。其中和客户同饮的占6%,和家人同饮的占16%。可见,在福建,喝茶是沟通交流的重要平台。

【买茶习惯】

品牌影响力偏低

据了解,此次参与调研的人群中,88%的人在半年内购买过茶叶。这些人群买茶是通过哪些渠道、有哪些购茶需求、消费价位如何、哪些因素影响其购茶选择,针对这些问题,调研机构一一进行了调研分析。

调研结果显示,购买茶叶时,"更为看重茶叶质量,品牌较为无所谓"的人群占62%,而"认为品牌很重要"的人群占32%。由此可见,福建茶叶品牌的发展空间还很大。而这一点,在茶叶包装上也可以看出。据调研,在茶叶的包装上,45%的人会选择包装好的茶叶;33%的人喜欢购买散茶,再自己包装;22%的人喜欢购买袋泡茶。

值得关注的是,大部分人购买茶叶的第一选择是朋友的茶叶店,到茶叶批发市场、茶叶品牌专卖店、家或公司附近的茶叶店购茶的人群比重相近。在购茶的价位上,不同的用途所选价位不同。自己品茶的主要集中在低价位茶叶,以300元/斤为主;送朋友或亲人的,以150～500元/斤为主;送客户的,各种价位茶叶比例差异不大,均在15%～20%左右。

另外,调研报告还显示,在偏好的茶叶促销方式上,34%的人希望发放饮茶手册,21%的人希望茶叶打折销售,35%的人希望商家定期向消费者推荐新品茶叶,32%的人希望发现质量问题无条件赔付,33%的人希望发现不合口味能无条件调换。

资料来源:盖洛特调研机构.《福州人饮茶习惯研究报告》.http://www.doc88.com/p-8109915994726.html

案例思考

1. 针对福建人饮茶习惯调研报告,请分析茶叶企业在制定营销决策时应注意哪些问题。
2. 茶叶企业如何开展营销活动?

练习题

1. 加强茶叶市场调研工作对参与市场竞争有何重要意义?
2. 茶叶市场营销调研方法包括哪些?请举例说明。
3. 如何估算目前茶叶市场需求规模?
4. 茶叶市场需求预测方法有哪些?怎样根据不同情况选择不同的预测方法?

参考文献

[1] 陈启杰.市场调研与预测(第三版)[M].上海:上海财经大学出版社,2008.

[2] 阿尔文·C·伯恩斯,罗纳德·F·布什著,于洪彦,金钰,汪润茂译.营销调研(第六版)[M].北京:中国人民大学出版社,2011.

[3] 卡尔·迈克丹尼尔,罗杰·盖茨著,范秀成,杜建刚译.市场调研精要[M].北京:电子工业出版社,2010.

[4] 酒井隆著,郑文艺,陈菲译.图解市场调查指南[M].广州:中山大学出版社,2008.

[5] 李家龙.中小企业市场营销[M].北京:清华大学出版社,2006.

[6] 张灿鹏,郭砚常.市场调查与分析预测[M].北京:清华大学出版社,2008.

[7] 简明,胡玉立.市场预测与管理决策(第四版)[M].北京:中国人民大学出版社,2009.

[8] 陈晓慧.市场预测与决策[M].武汉:武汉理工大学出版社,2008.

[9] 庄贵军.市场调查与预测[M].北京:北京大学出版社,2007.

[10] 庄贵军.企业营销策划[M].北京:清华大学出版社,2006.

[11] 何永祺,张传忠,蔡新春.市场营销学[M].大连:东北财经大学出版社,2006.

第六章 茶叶企业市场营销战略

本章提要

战略规划和营销管理是现代茶叶企业在动态的市场环境中成功经营的两个重要基础。本章重点概述了企业营销战略规划基本类型、特点及其管理。第一节阐述了战略规划的内容及战略规划对茶叶企业的意义。第二节论述了茶叶企业实施战略规划的具体步骤,内容包含企业使命、目标的确定、竞争战略的制定等。第三节讨论了茶叶企业营销的基本战略。第四节分析了茶叶企业的营销管理过程。本章要求掌握茶叶企业市场营销战略规划的基本特征、流程,以及主要的战略类型及管理。

第一节 营销战略对茶叶企业的重要性

一、战略规划的意义和作用

(一)企业战略的意义

企业战略是指动态协调企业和客观环境之间适应性关系的有机系统。[①] 茶叶企业要在激烈的市场竞争中求生存、谋发展,就必须从实际出发,对企业的未来做出总体运筹和谋划,制定并实施企业的发展战略。未来学家托夫勒曾对此做过形象的比喻,他说:"对于没有战略的企业来说,就如同在险恶的气候中飞行的飞机,始终在气流中颠簸,在暴风雨中穿行,最后很可能迷失方向。如果对未来没有一个长期的明确方向,对本企业未来模式没有一个实在的指导方针,不管企业的规模有多大,地位多稳定,都将在新技术革命和经济大变革中失去生存条件。"[②]因此战略决策是茶叶企业最重要的决策。茶叶企业必须随时关注经营环境的变化,寻找可能出现的战略脱节的信号,并仔细分析可能出现的情况和问题,把握企业战略的主动权,去争取和赢得企业的持续发展。强化战略意识,掌握企业战略的理论和方法,对茶叶企业的发展非常重要。

(二)企业战略的作用

战略是一种思想、一种思维方法,更是一种分析工具和立足长远和整体的规

[①] 陈传明,张敏.企业战略内涵与功能的思辨——跨文化视角的研究[J].江苏行政学院学报,2009(4):51-55.

[②] 托夫勒著,陈鸿斌,吴酩译.企业必须面向未来[M].深圳:海天出版社,1987.

划。通过制定企业战略企业确定长远发展目标,并指出实现长远目标的策略和途径。企业的战略管理主要包括两个方面的内容:一是企业运作要着眼长远、宏观,做出审时度势的科学筹划并制定企业的发展战略;二是要对发展战略的实施过程进行全程监控。基于此,现从战略的作用和战略管理的必要性两方面试述其重要性。

企业战略是保证茶叶企业在激烈的竞争中立于不败之地的具有决定性作用的条件,其主要作用表现在以下三个方面。

(1)提高茶叶企业的预见性、主动性,克服短期行为。筹划未来是企业发展战略的基本功能。因此,茶叶企业的管理者必须树立战略观念,善于预测未来,思考未来各种可能出现的情况以及对企业发展的影响,制定企业的远景发展计划,使企业在变化多端的市场中不打无准备之仗。此外,制定企业发展战略可较好地克服短期行为。

(2)为茶叶企业的发展指明方向。企业发展战略的核心在于规定一定历史时期企业发展的基本目标及其实现这一目标的根本途径。茶叶企业的发展战略不仅为其经营管理活动提供了科学依据,更重要的是绘制了一张宏观蓝图,使全体员工明确企业未来的发展战略,激励他们克服一切困难,同心协力为企业的未来而努力工作。

(3)茶叶企业的发展战略是经营管理成败的关键。企业发展战略的核心就是确定正确的目的,即企业的发展方向。只有明确方向,企业的经济效益才能提高。管理专家德鲁克为企业方向、工作效率、管理效能三者勾画出如下关系:

管理效能 = 企业方向 ×工作效率 (6-1)

可见,如果企业的方向错了,工作效率越高,管理效能反而越低,企业也就无经济效益可言。因此,企业的战略目标的正确性是企业经营管理成效的先决条件,它决定了企业的兴衰存亡。

二、茶叶企业营销战略的制定

如前所述,茶叶企业需要战略,战略需要规划。战略规划是指在企业的目标、能力和不断变化的市场营销机会之间,发展和保持某种战略适应性的过程。战略规划能鼓励管理部门系统化地超前思维,能迫使企业完善其目标和政策,便于企业各部门更好地合作,并能提供更清楚的业绩标准以便于控制。即使在快速变化的环境中,健全的计划也能帮助企业对环境变化进行预测好快速地做出反应,为突发事件做出更好的准备。

传统的观念认为,市场营销策略只是企业战略的一部分,也就是说,先有了企业的整体战略才有市场营销战略。但今天这一切已发生了根本转变,战略的制定必须从营销开始,通过探讨企业为顾客创造的价值来明确企业使命,进而明确企业目标及其实现途径。具体来说,市场营销战略是指企业为适应环境和市场的变化,站在战略的高度,以长远的视角,从全局出发来研究市场营销问题,策划新的整体市场营销活动。它具备以下几个特点:①以创造客户为目的;②立足于市场调研;③制定战胜竞争对手的策略组合;④注重监控,持续改进;⑤以结果为导向原则。

企业战略的制定一般有6个步骤①:

(1)识别和鉴定企业现行战略。在企业运作过程中,随着外部环境的变化和企业自身的发展,企业的战略也应做相应的调整和转换。要制订新的企业战略,首先必须识别企业的先行战略是否已经过时。因此识别和鉴定企业现行战略是制订新战略的前提。

(2)分析企业的外部环境。企业外部环境包括直接环境和间接环境。直接环境是指与企业有直接联系的需求因素、资源因素以及产品的竞争者因素。间接环境是指政治因素、技术因素、社会因素等。对企业外部环境的广泛调查、深入分析及科学预测,是制定企业战略的基础。

(3)企业自身评价。主要包括企业经济效益分析、组织机构效能和现状分析、市场营销能力分析、企业资源特别是人力资源状况分析、企业可持续发展能力分析等。通过评价和测定,企业便可明确自身的优势和劣势。

(4)准备战略方案。根据企业的发展要求和经营目标,依据企业所面临的机

---

①陈会昌.论企业战略的制定和实施[J].经济论坛,2001(15):34.

遇,制定出企业所有可能达到价值最大化的战略方案。

(5)评价和比较战略方案。根据股东、管理人员以及其他相关利益群体的价值观和期望值,确定战略方案的评价标准。依据标准对各备选方案进行评价和比较。

(6)确定战略方案。在评价和比较战略方案的基础上,选择一个比较满意的方案作为企业的正式战略。

三、茶叶企业战略层次

一个市场营销的总体战略包括指定产品的产品策略、价格策略和分销策略。但是市场营销战略不是将这些不同领域中各个独立制定的决策累加在一起。正相反,总体战略必须先于并指导具体的产品、价格、分销等策略的制定,这其实需要的是一个逆向的制定过程。根据战略的覆盖程度和影响面,茶叶企业营销战略可分为以下不同层次[1]。

(1)公司层战略。公司层战略,又称集团战略或总体战略,是企业集团的最高管理层制定和落实的最高层次的战略。它需要确定企业集团的总体使命、总体目标、发展思路和方向以及集团内部资源或管辖区内有关茶叶产业资源如何合理配置,需要进入哪些行业,不同行业在企业集团所占比重等。如印度的塔塔集团,它不但有茶叶公司,还有钢铁、汽车、医药等公司,它需要做出是否进入新的行业、退出原有的行业等决策。

(2)竞争层战略。事业层战略又称为竞争战略,公司层战略确定后,企业需要明确在具体的行业内如何展开竞争(提供什么样的产品服务、向谁提供)。对于中国的很多茶叶企业来说,它们只经营茶叶一种业务,它们的战略重点在于如何在竞争中生存发展和壮大。

(3)职能层战略。职能层战略则是竞争战略的具体展开。是茶叶企业的各职能部门,如研究与开发、制造、市场营销、人力资源和财务等部门的战略。它明确

---

[1] 王方华.企业战略管理(第二版).[M].上海:复旦大学出版社,2007.

各个职能部门及其管理人员在实施公司层战略和竞争战略中的任务和目标,以保证企业目标的实现。

茶叶企业战略是指有关茶叶企业的最高管理决策层为了使自己的资源和能力同不断发展和变化的环境相适应,以加强自己的应变能力和竞争能力而制订的长远的总体发展规划。它明确本部门茶叶产业或茶叶企业在一个较长时期内(一般为五年、十年,甚至更长的时间)的发展远景和基本战略,覆盖茶叶企业技术、采购、生产、营销、财务、人力资源等各个方面,以战略规划的形式出现。

茶叶企业制订一个市场营销战略首先要明确企业使命,然后分析外部环境和企业自身以确定企业定位,并在此基础制定具体的营销组合,最后借助管理,在实践的基础上不断修订和完善。

第二节 茶叶企业战略规划

茶叶企业战略规划是茶叶产业或企业在未来一定时期内一切工作所遵循的总纲,对茶叶企业生存和发展具有决定性指导作用,关系着茶叶企业的前途和命运,因此必须具有科学性、前瞻性和合理性。茶叶企业战略规划主要包括以下五个方面的内容:一是界定茶叶企业的使命;二是确定茶叶企业的目标;三是评估战略业务单位;四是选择实现茶叶企业整体目标的战略;五是实施与评估。以下以茶叶企业公司层战略为例进行具体阐述。

一、明确茶叶企业的使命

(一)企业使命的意义

企业需要使命定位,就像人需要思考活着的意义。简单地说,企业使命就是企业存在的原因或理由,不论这种原因或者理由是"提供某种产品或者服务",还是"满足某种需要"或者"承担某个不可或缺的责任"。企业使命回答了"本企业是个什么样的企业""应该是个什么样的企业""未来是个什么样的企业"三个问题①。如果一个企业连自己之所以存在的原因都不明确，那么这个企业的经营问题就大了，也许可以说"已经没有存在的必要了"。企业使命是企业生产经营的哲学定位，为企业确立了一个经营的基本指导思想、原则、方向、经营哲学等，它不是企业具体的战略目标，但影响经营者的决策和思维。企业使命也是企业生产经营的形象定位，它反映了企业试图为自己树立的形象，诸如"我们是一个愿意承担责任的企业""我们是一个健康成长的企业"等。

稻和盛夫领导的京都陶瓷株式会社和第二电株式会社两家公司位列世界500强。他认为任何一个企业都需要使命来引领成功。在经营企业时使命必不可少，企业的经营者首先确立更高层次的远大理想和使命，并向企业的全体员工说明其间所蕴含的目的和意义，以获得他们的理解与协助。在具体实施过程中，经营者需要身先士卒，发挥表率作用，通过努力为企业获取发展的原动力，最终在激烈的竞争中立足并获胜②。

（二）影响因素

中国的茶叶企业要做大做强，需要经营者思考企业使命，要找到适合自己企业的使命，应考虑以下因素：

(1) 本企业的历史和文化。任何茶叶企业，除非它刚刚创建，否则都会有自己的历史。企业的历史包括企业过去的目的、政策、成就和公众形象，以及作为这种历史的沉淀的企业文化。界定企业使命，必须注意自己的历史和文化的延续问题，注意和过去的历史文化保持一致。例如让一家经营高端茶的公司转产低档茶，即便是这个市场有良好的前景，也一定要慎重，要考虑企业现有的形象文化来确定是否进入。

---

①林泉，邓朝晖，朱彩荣.国有与民营企业使命陈述的对比研究[J].管理世界，2010(9)：116-122.
②徐汉文.现代企业经营管理（第四版）.[M].大连：东北财经大学出版社，2012.

(2)企业所有者、管理者的偏好。茶叶企业的所有者对其发展和未来会有一定的规划;茶叶企业的高层管理人员,也会有自己的见解和追求。这些都会影响对企业目的、性质和特征的界定。企业所有者及管理者都会有自己解决的偏好,如果不考虑这些偏好,就不能充分发挥他们的特长和积极性,不利于茶叶企业的长远发展。

(3)企业环境变化。茶叶企业所处的市场环境不是一成不变的,其变动会给企业的发展提供机会或带来威胁。茶叶企业作为社会经济生活中的一个有机体,市场环境会直接影响企业的经营活动。

(4)企业的资源状况。不同的茶叶企业,资源条件不一样。资源条件的约束,决定了一个茶叶企业能够进入哪些领域,能开展哪些业务,从而一定程度上决定了企业的使命。例如,当某个茶叶企业想进入国际茶叶市场,就必须有足够的财力和销售渠道作为支撑。

(5)企业核心能力和优势。每个茶叶企业都可以从事很多的业务,但是只有它最擅长的才能成为其优势。界定企业使命必须结合企业的核心能力,使之能够扬长避短,倾注全力发展优势的方面。例如,统一集团就是依托其核心能力——强大的销售渠道,进入到茶饮料市场,取得了成功。

(三)编写企业使命说明书

一个茶叶企业的使命一旦确定下来,就需要让企业的每一位员工明确企业所担负的使命,以取得他们的理解、信任和支持,来保证使命的顺利履行。这就需要形成文字,即编写企业使命说明书。企业使命说明书至少在五个方面对茶叶企业提供很大的帮助。第一,使命说明书给茶叶企业一个清晰的目的和方向,可以避免企业步入歧途;第二,使命说明书叙述茶叶企业的独特价值,帮助它与竞争对手相区别;第三,使命说明书让茶叶企业专注于顾客的需要,而非其技术能力;第四,使命说明书给茶叶企业高层管理人员提供了在选择不同的行动线路时的特定方向和目标;第五,使命说明书给茶叶企业所有员工提供了行为和思维的规范,可以将整个企业紧密地凝聚在一起。

企业使命说明书的形式多种多样,但一般内容上应包括以下要素:

（1）企业基本原则与价值观：用以指导员工如何对待顾客、供应商、竞争者和一般公众，这样全体员工在处理一些重大问题时有一个统一的准则可以遵循，缩小个人任意发挥和随意解释的空间。

（2）企业远景和发展方向：揭示、指明企业今后若干年，比如未来十年、二十年的远景和发展方向。企业使命既是全局性的，又是长远性的。当然，在设计上要有一定弹性和预见性。

（3）规定茶叶企业活动领域：说明企业拟在哪些方面发挥作用及参与竞争，一般可以从产业范围、市场范围（即企业拟为哪些市场或类型的顾客服务）、纵向范围（指企业内部自给自足生产的程度）以及地理范围等方面加以说明。

编写企业使命说明书还应注意以下几个问题：

首先，宜从顾客需求的角度，根据企业的资源与特长来规定和阐明其切实可行的并具有激励性的使命，而不仅仅从产品和技术的角度界定企业使命。前者如："我们竭诚满足消费者对绿色健康茶叶的需要。"后者如："我们生产普洱茶。"显然，以前者为企业使命的茶叶企业的业务活动不是一个简单的生产和销售茶叶的过程，而是一个满足茶叶消费者对自然健康茶叶的需要的过程，利润是满足顾客需求的回报；明确了该茶叶企业的价值、责任。

其次，企业使命说明书应富有激励性，能够鼓舞人心。当茶叶生产被赋予"为人们提供健康的生活方式"这一崇高使命时，这平凡的生活就显得不平凡了。

最后，企业使命说明书应随环境的变化而修订。一般来说，企业的使命有一定的相对稳定性，不能随便改变，但也不是一成不变的，当企业使命不适应新形势时，应根据具体情况进行修订。

二、确定茶叶企业目标

茶叶企业在明确了企业使命之后，需要进行 SWOT 分析来确定企业目标。SWOT 分析是茶叶企业管理人员经常需要用到的一种方法，在此做简单的介绍。

(一)SWOT 分析方法

SWOT 分析方法是一种企业战略分析方法。S 代表 strength(优势),W 代表 weakness(劣势),O 代表 opportunity(机会),T 代表 threat(威胁)。其中,S、W 是内部因素,O、T 是外部因素。茶叶企业对自身的内在条件和所处的外在环境进行分析,找出企业的优势、劣势及核心竞争力之所在,在"能够做的"(即组织的优势和劣势)和"可能做的"(即环境的机会和威胁)之间确定适合自己的点,制定出相应的战略[①]。

SWOT 分析的基本步骤为:①分析茶叶企业的内部优势、劣势,既可以是相对企业目标而言的,也可以是相对竞争对手而言的;②分析茶叶企业面临的外部机会与威胁,既可能来自于与竞争无关的外环境因素的变化,也可能来自于竞争对手力量与因素变化,或二者兼有,关键性的外部机会与威胁应予以确认;③将外部机会和威胁与茶叶企业内部优势和劣势进行匹配,形成可行的战略。表 6-1 列出了茶叶企业运用 SWOT 分析进行战略规划可参考的模式和主要因素。

SWOT 分析可形成四种不同类型的战略:SO(优势—机会)战略、WO(劣势—机会)战略、ST(优势—威胁)战略和 WT(劣势—威胁)战略。

表 6-1 SWOT 分析有四种不同类型的组合

	内部优势(Strengths)	内部劣势(Weaknesses)
外部机会(Opportunities)	SO 战略 (增长型战略)	WO 战略 (扭转型战略)
外部威胁(Treats)	ST 战略 (多种经营战略)	WT 战略 (防御型战略)

SO(优势—机会)战略,又称增长型战略,是一种发展企业内部优势与利用外部机会的战略,是一种理想的战略模式。当茶叶企业具有特定方面的优势,而外部环境又为发挥这种优势提供有利机会时,可以采取该战略。

---

①周玉忠,王家金,等. 基于 SWOT 理论的云南茶叶发展战略研究[J]. 广东农业科学,2011(21):191-193.

WO(劣势—机会)战略,又称扭转型战略,是利用外部机会来弥补内部劣势,使企业改劣势而获取优势的战略模式。存在外部机会,但由于企业存在一些内部劣势而妨碍其利用机会,可先采取措施克服这些劣势。例如,一个茶叶企业劣势是原材料供应不足和生产能力不够,从成本角度看,前者会导致开工不足、生产能力闲置、单位成本上升,而员工加班会导致一些附加费用。

ST(优势—威胁)战略,又称多种经营型战略,是指企业利用自身优势,回避或减轻外部威胁所造成的影响的战略模式。如一个茶叶企业的竞争对手利用新技术大幅度降低成本,给本企业造成很大成本压力;材料供应紧张,导致价格上涨;消费者要求大幅度提高产品质量;企业所要支付高额环保成本。面对这些外部威胁,若企业拥有充足的现金、熟练的技术工人和较强的产品开发能力,便可利用这些优势开发新工艺,简化生产工艺过程,提高原材料利用率,从而降低材料消耗和生产成本。另外,开发新技术、新产品也是茶叶企业可选择的战略。

WT(劣势—威胁)战略,又称防御型战略,是一种旨在减少内部劣势,回避外部环境威胁的防御性技术。如当茶叶企业成本状况恶化,原材料供应不足,生产能力不够,无法实现规模效益,且设备老化,使其在成本方面难以有大作为,这时将迫使其采取防御型战略,以回避成本方面的劣势,并回避成本原因带来的威胁。

综上所述,SWOT分析运用于企业成本战略分析,可发挥企业优势,利用机会克服劣势,回避风险,获取或维护成本优势,将企业成本控制战略建立在对内外部因素分析及对竞争势态的判断等基础上。而若要充分认识企业的优势、机会、劣势及正在面临或即将面临的风险,价值链分析和标杆分析等均为其提供方法与途径。

(二)茶叶企业目标的确定

在确定企业使命和对企业进行SWOT分析之后,需要把企业使命具体化为企业目标。企业目标是制定茶叶企业战略实施方案的依据。企业目标由目标体系构成,大体上包括五个方面:社会贡献目标、产品结构与产品形象目标、市场竞争地位目标、盈利与成本目标、发展目标。

(1)社会贡献目标。即规划期间该茶叶企业提供给市场的茶叶数量、质量指标,完成的利税数额、资源利用、员工福利待遇等方面的指标。

(2)产品结构与产品形象目标。即规划期间该茶叶企业生产或在一定时间拟研发的茶叶产品品种、品牌及其形象力方面的指标。

(3)市场竞争地位目标。即茶叶产品的市场占有率及其年增长率、本公司在茶叶行业中或不同市场上竞争地位的指标。这几种指标是反映企业竞争力的重要指标。

(4)盈利与成本目标。茶叶盈利目标包括投资收益率、毛利率、净利润额及其增长率等指标;成本指标包括各项成本费用指标。

(5)发展目标。包括市场发展目标和企业自身发展目标。前者如已有市场的茶叶销售额或销售量的增长率;后者如企业有形资产包括茶叶原料生产基地、茶厂设备等的扩大和提高程度,企业规模扩大及其实施的途径和方式,经营管理模式以及人才结构等。

值得注意的是,一个茶叶企业通常有许多目标,但是这些目标的重要性并不一样。制定企业目标时应当按照各种目标的重要性来排列,显示出哪些是主要的,哪些是派生的。

第三节 茶叶企业竞争战略

当一个企业通过公司层面的战略分析决定要进入茶叶行业时,它的战略重点将变为如何在茶叶这个行业内展开竞争(即提供什么样的产品服务、向谁提供)以便生存、发展和壮大。竞争战略需要明确该茶叶企业的竞争优势,它着重需要解决的是如何在市场中参与竞争,确定或改善自身的竞争地位,稳固竞争优势,进而达到在激烈竞争中持续稳步发展。

一、三种基本竞争战略

迈克尔·波特提出了许多重要的竞争战略思想。他认为成功取决于选择正确的战略,即选择与组织竞争优势和所在行业相符的战略[1]。波特认为没有企业能够在所有的事情上都获得成功。他指出,竞争优势来自于要么是比竞争对手的成本更低,要么是与竞争对手形成显著的差异。他提出了三种竞争战略:成本领先战略、差异化战略和聚焦战略[2]。企业究竟选择哪一种战略,取决于组织的优势和核心能力以及它的竞争对手的劣势。下面逐一分析这三种竞争战略。

表 6-2 茶叶企业三种竞争战略

	竞争优势	
以整体市场为目标	成本领先战略	差异化战略
以细分市场为目标	聚焦战略	

(一)成本领先战略

对于茶叶企业来说,成本领先战略意味着通过提高规模和加强管理,降低生产成本和销售成本,在以低成本和低于竞争对手的价格的优势下赢得较大的市场份额。采用成本领先战略的优势在于:第一,形成进入障碍,使那些缺乏规模和管理水平较低的企业就很难进入该企业所占据的领域。第二,增强讨价还价的能力。成本领先有助于规模的扩大,而规模的扩大又可以提高该企业与供应者的讨价还价能力,进一步提高该企业在成本方面的优势。这又为企业提供更有价值的产品创造了条件。第三,抵御行业价格战。一个茶叶企业具有的成本优势即该企业可以在竞争对手无利润或低利润的水平上保持较好的盈利,从而可以有效地抵御竞争对手发动的价格战。

要实施成本领先战略需要一定的条件:一方面,茶叶企业自身需要具备持续

---

[1]迈克尔·波特著,郭武军,刘亮译.竞争战略(第二版).[M].北京:华夏出版社,2012.
[2]周松.企业成本领先战略和差异化战略融合的分析[J].中国管理信息化,2012(4):29-31.

低成本生产茶叶的相关技术设备和销售网络，还需要合理的组织结构和制度来保证严格的成本控制。另一方面，要求顾客对该企业提供的产品需求较为稳定且广泛，同时关注价格，对价格很敏感，并且在一定时间内难以出现具备低成本优势的其他茶叶企业。需要注意的是，一个茶叶企业若期望通过成本领先战略来获得成功，它需要不断地降低成本，有时甚至是取消一些服务项目，通过一系列删繁就简的措施，达到低成本的战略目标。

（二）差异化战略

差异化战略与成本领先战略的不同在于，茶叶企业通过对整个市场的评估，找出重要的顾客利益区域，并集中力量将它在这方面的价值突出，成为在服务、质量、包装等众多指标中某一个方面或几个方面的领导者。简单地说，茶叶企业采取差异化战略就是在分析顾客价值的基础上结合自身的资源优势形成能够获得消费者偏爱的品牌特征。安溪铁观音、武夷岩茶、西湖龙井茶等名茶由于特定的产地地理条件、人文历史赋予的独特品质及文化底蕴，而深受消费者喜爱。通过申请国家地理标志，这些区域的茶叶更具不可复制性，使得这些区域的茶叶企业能保持较高的价格，获得不错的利润。采用差异化战略，通过特色增加顾客的偏爱，提升了顾客的忠诚度，使顾客对企业价格的敏感度降低，从而增强了茶叶企业的盈利能力。

茶叶企业可以在产品、服务、人员、渠道、形象等一个或多个方面与竞争对手形成差异。

（1）产品差异化。茶叶企业生产销售与众不同的茶叶产品来赢得产品。产品的差异化可以表现在稳定性、功效、色香味形等方面。

（2）服务差异化。指与茶叶产品同时提供才能使消费者需求得以满足的服务与众不同，以增强企业竞争力。它包括服务项目种类的不同、服务项目多少的不同及服务质量与水平的差异等。

（3）人员差异化。是通过挑选和培训比竞争者更好的人员来获得竞争优势。人员的差异化主要表现在企业人员的能力、素养、敬业等方面。

（4）渠道差异化。即茶叶企业通过独特的分销渠道获得竞争优势。如在渠道覆盖面、专业化、与渠道成员的合作方式或稳固的关系等方面形成利用茶叶产品市场推广和销售的竞争优势。

(5)形象差异化。通过赋予企业或品牌独特的个性鲜明的形象,而在消费者心目中产生一种与众不同并极具亲和力的印象,以赢得竞争。

(三)聚焦战略

聚焦战略是指企业将力量集中在几个细分市场甚至一个细分市场上的战略。与成本领先战略和差异化战略面向整个市场,对整个市场进行营销活动不同,聚焦战略只是针对在整个市场营销的新式定义;该目标市场在市场容量、成长速度、获利能力方面具有相对的吸引力;以及该企业具有自身的一些优势。

对于中小型茶叶企业,要在与大企业的竞争中生存,必须选好细分市场,深入地分析顾客对茶叶的需求的基础上为该目标市场提供有针对性的产品和服务,这样,一方面能降低成本,形成低成本优势;另一方面,由于为目标顾客创造出更高的价值而获得更高的顾客忠诚。

二、茶叶企业联盟战略

成本领先战略、差异化战略和聚焦战略这三种战略思路都是基于传统的低成本和产品差异化的策略,企业往往是通过简化生产过程、扩大销售量来获得成本领先地位,或者是通过技术创新、品牌或特殊服务来强化产品的某一方面的特性,以此来增加客户价值。在竞争日益激烈的今天,企业必须思考联盟战略,如与客户的联盟、与供应商和与经销商的联盟。战略联盟的概念首先由美国管理学家罗杰·奈杰尔和DEC公司总裁简·霍普兰德提出[1],其含义是指两个或两个以上的企业间或特定事业与职能部门间,为了实现共同的战略目标和各公司自己的战略目标,通过公司协议或联合组织等方式而结成战略伙伴关系。战略联盟是现代企业发展的新模式。

---

[1] 陈一君.我国企业战略联盟的发展探讨[J].商业研究,2003(1):93-97.

在当今市场的竞争是发生在由这些竞争对手组成的整个价值交付系统之间。对于处于一个价值供应链的各个茶叶企业来说，他们之间更多的是合作与战略伙伴关系，而不是竞争关系。从合作的角度来看待企业之间的关系，跳出了导致企业间白热化的竞争关系，将企业置于一个发展空间更为广阔和发展途径更科学合理的战略高度。

美国学者阿诺德·哈克斯在波特的基础上提出了客户解决方案战略。[1] 客户解决方案战略的重点是锁定目标顾客，提供最完善的服务。客户解决方案战略的实施手段是学习和定制化。其中学习具有双重效应——企业通过学习可以更好地提升顾客的满意度；客户不断地学习增加了转换成本，提升了忠诚度。实施这种战略往往意味着和供应商、竞争对手和客户的合作和联盟，从而大家一起来为客户提供最好的解决方案。

茶叶企业在进行合作联盟时，主要采用以下几种形式：

(1)产品或服务的联盟。如一个茶叶企业将生产外包给另一个茶叶企业，或者茶叶生产企业与高等院校、相关研究机构合作研发、生产茶叶新产品。

(2)分销渠道联盟。经济的全球化拓展了茶叶企业的市场空间，茶叶企业单凭自身能力很难再更大范围(如全省、全国或全球范围)建立完整的分销体系。因此，可借助合作联盟，通过伙伴方的分销网络，使本企业茶叶产品在更大范围销售，减少销售费用。如麒麟公司与统一集团合作推出"午后红茶"系列，就是借助了统一集团在中国的销售渠道。

(3)促销联盟。即一个茶叶企业与另一个企业在广告、营业推广、销售折扣等促销手段上合作。如茶馆可以和同一区域的饭店合作，凡是在该饭店消费达到一定金额的顾客可以获得茶馆的优惠券或免费品茶的机会；同样，在该茶馆消费到一定的金额，也可以享受到合作饭店消费的优惠折扣。

---

[1]王方华.企业战略管理(第二版).[M].上海：复旦大学出版社,2007.

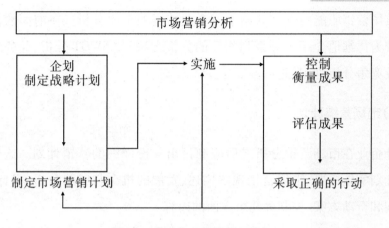

图6-1 茶叶企业营销管理过程

第四节 茶叶企业营销管理

茶叶企业市场营销管理是指为了实现企业目标,创造、建立和保持与目标市场之间的互利交换的关系,而对设计方案进行分析、计划、执行和控制。市场营销管理的任务是为了促进企业目标的实现而调节需求的水平、时机和性质。市场营销管理的实质是需求管理。企业在开展市场营销的过程中,一般要设定一个在目标市场上预期要实现的交易水平,然而,实际需求水平可能低于或等于或高于这个预期的需求水平。市场营销管理就是要应对这些不同的需求情况。

一、市场营销的分析与计划

(一)市场营销分析

在现代市场经济条件下,由于市场需要的不断变化,任何产品都有其生命周期,因此任何企业都不能永远依靠其现有产品过日子。因此,每一个茶叶企业都必须分析市场和市场营销环境,以找到有吸引力的机会和避开环境中的威胁因素。对市场营销职能的管理开始于对企业情况的全面分析。在前面的内容中我们已经较为详细地介绍了一系列相关的分析方法,如 SWOT 分析、业务组合矩阵分析以及竞争分析等,对此不再重复。

(二)市场营销计划

茶叶企业在市场营销分析之后应制订出一份详细的营销计划。这个计划主要包括计划实施概要、市场营销现状描述、发展的机会与威胁分析、目标和挑战、行动计划和行动方案、控制等几个方面的内容。

1. 计划实施概要

市场营销计划书开头应有一个计划实施概要。概要应对计划中的主要目标和方案进行简短的概述,使企业的相关部门能快速地浏览整个计划的内容,快速找到计划的要点。内容目录应附在计划概要之后。

2. 市场营销现状描述

市场营销计划正文的第一部分是市场营销现状描述。主要描述目标市场和企业在市场中的地位两个方面。目标市场的情况主要通过过去几年中市场容量(包括整个市场和细分市场)的变换、顾客需要及营销环境中会影响顾客购买行为的因素、企业产品系列中主要产品的销售量、价格和毛利等信息来加以说明。企业在市场中的地位需要描述的是主要竞争对手以及它们的产品质量、定价、销售和促销战略。描述时最好能列出企业及每个竞争对手所占的市场份额。

3. 发展的机会与威胁分析

在这一部分中需要预测可能遇到的主要机会和威胁,预计对公司产生影响的重要发展趋势;评估每个威胁可能造成的潜在危害,并提前制订解决这些威胁的计划;寻找公司可据以采取行动的市场营销机会,根据机会的潜在吸引力和企业的成功可能性来分析每一个机会,然后可以确定预期回报是否抵补风险。

4. 目标与挑战

在分析了产品的发展机会与威胁后,茶叶企业就可以设立目标并考虑会影响这些目标的挑战。如目标是15%的市场占有率,而现在的市场占有率是10%,这就引出了一个关键的挑战,即如何提高市场占有率。这就需要接下来的具体行动计划和行动方案。

5. 行动计划和行动方案

这一部分需要列出行动计划和行动方案来实现目标。行动计划具体包括目标市场战略、定位战略、营销组合战略等。行动计划明确了该茶叶企业以哪些市场为目标市场,以及针对目标市场的定位。行动方案则具体落实行动计划,明确"做什么""谁负责做""何时做",以及"费用是多少"等问题。比如要实现提高市场占有率的目标,就需要增加促销,而在行动方案中就应落实具体活动的内容、负责人、时间、地点、费用等。

6. 控制

控制是市场营销计划的最后一部分,指预先制订出相关的程序来监控整个计划的执行。目标和预算是非常重要的控制工具,便于管理部门检查各个时期的成果,及时发现未达到目标和超出预算的业务和产品。计划中还必须列出相应的补救措施。

二、市场营销实施

市场营销实施是指为实现战略营销目标而把营销计划转变为营销行动的过程。在实施市场营销计划的过程中,需要市场营销系统中各个层次各相关职能部门的通力合作。例如天福、大益等大规模的茶叶公司,营销实施需要数千人参与日常决策和行动,营销部门在做出决策后需要与公司的其他职能部门沟通。此外,计划的成功还包括与公司外部人员合作,如与广告代理机构合作以策划广告活动,与媒体合作以获得公众支持,与加盟商沟通以使企业的文化与理念能被他们接受等。

　　成功的市场营销实施取决于该茶叶企业能否有机结合行动方案、组织结构、奖励制度、人力资源和企业文化这五大要素形成一个能够支持企业战略的、紧密运行的方案。而这一方案的实施需要做到以下四点:首先,需要一个详细的、把所有的人和活动聚集到一起的行动方案。其次,企业的正式组织结构在执行市场营销战略中发挥着巨大作用。面对今天不断变化的环境,简单、灵活的结构有利于企业的成功。第三,企业的奖励制度也影响着市场营销的实施。如果一个茶叶企业以短期利润成果奖励员工,他们就不会有多少积极性去实现长期市场建设目标。第四,要想实施取得成功,企业的营销战略还必须和企业文化相适应。企业文化是企业人员共享的价值和信仰体系,对成功企业的研究发现,这些企业都有着强有力的、围绕着以市场为导向的任务建立的近乎狂热的企业文化。

三、市场营销控制

　　由于在实施营销计划的过程中会有许多意外情况发生,所以茶叶企业营销部门必须持续地进行营销控制。控制过程包括四个步骤:一是设定具体的市场营销目标;二是衡量企业在市场中的业绩;三是比较实际业绩与计划业绩,找出差异的原因;四是采取纠正措施。(如图6-2)

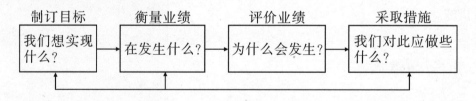

图6-2 控制过程

　　茶叶企业营销控制分为经营控制和战略控制两种。经营控制是指根据年度计划检查当前业绩,并在必要时采取正确行动。经营控制的目的是保证茶叶企业实现在计划中制定的销售、利润及其他目标。战略控制则重点考虑的是战略与方案是否与企业资源和外在环境相适应。在环境变化剧烈的今天,企业需要对企业环境、目标、战略和行动进行综合、系统和定期的检查,以保证企业目标和行动方案的有效性。

案例 6.1 通过网站看"立顿"的目标顾客

"立顿"品牌于1890年由汤姆斯·立顿爵士在英国创立,1972年被联合利华收购,成为联合利华下属的子品牌。如今立顿茶行销全球120多个国家,年销售额达数十亿美元,仅全年利润额就超过我国茶叶的出口总值。1992年,立顿进入了全球喝茶历史最悠久、饮茶人数最多的中国。当时的市场上,袋泡茶仅仅在饭店宾馆中使用,一般的家庭都只用散装茶。中国产茶的企业规模小,生产水平低,当时的茶叶市场缺少品牌意识,一般来说客户买茶都只认茶的品种而不是产茶的企业。立顿在这种情况下进入中国市场,给原本相对比较原始的市场导入了意识。短短5年之后,立顿在全国百家商城系列调查中获得茶包销售额第一、市场占有率第一。立顿之所以能取得如此骄人的成绩,很大程度上在于其精准的定位及配合完美的营销组合。下面以其网站的建设来研究立顿的定位。

立顿公司是制销茶叶的公司,其网站理应以介绍茶产品为本。但事实上,茶叶制品在其网站中并不占据首位,相反,美食经——《各国食谱大全》和按季节时令变化的《每日烹调一课》才是其先导栏目。这一"以食论茶"的创意,在题材定位上非常成功。因为正如中国的古话所言——"民以食为天",立顿公司利用人们对"食"的广泛关注,极大地扩展了市场受众的范围,吸引了更多的顾客留意立顿、品尝立顿、喜爱立顿的产品、服务甚至是文化,进而建立企业形象,增加顾客的购买行为。

在布局上,该网站也可谓是独具匠心:站中先导入一位拥有高超传统厨艺的意大利老太太为"妈妈的小屋"栏目主角;一位芳踪不定却精于品尝各类巧克力、甜点、饼干等零食,寻求"浪漫生活"栏目的年轻女士为另一代的代表。待她们在网上大侃各色各类浓汤大菜,使得观众们饱览一通美妙的主食和点心之后,立顿推出茶叶(立顿清茶、红茶、黑茶等),使得人们将对美食的喜好转移到对立顿茶的喜爱,并引导培养一种"在美食之后饮用立顿茶"的习惯和文化。可以说,立顿网站致力于体现其文化、亲情和品位的倾向是十分明显的。站点的文化气息体现在,立顿的许多菜肴都富于诗意的介绍和亲情的烘托,使网站的整体意境在亲情关爱中得以升华,不同于一些冷冰冰的生意站点。

近年来,立顿联合腾讯、优酷、淘宝等网站推出传情下午茶系列活动。首先建立专门的活动网站(如 http://lipton-icha.youku.com/),对北京、上海、广州等九大城市指定的写字楼进行送茶活动,不但免费送茶,还制作大量搞笑视频,让立顿茶伴随着欢乐在目标顾客(办公室白领)中传播开来。免费的送茶活动与立顿的淘宝商城旗舰店相连接,为满意的试饮者提供了便捷的购买渠道。

立顿的成功告诉我们,网站的建立是一门艺术。并不是直接将企业产品手册找来,不做任何改动地翻版到站点上去,只有定位于"服务为本、与众不同",网站才能有所收获,才能成功。

案例思考

1. 立顿是如何围绕着它的目标顾客展开营销的?
2. 立顿的网络营销对你有何启示?

练习题

1. 企业战略的主要作用表现在哪三个方面?
2. 茶叶企业营销战略可分为哪三个不同的层次?
3. 茶叶企业界定企业使命应考虑哪些因素?
4. SWOT 分析有哪些基本步骤?
5. 试分析三种基本竞争战略的适宜条件。
6. 市场营销控制有哪四个主要的步骤?

参考文献

[1] 陈传明,张敏.企业战略内涵与功能的思辨——跨文化视角的研究[J].江苏行政学院学报,2009(4):51-55.

[2] 陈会昌.论企业战略的制定和实施[J].经济论坛,2001(15):34.

[3] 林泉,邓朝晖,朱彩荣.国有与民营企业使命陈述的对比研究[J].管理世界,2010(9):116-122.

[4] 刘平.企业战略管理:规划理论、流程、方法与实践[M].北京:清华大学出版社,2011.

[5] 迈克尔·波特著,郭武军,刘亮译.竞争战略(第二版).[M].北京:华夏出版社,2012.

[6] 谭开明,魏世红.企业战略管理(第三版).[M].大连:东北财经大学,2013.

[7] 托夫勒著,陈鸿斌,吴酩译.企业必须面向未来[M].深圳:海天出版社,1987.

[8] 王方华.企业战略管理(第二版).[M].上海:复旦大学出版社,2007.

[9] 徐汉文.现代企业经营管理(第四版).[M].大连:东北财经大学出版社,2012.

[10] 杨江帆.茶叶企业经营管理[M].北京:中国农业出版社,2006.

[11] 杨江帆.茶叶企业经营管理学[M].北京:中国农业出版社,2014.

[12] 姚莉,等.现代企业管理(第二版).[M].武汉:武汉大学出版社,2010.

[13] 周松.企业成本领先战略和差异化战略融合的分析[J].中国管理信息化,2012(4):29-31.

[14] 周玉忠,王家金,等.基于SWOT理论的云南茶叶发展战略研究[J].广东农业科学,2011(21):191-193.

第七章 茶叶目标市场营销策略

本章提要

目标市场营销是茶业企业市场营销的主要内容。本章详细论述了目标市场确定的基本步骤及方法。第一节主要分析了茶叶市场细分的含义、原则、标准、方法等基本内容。第二节主要讨论了目标市场选择的依据、策略。第三节分析了市场定位的主要内容、程序及策略。本章要求掌握茶叶市场细分的基本含义、评价方法及主要策略,同时需掌握市场定位的基本程序及策略。

第一节　茶叶市场细分

1956年,美国著名营销学者温德尔·史密斯(Wendell Smith)提出了市场细分(Market Segmentation)的概念①。他认为,市场是由存在需求、有钱且愿意消费的个人或者群体所组成的"买方市场",在整个市场中存在着不同类型的购买者,可以按照消费者欲望和需求把一个整体市场划分成若干个具有共同特征的子市场(细分市场)。

温德尔·史密斯的市场细分概念随后被美国营销学家菲利浦·科特勒进一步发展和完善,并最终形成了成熟的目标市场营销战略(STP战略)②。茶叶目标市场营销是指茶叶企业通过辨识不同类别的茶叶消费者群体,选择其中一个或几个作为目标市场,运用适当的市场营销组合,集中力量为目标市场服务,满足目标市场的需要。运用市场细分方法,合理地选择目标市场,进行科学的市场定位是茶业企业制定营销战略的基本内容和程序,也是决定茶业企业营销战略的科学性和营销成败的关键。

目标市场营销需要经过三个主要步骤:①市场细分(Market Segmentation):按照购买者所需要的产品或营销组合,将一个市场分为若干不同的购买者群体,并描述他们的轮廓;②选择目标市场(Market Targeting):选择一个或几个准备进入的细分市场;③市场定位(Market Positioning)建立并在市场上传播该产品的关键特征和利益。目标市场营销战略(即STP战略)的核心是定位,本质是定位战略。市场细分(S),确定目标市场(T)实质上是在市场空间定位出目标顾客,而STP中的市场定位(P)则是在目标顾客的心理定位。就STP过程而言,STP营销即是定位

---

①叶生洪.论目标市场营销战略模型[J].商业时代,2005(15):48-49.
②叶生洪.论目标市场营销战略模型[J].商业时代,2005(15):48-49.

由空间到心理,由粗略到精确的过程。三者是一个整体,密不可分①。

一、茶叶市场细分的含义与基础

市场细分是通过产品分类,根据消费者的需要、购买动机与习惯爱好的差异,把市场划分成不同类型的消费者群,每一个消费者群就是一个细分的子市场,每个细分市场都由需求和愿望大体相同的消费者群所组成②。因此茶叶市场细分,就是茶叶企业根据消费者欲望与需求的多样性和差异性,把茶叶整体市场划分为若干个具有某种相似特征的消费者群(称之为细分市场或子市场或分市场)的过程。

对茶叶市场进行市场细分有其客观基础:第一,茶叶市场属于典型的异质性需求市场,茶叶市场中消费者的需求具有明显的差异性。往往不同地区的消费者饮茶的习惯明显不同,如我国西北少数民族居民长期饮用茯砖茶、黑砖茶、青砖茶,而粤东和闽南地区居民多饮用乌龙茶。第二,茶叶市场中存在大量具有相似需求的消费者。进行市场细分的主要依据是异质市场中存在需求一致的顾客群,实质就是在异质市场中求同质。市场细分的目标是为了聚合,即在需求不同的市场中把需求相同的消费者聚合到一起。第三,茶叶企业资源的有限性。任何一家茶叶企业,都不可能向市场提供能够满足一切消费需求的茶叶产品和服务。为了有效地进行市场竞争,企业必须进行有效的市场细分,以取得和增加企业的竞争优势,赢得市场。

茶叶消费者需求的绝对差异使对茶叶市场进行细分具有必要性;茶叶消费需求的相对同质性使茶叶市场细分具有可行性;而市场需求的多样性与企业资源的有限性决定了开展目标市场营销是茶叶企业赢得市场竞争的必然战略选择。

---

①叶生洪.论目标市场营销战略模型[J].商业时代,2005(15):48-49.
②白献晓.农业信息市场细分的原则及情报服务策略的选择[J].情报杂志,1995(5):17-18.

二、茶叶市场细分的原则和作用

（一）茶叶市场细分的原则

茶叶企业进行市场细分和差异化营销必然导致生产成本和营销费用的增长。所以，企业需要对市场细分带来的效益和市场细分所增加的成本进行评估。判断茶叶市场细分合理性，或者说市场细分时要遵循的原则有[①]：

1. 可测量性

各茶叶子市场的基本特征如市场规模、市场购买力等能够被测量。如果细分变量难以衡量，就无法界定市场。

2. 可营利性

茶叶企业进行市场细分后，所选定的子市场的容量足以使企业有利可图。

3. 可进入性

即茶叶企业进行市场细分后，企业利用现有的能力可以进入所选定的子市场。这主要表现在两个方面：一方面是对细分后的市场，茶叶企业能够对消费者施加影响，传递产品信息，进行产品的销售和产品的竞争；另一方面，茶叶企业资源实力确实与细分市场相适应，可以抓住细分市场提供的市场机会。

4. 可区分性

子市场的特征可清楚区分且对不同的营销组合因素和方案有不同的反应。如茶叶市场可以根据性别、年龄、收入水平等加以区分。

---

① 刘建民.第五章 市场细分和目标市场选择[J].刊授党校,1996(Z1):30-34

5. 相对稳定性

细分市场在一段时期内能维持相对稳定,能给茶叶企业带来持续的盈利。

(二)茶叶市场细分的作用

1. 有利于茶叶企业发现新的市场机会,开拓新的市场

通过市场细分,茶叶企业可以对每一个细分市场上消费者对茶叶产品的购买潜力、满足程度和市场竞争情况等进行分析对比,从中可能发现某些未满足的需求或满足程度低的细分市场,这就是新的市场机会。茶叶企业如能结合本企业的研发、生产和营销实力,及时调整战略,研发、生产和销售新的茶叶产品,就能更好地适应市场需要,开拓新的市场。如天福茗茶通过市场细分,发现有部分消费者没有饮茶习惯,但希望得到茶叶的保健功能这一需求,及时开发推广了一系列的茶食品,成为企业新的利润增长点。

2. 有利于茶叶企业制定和实施有效的市场营销策略

经过细分后的子市场比较具体,消费者的需求较易被了解清楚,茶叶企业可以根据自己的经营思想、方针及生产技术和营销力量,确定自己的服务对象,即目标市场,这就便于茶叶企业针对目标市场,有针对性地制订和实施特殊的市场营销组合策略。同时,在细分的市场上,信息容易了解和反馈,一旦消费者的需求发生变化,企业可迅速改变营销策略,以适应市场需求的变化,提高企业的应变能力和竞争力,实现企业的市场营销战略目标。

3. 有利于茶叶企业整合资源,增强企业的市场竞争力和提升经济效益

任何一个企业的资源,包括人力、物力、财力都是有限的,都不可能满足所有消费者对茶叶产品的不同需求,只有通过市场细分,选择有利可图的一个或少数几个细分市场,整合优势资源,有针对性地开展市场营销活动,才能更好地满足目标市场消费者对茶叶产品的需求,从而占领市场,使企业获得在局部市场上的竞

争优势,取得更好的经营效益。

三、茶叶市场细分的标准

茶叶市场作为一个整体市场,按照购买者及其购买茶叶目的的不同,可分为茶叶消费者市场和茶叶产业市场两类,这两类市场细分的标准有所不同。

(一)茶叶消费者市场细分的标准

茶叶消费者市场细分是建立在茶叶市场上消费者需求差异的基础上的。因此,形成茶叶需求差异的各种因素都可以作为茶叶市场细分的标准(细分变量)。茶叶消费者市场的细分标准归纳起来主要有地理因素、人口因素、消费心理因素、消费行为因素等,每个因素内实际上还可以列出一系列更细的变量。按照茶叶消费者市场细分的标准不同,对应有地理细分、人口细分、心理细分、行为细分等四种不同的茶叶市场细分形式。[①]

1. 地理细分

处在不同地理区位和环境下的茶叶消费者,对于茶叶产品往往有不同的需要与偏好,茶叶消费的区域化特征明显;不同地区的消费者,对同一类茶叶产品往往有较大的需求差异,对茶叶价格、销售地点、广告宣传等营销措施的反映差异较大。

地理细分,就是按茶叶消费者所在的地理位置、地理环境等因素对茶叶整体市场进行细分。如按国家、地理区域、城镇规模等来进行市场细分。茶叶企业通常会将整个茶叶市场细分为国际市场(外销市场)和国内市场(内销市场)。国际市场又可进一步划分为欧盟市场、北美市场、非洲市场以及港澳市场等;国内市场又可划分为东北市场、华北市场、珠三角市场、北京市场,等等。一般而言,与其他

---

① 罗纪宁.市场细分研究综述:回顾与展望[J].山东大学学报(哲学社会科学版),2003(6):44-48.

因素相比,地理因素较稳定且容易辨别和分析。但要注意在同一地理区域内的消费者,有时对茶叶产品的需求仍会有较大的差异。因此,在进行市场细分时,要注意以多大的地理区域作为细分的标准,同时还应该综合其他细分因素。

2. 人口细分

人口细分是指茶叶企业以人口统计变量为标准将茶叶市场中的消费者划分为不同的群体。人口统计变量包括年龄、性别、婚姻、职业、收入、教育程度、家庭生命周期、国籍、民族、宗教、社会阶层等。由于人口变数容易测量,适用范围较广,因而是细分茶叶市场的重要依据。比如,湖南怡清源茶业公司开发了一款专门面向广大时尚都市女性(年龄层为28至45岁左右)的黑茶产品"黑玫瑰",以"杯中的美容院,壶里的健身房"为广告语进行宣传推广,引导女性消费者从饮茶中获得由内而外的健康美丽,受到女性消费者青睐。

3. 心理细分

心理细分是指茶叶企业以消费者的心理特征为标准将茶叶消费者细分成不同群体的过程。消费者的心理特征包括个性、价值观念、生活方式、态度、购买动机等。如按照生活方式的不同,可将茶叶消费者细分为传统型、实用型、新潮型、追求社会地位型、奢侈型等群体。这种细分方法能显示出不同消费群体对茶叶在心理需求和偏好方面的差异。现在已经有很多茶叶企业以生活方式来细分茶叶市场,如针对不同类型的消费群体设计出不同艺术风格的茶叶包装,以满足具有不同生活方式的茶叶消费者的需求。

4. 行为细分

行为细分是指茶叶企业按照消费者的购买行为对整体茶叶市场进行细分的过程。消费者的购买行为包括进入市场的程度、购买时机、使用频率、偏好程度、对品牌的忠诚度等变量。如按茶叶消费者进入市场的程度,可将茶叶消费者划分为从未消费者、曾经消费者、初次消费者、经常消费者和潜在消费者。按对茶叶的使用频率,又可将经常消费者进一步细分为大量使用消费者、中量使用消费者和少量使用消费者。实际上,消费者在购买和消费茶叶时,其利益诉求也是很不一样的,因而根据消费者追求的具体利益和期望从茶叶产品中获得的益处可以对市场进行细分。

(二)茶叶产业市场细分标准

茶叶产业市场又叫茶叶生产者市场或茶叶企业市场,是由那些购买茶叶产品用来生产、出售或分配给其他人的个人或组织构成。这些购买茶叶产品的组织或个人不是茶叶产品的最终消费者,而是不同行业的组织购买者。

茶叶产业市场的细分变量,有一些与茶叶消费者市场细分变量相同,如追求利益、使用者情况、使用程度、对品牌的信赖程度、购买准备阶段、使用者对产品的态度等。此外,还要根据用户行业、用户规模、用户地理位置、其他变量等对茶叶产业市场进行细分。①②

1. 用户行业

用户行业指茶叶产品购买者所属的行业。根据茶叶的用途,茶叶企业现有或未来可能的用户行业可分为商贸流通行业、住宿和餐饮娱乐行业、茶叶精深加工与茶饮料业、食品加工业、日用化工业、医药行业等。在茶叶产业市场上,不同用户行业对茶叶产品的使用方式不尽相同,对茶叶产品的需求也就不同。一种用户行业的需求便是一个细分市场。比如在绿茶产品的需求上,茶馆与茶饮料厂相比,前者对其色香味形有较高的要求,而后者则对色香味要求适中,对其外形没太多要求,但要求价格实惠。茶叶企业应针对不同行业用户制定不同的市场营销策略,从而满足不同行业用户的特定需要。

2. 用户规模

用户规模也是茶叶产业市场细分的主要标准,即按照客户对茶叶产品购买量

---

① 罗纪宁.市场细分研究综述:回顾与展望[J].山东大学学报(哲学社会科学版),2003(6):44-48.

② 傅志远.选择什么样的细分标准[J].通信企业管理,2004(4):29-31.

的多少进行市场细分。在茶叶产业市场上,按用户规模可细分为大客户、中客户、小客户等。用户规模不同,其购买力也不同。茶叶企业应根据用户规模不同,采取不同的市场营销组合策略。对于个体数量较少的大客户,宜由销售经理负责,直接联系,直接销售;对于个体数量众多的小客户,则由外勤推销人员负责,通过上门推广、展销、广告等手段进行销售。

3. 用户地域

茶叶产业市场的用户地理位置受资源条件、地形气候、产业布局、社会经济环境、历史传承等因素的影响,不同地理位置的用户对茶叶产品的需求也是有差异的。茶叶企业可以地理位置作为变量来细分市场。

四、茶叶市场细分的方法和程序

(一)茶叶市场细分的方法

对茶叶市场进行细分的方式多样,常用的方法有单一因素细分法、多因素综合细分法、系列因素细分法3种。

1. 单一因素细分法

即茶叶企业根据市场调研结果,选择影响消费者或用户需求的某一主要因素作为细分变量来进行茶叶市场细分的方法。如根据调研和经验,企业已知影响某地茶叶市场需求的主要因素是消费者的年龄,企业便可按照年龄因素将该地茶叶市场细分为少儿市场、青年市场、中老年市场等。

2. 多因素综合细分法

多因素综合细分法是选择影响消费需求的两个或两个以上的因素作为细分变量来对茶叶整体市场进行细分的方法。如用生活方式、收入水平、年龄3个因素可将某茶叶市场划分为36个不同的细分市场。(如图7-1)

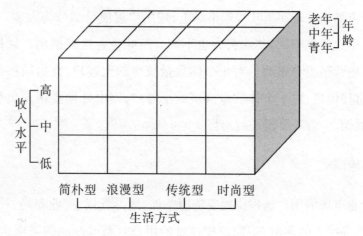

图 7-1 综合因素细分法

3. 系列因素细分法

茶叶细分市场所涉及的因素很多,实践中可按照由粗到细、由浅入深的方式,逐一列举若干个对茶叶需求影响较大的因素作为市场细分的标准,对茶叶整体市场进行细分,这种方法称为系列因素细分法。经过系列因素细分,将会使目标市场变得越来越具体,越来越清晰。①

表 7-1 系列因素细分法

年龄	性别	收入	职业	文化程度	居住地	生活方式
少儿	男	低	机关工作人员	大学	城市	简朴型
青年	女	中	企业管理人员	中学	郊区	浪漫型
中年		高	技术人员	小学	农村	传统型
老年			工人	文盲		时尚型
			农民			奢华型
			离退休人员			
			学生			

---

① 安玉发,陈丽春. 中国农产品出口市场细分研究[M]. 北京:中国农业大学出版社,2009.

(二)茶叶市场细分的步骤

对茶叶市场进行细分的程序包括三个步骤:调查阶段、分析阶段、细分(描绘)阶段。

1. 调查阶段

企业市场人员进行探索性市场调研,通过走访消费者,召开小规模座谈会,进行问卷调查等、电话访谈等方式,获得茶叶消费者的需求情况,包括对茶叶属性及其重要性的认知程度、品牌知名度、产品质量等级、饮用量、购买动机、对不同品牌茶叶产品的态度和被调查对象的人文变量、心理变量、宣传媒体变量等信息。

2. 分析阶段

研究人员需要用因子分析法对调研获取的资料进行分析,列出所选定的市场范围内茶叶消费者的需求状况以及影响因素,剔除一些影响不大或者相关性极大的变量,应用集群分析法划分出一些差别最大的细分市场来。

3. 细分阶段

在从整体市场中细分出几个差别最大的细分市场以后,遴选出某些重要的因素作为进一步细分市场的变量,如按照消费者不同的态度、偏好、年龄、收入、消费习惯划分出每个消费者群体(细分市场)。然后,根据每个群体主要的不同特征,用形象化、直观化的方法给每个细分市场命名。

第二节　茶叶企业目标市场选择

市场细分是为选择目标市场战略决策服务的。当茶叶企业对市场进行细分后,便会发现哪些市场可以为企业提供机会,哪些市场企业是无能力进入的,哪些市场是无利可图的,在此基础上便可以进行目标市场选择或市场定位。茶叶企业只有在确定了它具体服务的对象,即目标市场以后,才能有针对性地制订和实施企业的市场营销战略。因此,目标市场是茶叶企业制订市场营销战略的出发点和落脚点。

一、目标市场选择及其重要性

目标市场是指企业决定进入的、具有共同需要或特征的购买者集合。① 在市场细分的基础上,评价每个细分市场的吸引力,根据企业自身的优势,从细分市场中选择一个或若干个经评估认为最有利可图的细分市场作为企业的目标市场,并针对目标市场的特点展开营销活动,以期在满足顾客需求的同时,获取更大的利润,这一过程叫目标市场选择。

茶叶企业在开展营销活动时,必须高度重视选择和确定目标市场。只有在选择和明确了目标市场以后,茶叶企业制订市场营销战略才有了出发点和落脚点,各项市场营销措施才有明确的指向。从某种意义上说,目标市场选择的正确与否,关乎茶叶企业营销活动的成败,关乎企业的生存和发展。

二、目标市场选择的依据

只有那些与企业资源条件相匹配的细分市场才是茶叶企业应该选择的最佳细分市场。茶叶企业在选择目标市场时,必须考虑所选择的目标细分市场是否满足以下条件。

(一)需求规模适当,具有增长潜力

首先,在选择目标市场前,茶叶企业应收集并分析各细分市场的现行销售量、

---

① 李飞. 三步营销定位法——从产品定位走向营销定位[J]. 商场现代化,2003(10):17-18.

增长率和预期利润量。拟选定的细分市场对某茶叶产品必须既有尚待满足的需要,又要有一定的购买力。其次,细分市场的需求具成长性。第三,细分市场的结构要有一定的吸引力。细分市场可能具备理想的规模和增长速度,企业还必须查明其他影响细分市场长期吸引力的因素,如市场上的竞争者、替代品和消费者的相对购买力等。一个细分市场中如果已有许多强有力的竞争者,其吸引力就会大打折扣。

(二)与茶叶企业的目标、资源条件及能力一致

拟作为目标市场的细分市场必须符合茶叶企业的目标,与茶叶企业的资源和能力相匹配。某些细分市场也许有较大的吸引力,但可能分散了企业的注意力和精力,不利于企业主要或长远目标的实现;或者是从环境、政治或社会责任的角度考虑,选择这样的细分市场存在较大的风险,都应该放弃。如果该细分市场经过评价,符合茶叶企业的发展目标,还得考虑企业自身是否拥有在该市场赢得竞争的资源条件及能力。因为有吸引力的市场其竞争也往往激烈,要满足市场对茶叶产品的需求就需要茶叶企业具备相应的资金、人才、技术实力,还要有较强的原料生产和采购能力、产品和市场开发能力等。因此,只有细分市场具有适度需求规模,有足够的购买力,开发占领该细分市场符合茶叶企业战略目标,同时茶叶企业又拥有在该市场赢得竞争的资源条件及能力,这样的细分市场才能选择为茶叶企业的目标市场。

三、茶叶企业目标市场选择策略

对各个细分市场进行评估以后,茶叶企业还需要决策究竟选择哪个或哪些细分市场,即目标市场选择策略。根据目标市场营销策略的三分法[1],茶叶企业选择目标市场的策略有三种:无差异市场营销策略、差异化市场营销策略和集中市

---

[1] 刘建民. 第五章 市场细分和目标市场选择[J]. 刊授党校,1996(Z1):30-34.

营销策略①。

(一) 无差异市场营销策略

无差异市场营销策略就是茶叶企业认为茶叶整体市场的需求共性大于个性，忽略消费者对茶叶产品需求的差异性，而以茶叶整体市场作为目标市场，对所有的茶叶消费者只提供一种茶叶产品，运用单一的市场营销组合覆盖整个茶叶市场的目标市场选择策略。

无差异市场营销策略关注的是如何推出茶叶消费者普遍需要的茶叶产品，而不是向具有不同需求的消费者提供不同的茶叶产品。无差异市场营销策略的优点是茶叶产品的品种、规格、款式简单，利于标准化和大规模产销。标准化和规模化产销降低了企业在产品研发、生产、储运和营销等方面的费用，降低了单位产品的成本，有利于企业获得较好的规模效益。立顿进入中国市场时主推的产品就是极少数款式的纸盒装立顿黄牌红茶，在全国各地分销，是典型的无差异市场营销策略。这种目标市场策略适用于某些同质化程度高的茶叶产品及消费者需求广泛、能够大量产销的茶叶产品。其缺点是不能满足消费者多样性需求，不能满足一些较小的细分市场的消费者需求。

(二) 差异化市场营销策略

差异化市场营销策略是在对整体茶叶市场细分的基础上，以两个以上乃至全部细分市场为目标市场，分别为之设计不同的茶叶产品，采取不同的市场营销组合，以适应各个细分市场的需要，满足不同消费者需求的目标市场选择策略。这种策略的具体做法有两种：一种是覆盖整个茶叶市场的差异化目标市场策略（图7-2）；另一种是选择两个以上细分市场的差异化目标市场策略（图7-3），这种差异化目标市场策略也可称为选择专业化营销策略。

---

① 吴晓云.市场营销管理[M].北京:高等教育出版社,2009.

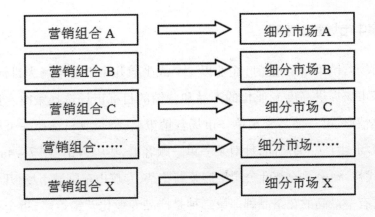

图 7-2　以整体市场为目标市场的差异化市场营销策略

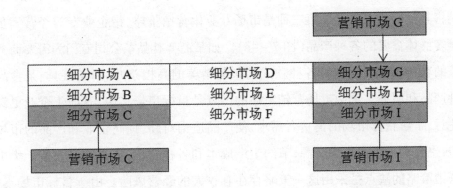

图 7-3　以部分细分市场为目标市场的差异化市场营销策略

较为雄厚的财力、较强的技术力量和素质较高的管理人员,是实行差异化市场营销策略的必要条件,尤其是采用整体覆盖式的无差异市场营销策略时,需要雄厚的企业实力和资源作为支撑。差异化市场营销策略的优点在于茶叶产品的适销性强,可以满足不同消费者的需求,符合产品生产不断发展和多渠道销售的要求,竞争力较强。此外,由于是在多个市场销售不同的产品,分散了经营风险,还能提高茶叶产品销售总量,提高市场占有率。其缺点是,随着企业生产的产品种类增加,会导致企业的研发、生产、管理、营销等成本的大幅增加,如果企业实力不济,可能导致在各个细分市场上均投入不足而形成陷入处处被动的局面。

(三)集中市场营销策略

集中市场营销策略是指茶叶企业以一个或少数几个细分市场为目标市场,集中力量为该市场提供高度专业化的产品和营销的目标市场选择策略。该策略包括三种具体情形:第一种是密集单一市场营销策略,指企业只选择一个细分市场作为目标市场,生产一类产品,针对某一单一顾客群,集中营销(图7-4a)。如20世纪90年代初,湖南兰岭茶叶公司生产茉莉花茶,专攻山东聊城市场,几年后成为当地市场占有率最高的花茶品牌。第二种是产品专业化营销策略,指企业集中生产一种或一类茶叶产品,并向各类顾客销售这种产品(图7-4b)。如湖南猴王茶业公司坚持"中国花茶第一品牌"的理念,几十年专注于茉莉花茶生产,向全国市场销售其茉莉花茶产品。第三种是市场专业化营销策略,指企业专门经营满足某一顾客群体需要的各种产品(图7-4c)。如某商务礼品茶公司专门为需要商务礼品茶的客户群提供定制的各种款式的包装精美的高档茶叶、精美茶具、茶食品等多种产品和服务。集中市场营销策略的优点是目标市场集中,有助于企业更深入地注意、了解目标市场的消费者需求,使产品适销对路,提高企业和产品的市场竞争力;也有利于企业集中资源,节约生产成本和各种费用,提高经济效益。集中市场营销策略的缺点是采用这一策略存在着较大的经营风险。由于目标市场集中,一旦出现强大竞争对手或消费者需求的突然转变等情况,企业可能陷入困境。

	M1	M2	M3
P1			
P2	√		
P3			

a

	M1	M2	M3
P1			
P2	√	√	√
P3			

b

	M1	M2	M3
P1		√	
P2		√	
P3		√	

c

图7-4 集中目标市场选择

四、茶叶企业目标市场选择的影响因素

在市场细分基础上选择和确定目标市场是茶叶企业市场营销战略的重要内容。与其他企业类似,茶叶企业在选择目标市场时一般要考虑到六个方面的因素:企业能力、产品特性、市场特性、产品所处生命周期阶段、竞争对手的战略以及政策因素。[1]

(一)企业能力

企业能力是指企业在茶叶资源、人才、研发、生产、技术、营销、管理和资金等方面力量的总和。如果企业能力强,可以采用差异化市场营销策略或无差异市场营销策略;反之则最好采用集中市场营销策略或无差异市场营销策略。

(二)产品特性

产品特性是指茶叶产品在内含成分、品质特征、保健功效等方面的差异性的大小,主要是指茶叶产品同质化程度。茶叶产品较为特殊,整体上讲,不同茶类、不同产地、不同季节、不同品种鲜叶原料、不同加工工艺加工的茶叶产品等品质特征都有差异,属异质性产品,但异质性的表现和程度不同,消费者对这种异质性的感知能力也不同。因此茶叶企业可以视自身实力选择差异化市场营销策略或集中市场营销策略。

(三)市场特性

市场特性是指茶叶市场的同质性,即茶叶市场上消费者对茶叶产品需求差异性的大小。如果市场是同质的,即消费者对茶叶产品的偏好相同或相近,需求差异性不大,消费者购买行为也基本相同,企业可选择无差异市场营销策略;反之应采用差异化市场营销策略或集中市场营销策略。

---

[1] 胡淑英.维生素 B_{12} 的市场研究[D].天津:天津大学,2004.

(四) 产品所处的生命周期阶段

处在萌芽期和成长期的茶叶新产品,市场营销的重点是启发和巩固茶叶消费者的偏好,最好实行无差异市场营销或针对某一特定子市场实行集中市场营销。当茶叶产品进入成熟期时,市场竞争加剧,消费者需求日益多样化,可改用差异化市场营销以开拓新市场,满足新需求,延长茶叶产品的生命周期。

(五) 竞争对手的战略

茶叶企业的目标市场策略应视竞争对手实力及其目标市场策略而定。如果竞争对手强大并采取无差异市场营销策略,茶叶企业则应选择差异化市场营销策略或集中市场营销策略,以提高自身茶叶产品的市场竞争能力或避开竞争;如果企业面临的是较弱的竞争者,必要时可采取与之相同的战略,凭借实力击败竞争对手。

(六) 政策因素

国家对不同产业的扶植政策不同,有列入各种发展规划的产业,也有限制型产业。茶叶企业在选择目标市场时,应该充分考虑国家的产业政策。

茶叶企业应根据市场实际情况,综合考虑上述一些影响目标市场策略选择的因素,权衡利弊,综合决策,并根据市场营销环境和竞争格局的变化,选择和适时调整企业的目标市场营销策略。

第三节 茶叶企业市场定位

茶叶企业在经过市场细分,选择了目标市场,确定了目标市场策略以后,还必须进行市场定位,树立企业、品牌及其产品在目标市场上的独特形象,以此为目标开展营销活动,实现企业的营销战略。

一、市场定位的含义与内容

(一)市场定位的含义

1969年,美国市场营销专家艾尔·里斯和杰克·特劳特提出了定位理论。[①][②] 所谓市场定位,是指企业针对消费者对企业、品牌、产品属性的重视程度,强力塑造出本企业、品牌、产品相对于竞争者与众不同的鲜明个性或形象,并通过适当的传播手段把这种形象传递给消费者,从而在目标消费者心目中保留深刻的印象和独特位置的过程。企业一旦选择了目标市场,就要在目标市场上进行产品的市场定位,市场定位是企业战略的重要组成部分,它关系到企业如何进入市场并参与市场竞争。

企业进行市场定位需要重点考虑三方面的内容:一是消费者的需求特征;二是竞争者的市场定位;三是企业能够和应该为消费者做些什么。

(二)市场定位的内容

定位理论为我们提供了一种全新的营销思想和战略,对茶叶企业而言,市场定位的目的就是为了使自己生产或销售的茶叶产品获得稳定的销路,从各方面为茶叶产品培养一定的特色,树立一定的市场形象,以求在消费者心目中形成一种特殊的偏爱。狭义的市场定位是指企业选择和确定目标消费者,可称之为目标市场定位。然而,企业参与市场竞争是全方位的,是企业整个经营管理体系的竞争,因为影响消费者购买抉择的因素,除了产品本身的性能、价格等因素以外,还有企业形象、品牌知名度等,因此,企业市场定位的内容,还应该包括企业定位、品牌定

[①] 黄志勇.科特勒市场营销理论和艾尔·里斯市场定位理论一体化关系思考[J].商业时代,2014(17):74-75.

[②] 钱杭园,杨小微.杰克·特劳特:广告定位理论的最早提出者[J].新闻爱好者(理论版),2008(12):104-105

位、产品定位、价格定位、竞争定位,等等。这可以理解为广义的市场定位。①②

1. 消费者定位

消费者定位是指茶叶企业选择和确定目标消费者,即目标市场定位。

2. 企业定位

茶叶企业定位即企业形象塑造,就是确立茶叶企业整体形象在消费者心目中的位置。或者说,与竞争者比较,确立消费者认可并满意的独特而良好的企业形象。

3. 品牌定位

品牌定位是指企业在消费者定位(狭义的市场定位)和产品定位的基础上,建立一个与目标市场有关的品牌形象的过程和结果。茶叶企业一旦选定了目标市场,就要设计并塑造自己相应的茶叶产品、品牌及企业形象,以争取目标消费者的认同。

4. 产品定位

茶叶产品定位即根据消费者所关注的茶叶产品的属性,为与竞争者的茶叶产品相区分,而为某一具体茶叶产品创造特色。企业在进行产品定位时,一方面要了解竞争对手的茶叶产品具有何种特色,另一方面要研究消费者对该茶叶产品的各种属性的重视程度,然后根据这两方面的情况进行分析,再确定本企业产品的特色和独特形象。

5. 价格定位

茶叶价格定位与茶叶产品定位紧密相连。所谓价格定位,就是企业把茶叶产

---

① 崔言民.山东省无公害蔬菜生产组织模式比较及优化研究[D].青岛:中国海洋大学,2012.
② 刘俊.胶南茶叶产业发展战略研究[D].青岛:中国海洋大学,2010.

品、服务的价格定在一个什么样的水平上。这个水平是与竞争者相比较而言的。企业价格定位是由企业的定价目标、市场需求、企业经营的成本、国家有关政策或企业的特点要求共同决定的。

市场定位在茶叶市场营销实践中具有极其重要的作用。在茶叶行业内,同类茶叶企业之间,如茶叶种植企业(或农户)、茶叶初制企业、茶叶精制企业、茶饮料企业、茶馆等之间竞争激烈,消费者对相应的茶叶产品的需求不尽相同,有着各自的价值取向和认同标准。因此,茶叶企业需要通过市场定位赋予本企业、品牌、产品个性,树立本企业、品牌、产品独特形象,进而赢得消费者的认同和市场竞争优势。茶叶企业的市场定位是茶叶企业制定其市场营销组合策略的前提和基础。

二、茶叶企业市场定位的程序

市场定位是茶叶企业从茶叶产品的消费者立场出发,明确其潜在的竞争优势,选择相对的竞争优势和市场定位策略以及准确地传播企业市场定位的过程。茶叶企业市场定位遵循的具体程序包括如下几个步骤:[①]

(一)明确潜在的竞争优势

茶叶企业潜在的竞争优势要通过与竞争对手的比较才能显示出来。明确茶叶企业潜在的竞争优势,就是要通过市场调研,寻找没有被竞争者抢占或是竞争者所没有做到的地方,又是茶叶消费者所重视的且未满足的、有价值的企业、品牌、产品特色。首先,要明确消费者所在意的茶叶企业、品牌、产品,即要确认目标市场消费者的潜在需求是什么。其次,要了解竞争者的市场定位状况,即了解竞争对手已经占有了哪些有价值的特色,并评估其成本及经营状况,以此作为自己市场定位的参照。第三,要分析本茶叶企业的独到之处是什么,即通过与竞争者在茶叶产品、促销、成本、服务、技术、自然资源、品牌等方面对比分析,了解自己的长处,从而明确自己的竞争优势。

---

① 刘俊.胶南茶叶产业发展战略研究[D].青岛:中国海洋大学,2010.

(二)选择相对的竞争优势与确定市场定位策略

相对的竞争优势就是本企业优于竞争对手的特色与能力。这种特色和能力可以是本企业已具备的或是具备发展潜力的,也可以是有把握通过努力能创造出来的。选择竞争优势实际上就是一个企业与竞争者各方面实力相比较的过程。茶叶企业应根据自己的资源配置,通过营销方案差异化突显自己的经营特色,如茶叶企业可以通过产品差异(突出茶叶产品的某种特色和功效等)、服务差异(配送、代贮藏、培训等)、形象差异(品牌和标志等)等,提高顾客的满意度,巩固其忠诚度。

(三)准确地传播市场定位

企业做出市场定位决策后,要精心设计有效和经济的传播措施和途径,通过一系列的宣传推广活动,将企业独特的竞争优势准确传播给消费者,促使目标消费者知悉、认同、喜欢和偏爱其市场定位,在目标消费者心目中建立并巩固与其市场定位相一致的形象。如"红岁"是以"优质高档、中国顶级红茶"定位的茶叶企业,就试图推出国内顶级优质红茶产品,制定较高价格,通过高档次中间商分销,在高档次媒体投放广告,来树立高端茶叶品牌的形象。

(四)茶叶企业市场定位的调整与优化

市场定位并非是一成不变的。一般而言,随着市场环境的变化、竞争格局的改变,茶叶企业还应及时调整定位或进行重新定位。但要注意这种市场定位的调整和改变应循序渐进,分步进行,尽量避免造成消费者认知上的混乱。

三、茶叶企业市场定位的策略

市场定位的实质是建立并突出企业、品牌、产品的特色或个性,最终占据消费者心智中的某个特定位置,从而在目标市场上取得竞争优势。成功的定位战略根植于企业、产品的可持续竞争优势。识别市场定位机会的能力可用来确认一个公司的市场营销能力。

茶叶企业在进行市场定位操作时,要根据茶叶企业的名称和标志(简称"司标")、品牌、产品三者的运作方式的不同,采用不同的方式。有的是企业、品牌、产品三位一体,如四川峨眉山竹叶青茶业有限公司的企业名称、品牌名称(商标)、产品名称都是"竹叶青",这种情况下,其市场定位实际上也是三位一体的,如果企业名称(司标)、品牌二位一体,产品独立运作,则该茶叶企业要分别进行品牌定位和产品定位;如果企业名称(司标)、品牌、产品三者各自独立,此时市场定位要三者分别进行。从企业定位、品牌定位、产品定位的概念可以看出,它们针对的对象是不一样的,因而三者的策略有一定差异。茶叶企业运用的企业、品牌、产品定位策略多种多样,其中常用的市场定位策略有如下几种[1]:

(一)品质、功能定位策略

构成茶叶产品品质特色的诸因素都可以作为市场定位的依据。品质、功能定位策略即突出茶叶企业对品质及其功效的追求或其已达到的水平进行定位的策略,也可称为产品利益定位策略,实质就是利用茶叶产品在品质、功能的差异特性来为产品定位。

(二)情感利益定位策略

情感利益定位策略是将人们情感中的关怀、牵挂、思念、温暖、怀旧、爱等情感内涵融入品牌,使消费者在购买、使用产品的过程中获得这些情感体验,从而唤起消费者内心深处的认同和共鸣,最终获得对品牌的喜爱和忠诚的市场定位策略。

(三)使用者定位策略

使用者定位策略即利用产品、品牌的身份进行象征性定位的策略。茶叶企业将其产品指向某一类特定的使用者,以便根据这些顾客的看法塑造恰当的形象。

---

[1] 屈云波,李奕霏,黄盛.营销企划手册.北京:企业管理出版社,2009.

(四)类别定位策略

依据产品的类别建立起品牌联想的市场定位策略,称作类别定位策略。类别定位力图在消费者心目中形成该品牌等同于某类产品的印象,以成为某类产品的代名词或领导品牌。

(五)档次定位策略

该策略是茶叶企业依据其产品或品牌在消费者心中的价值高低区分档次进行市场定位的策略。

(六)独特卖点定位策略

即依据茶叶消费者所需的其他品牌、产品无法提供的独一无二的利益定位(功效、成分、外形、质量、价格、服务、历史典故……)的市场定位策略。

(七)实力定位策略

即茶叶企业利用已具有的规模优势或行业排名优势,突出自己的规模和实力来给企业、品牌定位的策略。

(八)竞争定位策略

实际上,在茶叶行业中,率先进入某个市场的企业、品牌、产品,其定位策略与后来跟进者是不同的。所谓率先进入者是指首次将某个茶叶产品导入市场的茶叶企业。作为率先进入者的茶叶企业常常会把消费者最关注的、认为最有价值的品牌、产品特色,嫁接到自己的品牌、产品上,并以此来定位自己的品牌、产品。市场的跟进者是在率先进入者之后将某个茶叶产品导入市场的企业,其定位策略是以竞争为导向的。一般而言,市场跟进者可采取的定位策略有以下几种:

1. 迎头定位策略

迎头定位策略是指茶叶企业根据自身的实力,为进入较佳的市场位置,不惜与已率先进入市场的竞争对手发生正面竞争。如果率先进入者是个较弱的企业,而它的定位又非常有价值,在消费者还没有完全接受它的定位时可采取这一策略,前提是本企业必须比率先进入者实力更强,至少也不相上下。

2. 避强定位策略

避强定位策略是指茶叶企业回避与目标市场上现有的竞争者直接对抗,将自己位置定在市场"空白点",开发并销售目前市场上还没有的产品,开拓新的市场领域。例如,以前的福建武夷山的茶叶企业几乎都在生产和销售武夷岩茶类产品,市场竞争激烈。面对这种情况,正山堂并没有与这些企业进行正面竞争,而是悄悄研究开发出正山小种红茶精品"金骏眉",开拓了新的市场空间,不仅企业获得了高速发展,还带动了国内红茶消费热潮。

3. 高级俱乐部定位策略

即茶叶企业把自己描述为与最知名和最具有竞争力的企业、品牌同属茶叶行业第一集团的定位策略,也叫共享定位策略。如宣传企业产品是"全国十大历史名茶"之一,本企业属中国茶叶百强企业之一,等等。

4. 比附定位策略

即让本茶叶企业品牌、产品附着在最具影响力的品牌、产品或其他类事物,以之为参照,从而获得一种相近的特色或使消费者产生联想,目的是通过品牌竞争提升自身品牌、产品的价值与知名度。如安徽的霍山黄芽将自己与黄山和黄梅戏联系在一起,定位为"安徽三黄"之一,以此表明企业的茶叶品质非凡。

5. 逆向定位策略

即将本茶叶企业品牌、产品定位在与市场上的第一品牌、产品完全相反的特色上。这种定位能否成功,关键在于能否通过市场分析,找到消费者原来并不在意但现在却非常在意的某种产品特色。如一段时期美国有研究报告称咖啡中的咖啡因可能是口腔癌的致病因子之一,这个信息引起人们对各种饮料中咖啡因的恐惧。一些茶叶公司及时推出了"低咖啡因茶""去咖啡因茶"。当然,逆向往往可遇而不可求,关键是要善于抓住环境的变化,并适时引导消费者。

6. 空档定位策略

空档定位也称为创新定位或抢先占位,是指当企业在进行市场分析后,寻找到为许多消费者所重视的,但尚未被占领的细分市场后,决定第一个全力去占据这一市场空白。如几年前的普洱老茶市场。"茶要新,酒要陈"已经是多年来形成的思维定式,但普洱茶兴起后,贮藏多年的陈年老茶(主要是普洱茶和其他黑茶类产品)慢慢被一些消费者追捧,有的茶店抓住这一市场机遇,专门经营老茶,收获颇丰。抢先定位策略成功的前提是消费者对茶叶新品类、新特性有需求或需要。

案例 7.1 目标市场选择关乎企业前途

香港德信行有限公司成立于1946年,隶属于香港华润(集团)有限公司,香港华润集团是国务院国资委领导下的大型国有企业集团。香港德信行有限公司曾作为中国土产畜产进出口总公司等国有企业在香港的总代理,传统经营各类茶叶、药材、香料、皮革等土畜产品。在进入内地投资茶叶产业之前,德信行曾长期作为中国茶叶进出口总公司在港澳地区的总代理,经营茶叶业务。20世纪90年代初,通过委托加工方式加工销售的"德信"品牌袋泡茶,在港澳地区一度占据袋泡茶行业前三的地位。2000年12月,德信行投资近400万美元,在珠海注册成立了德信行(珠海)天然食品有限公司,新建现代化茶叶加工厂,引进世界最先进的意大利IMA袋泡茶生产线,试图将"德信"品牌打造成中国袋泡茶第一品牌,进而打造"中国茶第一品牌"。公司投产后2年时间内,成功开发了袋泡茶、优质茶、茶王三大系列52个产品,并依靠强大的营销攻势,将产品打入上海、北京、天津、苏州、深圳、武汉、沈阳、大连、哈尔滨、西安、厦门等内地主要城市和港澳地区,产品进入国内各知名连锁店、大卖场,如家乐福、沃尔玛、华润万家、好又多、欧尚、屈臣氏、联华、华联、华润超市等,并积极开拓了英国、美国、日本、法国的代理商。

然而,德信行在投资内地茶叶市场时,在市场定位方面主要根据其在香港经营的经验,认为内地人口众多,市场广阔,年轻一族和白领阶层的快节奏生活方式决定了他们将对西式袋泡茶容易接受,而国内没有一家销售袋泡茶的知名品牌,饮用便捷的袋泡茶将是未来内地市场发展的方向,因此决定主攻袋泡茶市场,把企业定位为中国袋泡茶专家,要做中国的立顿。殊不知,在内地茶叶市场并不是没有袋泡茶,只是国产袋泡茶一直被消费者认为是用茶叶精制后的低档次碎末茶加工的,消费者对产品质量的这种认知使国内袋泡茶推广进展缓慢,因此在整个茶叶市场中,袋泡茶的市场份额很小,由国际知名市场调查公司提供的数据也支持了这一判断。此后的经营实践表明,虽然德信行在袋泡茶市场开发方面投入了大量的人力、物力,还是没能打开市场,并在几年后宣告投资失败。

练习题

1. 举例说明在茶叶市场营销实践中进行市场细分的意义。
2. 细分茶叶消费者市场依据哪些主要变量?
3. 茶叶企业在选择目标市场时应考虑到哪些因素?
4. 什么是市场定位?茶叶企业如何进行市场定位?
5. 简述集中市场营销策略对中小茶叶企业的意义。
6. 简述目标市场营销策略对茶叶企业的意义。

参考文献:

[1] 安玉发,陈丽春.中国农产品出口市场细分研究[M].北京:中国农业大学出版社,2009.

[2] 白献晓.农业信息市场细分的原则及情报服务策略的选择[J].情报杂志,1995(5):17-18.

[3] 崔言民.山东省无公害蔬菜生产组织模式比较及优化研究[D].青岛:中国海洋大学,2012.

[4] 傅志远.选择什么样的细分标准[J].通信企业管理,2004(4):29-31.

[5] 胡淑英.维生素B_{12}的市场研究[D].天津:天津大学,2004.

[6] 黄志勇.科特勒市场营销理论和艾尔·里斯市场定位理论一体化关系思考[J].商业时代,2014(17):74-75.

[7] 姜含春.茶叶市场营销学(第二版).[M].北京:中国农业出版社,2010.

[8] 李飞.三步营销定位法——从产品定位走向营销定位[J].商场现代化,2003(10):17-18.

[9] 刘建民.第五章 市场细分和目标市场选择[J].刊授党校,1996(Z1):30-34

[10] 刘俊.胶南茶叶产业发展战略研究[D].青岛:中国海洋大学,2010.

[11] 罗纪宁.市场细分研究综述:回顾与展望[J].山东大学学报(哲学社会科学版),2003(6):44-48.

[12] 钱杭园,杨小微.杰克·特劳特:广告定位理论的最早提出者[J].新闻爱好者(理论版),2008(12):104-105.

[13] 屈云波,李奕霏,黄盛著.营销企划手册.北京:企业管理出版社,2009.

[14] 吴晓云.市场营销管理[M].北京:高等教育出版社,2009.

[15] 叶生洪.论目标市场营销战略模型[J].商业时代,2005(15):48-49.

第八章 产品策略

本章提要

　　产品是企业从事生产经营活动直接而有效的物质成果,而产品策略是其营销成本的关键。本章重点介绍了市场营销中的产品策略。第一节主要介绍了产品及其分类。第二节阐述了产品组合策略的相关知识。第三节论述了产品生命周期理论及其运用。最后两节介绍了新产品开发和产品包装策略。通过本章的学习,要求了解产品的分类,熟悉基本的产品组合策略,同时能够准确判断产品所经历的生命周期,熟悉新产品的整个开发过程。

第一节　产品及其分类

一、整体产品概念

(一)整体产品的层次

产品是指提供给市场中的人们使用和消费并满足某种需要的任何东西,包括有形的物品,无形的服务,以及人员、组织、观念或之间的组合。

通常人们理解的产品是具有某种特定物质形状和用途的物体,这是传统层面的看法。事实上,顾客购买一件产品并不只是要得到一个产品的有形物体,还包括从这个产品得到某些利益和满足。比如消费者购买一款铁观音,不仅仅是因为其质量好,更希望通过对这款铁观音产品的品饮满足其色、香、味、形固有的要求,同时满足茶叶产品有利于人类健康的保健功能需要。

产品整体概念是现代市场营销学的一个重要理论,它具有宽广的外延和深刻而丰富的内涵。以往,学术界用三个层次来表述产品整体概念(见图8-1),近年来运用更多的是菲利浦·科特勒等学者提出的五层次理论(张燚,张锐,2004年)。

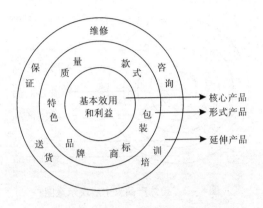

图 8-1 整体产品三个层次示意图

1. 核心产品

能为顾客提供基本效用和利益的产品称之为核心产品,这是最基本的、实质性的,也是顾客需求的中心内容。产品若没有效用和使用价值,不能给人们带来利益满足,产品就不可能有销路。

2. 形式产品

形式产品是指在市场上呈现出具体形态的产品,是产品的实体性,一般是以产品的外观、质量、特色、包装、品牌等表现出来。产品的基本效用即核心产品必须通过形式产品才能实现。

3. 延伸产品

延伸产品是指顾客购买产品所得到利益的总和。如某茶叶企业为零售客户免费提供的展示柜、宣传册、免费品饮等。

菲利浦·科特勒等学者提出的五个层次是在原来的三个层次的基础上,增加了期望产品和潜在产品两个层次(见图 8-2)。

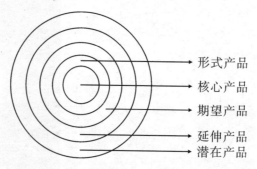

图 8-2 整体产品五个层次示意图

在整体产品的五个层次中,最基本的层次是核心利益,即顾客真正需要的基本服务或利益。如名优茶——优美的滋味与鉴赏价值。

第二个层次,实现核心利益所必需的基础产品,即产品的基本形式。如名优茶外形、色泽、香气、汤色、滋味等。

第三个层次,期望产品,即购买者在购买产品时通常期望或默认的一组属性和条件。如名优茶——优美独特的外形,明快愉悦的汤色,清新隽永的香气,醇爽愉快的滋味,幼嫩匀整的叶底等。

第四个层次,附加产品,即提供超过顾客期望的服务和利益,以便区别于竞争者的提供物。如名优茶——优美的包装、附加的装饰品、配套精美的紫砂壶或者盖碗、便捷明快的手提袋、清晰温馨的产品说明书等。

第五个层次是潜在产品,即该产品在将来最终可能会实现的全部附加部分和转换部分(产品将来的发展方向)。如名优茶——配套式产品组合,既适宜商务家用品饮,又适宜旅游出差的组合套餐等。

(二)整体产品概念对企业市场营销管理的意义

首先,产品的整体概念说明了产品是以顾客需求为中心的,产品价值的衡量是由顾客决定而非生产者决定。其次,从整体产品概念而言,产品是多种因素的组合体,包括有形产品因素和无形产品因素,分别构成了产品的有形价值和无形价值,成为市场竞争的重要手段。第三,随着企业生产技术和管理水平的提高,以及消费者购买能力的增强和需求趋向的变化,服务这一无形因素逐步成为决定企业市场竞争能力高低的关键。

虽然服务不能使产品成为优质产品,但优质产品却会因不好的服务而失去市场。在了解产品的整体概念后,企业必须正确认识服务,并从新的高度来认识服务,树立服务就是产品的观念。

二、产品分类[①]

(一)有形产品

人们对产品的理解通常局限于具体的、能提供某种实际用途的物质实体,比如茶叶、冰箱、汽车等,这是传统的、狭义的"有形产品"。根据不同的分类标准,产品有烦琐的分类。

如根据产品的耐用性程度,可以划分为耐用品和非耐用品两大类。

(1)耐用品:是指使用时间较长(至少在1年以上)的物品,此类产品单位价值较高,购买频率较低,往往需要较多的人员推销和服务,同时销售价格较高,利润空间也较大。

(2)非耐用品:是指使用时间较短,甚至是一次性消费的物品,这类产品单位价值较低,使用量大,消耗较快,消费者往往频繁购买、反复购买。因此需要广泛设置分销网点,方便消费者及时、就近购买。

又如根据产品的购买者和购买目的不同,可以划分为消费品和生产资料产品。

(1)消费品:是指个人和家庭为满足生活消费而购买的商品和服务。根据消费者的购买行为和购买习惯,可以将消费品进一步划分为如下几种:

①便利品:指消费者要经常、反复购买,且购买时不用花时间比较和选择的商品。又可以分为日常生活用品、冲动品和救急品,对便利品的营销,企业要特别重

---

① 倪娜.营销学产品分类研究综述[J].外国经济与管理,2006(9):31-37.

视"地点效用"和"时间效用",建立密集的销售网点,方便消费者随时随地购买,刺激冲动性需求。

②选购品:指消费者在购买过程中需要对功效、质量、价格等花较多时间进行比较的商品。选购品又可以分为同质选购品和异质选购品。

③特殊品:指具有特定品牌或独具特色的商品,或对消费者具有特殊意义、特别价值的商品,如名茶、名酒、具有收藏价值的艺术品等。特殊品的购买者对所需产品已经有所了解且注重其特殊价值,对此类商品,企业的营销重点应放在品牌声誉、特色和对消费者而言的特殊价值上,并选择信誉较好的经销商或专卖店销售。

④非渴求品:指消费者不熟悉或不感兴趣,不主动寻求购买的商品,此类产品往往属于消费者的潜在需求或未来需求。在营销中,需要采用较强的开发性策略激发消费者兴趣,引导其购买行为。

(2)生产资料产品:是指各种组织如企业、学校等为生产或维持组织运作需要而购买的商品和服务。判断产品是消费品还是生产资料品的标准,主要取决于购买者以及购买目的。对于生产资料产品,可以根据它们参与生产过程的程度和价值划分为三大类。

①材料和部件:指完全参与生产过程,其价值全部转移到最终产品中的物品,又可以分为原材料以及半成品和部件两大类。

②资本项目:指辅助生产但其实体并不形成最终产品,其价值通过折旧、摊销的方式部分转移到最终产品之中的物品,包括装备和附属设备。

③供应品和服务:指并不形成最终的产品,特指价值较低、消耗较快的物品。

(二)无形产品——服务

所谓服务是指能够满足消费者的某种需求,给消费者带来便利、满足的各种活动。服务具有无形性,生产、销售和消费的不可分离性,产品质量的可变性和不可储存性等特点。在实际交易过程中,企业向市场所提供的大多数产品都是既包括有形的物质产品又包括无形的服务,是物质产品和服务的组合,二者密不可分。

第二节　产品组合策略

一、产品组合及其相关概念

产品组合所涉及的相关概念有：

产品线指一组密切相关的产品项目，又称产品系列或产品品类，可视经营管理、市场竞争、服务顾客等具体要求来划分。

产品项目指在同一产品线或产品系列下列出的每一个明确的产品单位，不同的型号、品种、价格、外观等产品就是一个产品项目。

产品组合指企业生产或经营的全部产品线和产品项目的有机组合方式，又称产品结构。

企业产品组合可以从宽度、长度、深度和关联度4个维度进行分析(见表8-1)。

表8-1　某茶叶销售企业的产品组合

	特种茶系列	绿茶系列	乌龙茶系列	红茶类
产品线的长度	龙井	明前炒青	铁观音	滇红
	碧螺春	珍眉	大红袍	川红
	竹叶青	玉露	凤凰单枞	祁红
	君山银针	烘青绿茶	文山包种	坦洋工夫
	黄山毛峰		高山乌龙	立顿红茶
	信阳毛尖			

产品组合的宽度或广度指企业生产经营的产品线的数量。表8-1所显示的产品组合广度为4条产品线。大中型的多元化经营企业集团产品组合的广度较宽，而专业化的企业和专营性商店生产和经营的产品品类较少，产品组合的广度较窄。

产品组合的长度指企业生产经营的全部产品线中所包含的产品项目总数,即产品线的总长度。表 8-1 所示的产品项目总数是 20,这就是产品线的总长度。企业产品的项目总数越多,即产品线越长,反之则越短。

产品组合的深度指产品线中每一产品的品种规格。企业每条产品线中所包含的产品品牌数往往各不相等,每一产品品牌下又有不同的品种、规格的产品项目。例如,某店铁观音有 7 种规格,即深度为 7。同一产品种类中规格、品种越齐全,产品组合的深度就越深。

产品组合的关联度(相容度)指企业生产和经营的产品在各条产品线的最终用途、生产条件、分销渠道或者其他相关联的程度。表 8-1 中该公司 4 条产品线都是茶叶,产品的最终用途相同,其关联度较为密切,可以通过相同的分销渠道销售。

不同的广度、长度、深度和关联度构成了不同的产品组合,分析企业产品组合,也就是分析产品组合的 4 个维度的现状、相互结合运作的状况及发展态势。在一般情况下,扩大产品组合的广度有利于拓展企业的生产和经营范围,有利于实行多元化经营战略和分散企业的投资风险;延伸产品线的长度,使企业拥有更完全的产品线,有助于扩大市场覆盖面;加强产品组合的深度即在同一产品线上增加品种、规格的产品,可以使企业产品满足更广泛的市场需求,从而增强行业竞争力;加强产品组合的关联度,可以强化企业各条产品线之间的相互支持,有利于资源共享,降低成本。因此,产品组合策略就是企业根据市场需求、营销环境及自身能力和资源条件,对自己生产和经营的产品从广度、长度、深度和关联度等 4 个维度进行综合选择和调整的决策。

二、产品组合策略的类型

产品组合策略是制定其他各项决策的基础,立足于准确的市场调研,全面考虑市场需求、竞争态势、外部环境以及企业自身实力和营销目标,遵循有利于促进销售、提高总利润和符合企业发展目标的原则,正确决策,慎重行动。常见的产品组合策略有以下 6 种基本类型:

1. 全线全面型组合

全线全面型组合即企业生产经营多条产品线，每一条产品线中又包含多个宽度和深度都较大的产品项目，各条产品线之间的关联度可松可紧。该策略的特点是力争尽可能多地满足顾客的需求，以占领广阔的市场为目标。但是这种策略只有规模巨大、资源丰富的企业才能做到。

2. 市场专业型组合

市场专业型组合即企业以某一特定市场为目标市场，为该市场的消费者群体提供多条产品线和多个产品项目。这种组合策略的特点是宽度和深度大而关联度较小，并且能全面了解目标顾客的各类需求，以全面牢固地占领目标市场为目的，这种组合策略仍是规模较大的企业才适合。

3. 产品系列专业型组合

产品系列专业型组合即企业生产关联度较强的少数几条产品线中的几个产品项目，以满足不同消费者对产品的差异需求。这种组合策略的特点是宽度和深度小而关联度密切，生产专业化程度高，有利于通过延伸技术优势提高生产效率。如云南下关茶业股份有限公司一直致力于云南地方茶叶产品的生产，只拥有下关沱茶、普洱茶、大叶种花茶等少数几条产品线，虽然每一条产品线的产品项目有限，但生产量较大。

4. 产品系列集中型

产品系列集中型即企业集中资源生产单一产品线中的部分产品项目，以便更有效地满足部分消费者对该类产品的需求。该组合策略的特点是宽度最小、深度略大而关联度密切，且产品和目标市场都比较集中。中小企业经常采用这种组合策略，如四川龙都香茗公司在创业初期和早期只生产茉莉花茶这一大类产品，产品生产专业，其花色、品种也较为有限。

5. 特殊产品专业型组合

特殊产品专业型组合即企业凭借自己所拥有的特殊技术和生产条件生产能满足特殊需求的产品。这一组合策略的特点是宽度、深度、长度都小,但目标顾客具有特殊需求,生产的针对性、目标性都很强。一般根据顾客特殊的个性化需求定制产品：企业专门生产普洱茶,只有生普、熟普；老树茶、台地茶等。

6. 单一产品组合

单一产品组合即企业只生产一种或数量有限的产品项目,以适应和满足单一的市场需求,如某白茶有限公司仅生产白茶品种。这一组合策略的特点是产品线简化,生产过程单纯,能大批量生产,有利于提高劳动效率；技术上也易于精益求精,有利于提高产品质量和档次。但是由于生产经营的产品单一,企业对产品的依赖性太强,因而对市场需求的适应性差,风险较大。

上述6种产品组合策略为企业制定决策提供了多种选择,但在实际决策时仍要综合考虑以下几个制约因素：

（1）企业资源的制约。企业资源是指企业的人力、财力、物力及生产经营能力。任何企业无论规模多大,其资源总是有限的,因此,要根据自身的资源状况决定生产产品的种类和数量。

（2）市场需求的制约。市场需求在各种制约因素中起主导的决定性作用。企业只能根据市场需求发展变化趋势及企业优势,拓宽或加强具有良好前景和获利潜力的产品系列。

（3）竞争条件的制约。当新产品系列遇到强大的竞争对手时,企业应增加产品项目,加深原有的产品系列。如果关联度较为密切的产品系列竞争激烈,选择既有市场需求,企业又有实力进入的其他行业,朝多元化经营方向发展更为有利。

三、产品组合决策①

产品组合是动态的组合,企业内外部条件不断变化,产品组合也应随之调整,使产品组合达到合理化、最佳化的状态。以下介绍三种广泛应用于企业的方法:

(一)象限分析法

象限分析法由美国通用电气公司所创立,利用行业吸引力和本企业实力两个综合性指标构成一个坐标,每个轴分为高中低三个档次,并形成一个象限圈。如图 8-3。

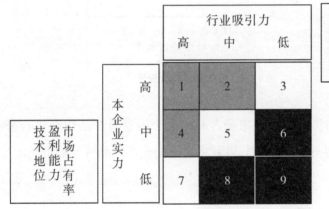

图 8-3 象限分析法

象限 1、2、4 为绿灯类(灰色):表示进入这些象限的产品具有较高的吸引力与实力,应作为投资与发展的对象;

象限 3、5、7 为黄灯类(白色):属于中间状态的产品,它们可能转变为绿灯或红灯类产品因此应保持现状,并注意其发展方向。

象限 6、8、9 为红灯类(黑色):是处于低档次状态的产品,应掌握时机及时淘汰这类产品。

---

①袁丹.企业的设计市场营销管理研究[D].武汉理工大学,2007.

(二)波士顿矩阵分析法

波士顿矩阵(The Boston Matrix,又称四象限分析法)(李海斌、王琼海,2009年),企业决策投资组合的模型,是由波士顿咨询首创的一种规划企业产品组合的方法。见图8-4。

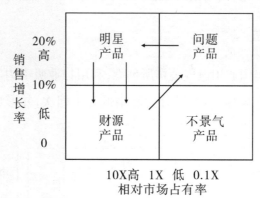

图8-4 波士顿矩阵分析图

这种方法依据销售增长率及市场占有率两个因素对产品组合进行分析。销售增长率以10%为界分高、低两档,以此将企业的全部产品所处的市场地位分为4种类型:

1. 明星产品

明星产品指销售增长率及相对市场占有率都高的产品。这类产品需投入大量现金来维持其市场的占有率;当销售增长率降到一定程度时,可变为财源产品为企业积累资金(用单虚线表示)。

2. 问题产品

问题产品指销售增长率较高而相对市场占有率较低的产品(又称"野猫产品")。企业应将资金花在潜在明星产品上(用双虚线表示),否则应掌握时机退出市场。

3. 财源产品

财源产品指销售增长率低但相对市场占有率高的产品(又称"金牛产品")。这类产品可为企业带来大量的现金收入,用以扶持明星和问题产品(用实线箭头表示)。

4. 不景气产品

不景气产品指销售增长率及相对市场占有率均较低的产品(又称"狗类产品")。这类产品有时可能产生一些收入,但微利甚至亏损,处于该位置的产品,除非企业内有特别需要保持这种战略经营领域时,一般企业会选择放弃它。

采用此法可帮助企业分析现有产品组合是否合理,从而对各类产品采取不同的策略:一方面可保持财源产品的市场占有率,以便赚取更多的现金;同时通过投入大量现金扶持明星产品,促使其成为财源产品;对衰退中的财源产品,则以获得短期利益为目的;另一方面,通过适当放弃近期利润,提高有前途的问题产品的市场占有率,使其成为明星产品;再者,对无前途的问题产品及亏损的不景气产品应及时放弃,以便使有限的资金集中于有潜力的产品。

按照产品在象限内的位置及移动趋势的划分,形成了波士顿矩阵法的基本应用法则:

第一法则:成功的月牙环法则。在企业所在的领域内各种产品的分布显示月牙环形,则是成功企业的象征。这类企业的明星产品较多,销售收入大;若产品结构散乱分布,说明其事业内的产品结构未规划好,企业业绩必然较差。这时就应区别不同产品采取不同策略。

第二法则:黑球失败法则。如果在第四象限没有"金牛产品"或其销售收入几乎为零,可用一个大黑球表示。该种状况显示企业没有任何盈利大的产品,应对现有产品结构进行战略调整,开发新的事业。

第三法则:东北方向大吉。企业的产品在四个象限中的分布集中于东北方向,则显示该企业的产品结构中明星产品多,更有发展潜力。

第四法则:踊跃移动速度法则。按照波士顿矩阵原理,一方面,产品市场占有率越高,创造利润的能力越大;另一方面,销售增长率越高,为了维持其增长及扩大市场占有率所需的资金亦越多。按产品发展的正常趋势,问题产品经明星产品进入财源产品阶段,标志了该产品从纯资金耗费到为企业提供效益的发展过程,但是这一趋势移动速度的过快也会影响到其所能提供的收益的大小。

企业经营者的任务是通过四象限法的分析掌握产品结构的现状及预测未来市场的变化,进而有效地、合理地分配企业经营资源。同时值得注意的是,波斯顿矩阵分析一般适用于企业经营环境比较稳定的情况下,当一旦企业未来环境变化复杂、预期竞争条件激烈时,运用这种方法会影响选择战略经营领域的正确性。

(三)产品组合分析法

在产品组合形成以后,应对产品组合及其未来销售额、利润水平的发展和影响进行系统客观的分析和评估,并对是否增加或剔除某些产品线或产品项目做出决策,以实现产品组合的优化。

产品处境分析法由美国市场营销学者杜拉克首先提出,划分的 6 个层次的产品和相关的策略是:

(1)目前的主要产品,其策略是稳定市场地位,以增加企业利润收入。

(2)未来的主要产品,其策略是作为企业投资和保护的重点,促使发展和壮大。

(3)过去的主要产品,其策略是或者对产品进行改进,如多功能开发以求东山再起,或予以淘汰。

(4)需改进的产品,应根据市场需求和竞争对手产品的变化,加紧改进提高,力促成为今天或明天的主要产品。

(5)需维持的产品,则继续经营,保持市场,争取创造更多利润。

(6)失去销路的产品,应立即转产或淘汰,以便集中企业资源生产经营盈利丰厚的产品或者有发展前途的产品。

四、产品线决策

产品线是产品组合的基础,产品组合的广度、深度、关联度都决定了产品线的状况。因此,实现产品组合的最佳化,离不开产品线决策。其决策内容包括产品线的延伸、填充与缩减。

(一)产品线的延伸

产品线的延伸即扩大产品组合的广度或深度,增加产品系列或项目,扩大经营范围,生产经营更多的产品以满足市场的需要。

1. 产品线向上延伸策略

产品线向上延伸策略又称高档产品策略,即在同一产品线内增加高档次、高价格的产品项目,以提高企业现有产品的声望。其优点是不仅可以完善产品线,还可以提高企业的形象;所以实施该策略不仅要求项目有市场需求,也要求企业声誉比较高,具有向上延伸的能力,同时有能力应付竞争对手的反击。然而实施高档产品策略存在一定的风险,尤其在中低档产品线中推出高档产品,容易引起消费者混淆,难以树立高档产品的独特形象。

2. 产品线向下策略

产品线向下策略即低档产品策略,指企业在同一产品线内增加低档次、价格低廉的同类产品项目,以利用高档名牌产品的声誉吸引顾客。企业采用这一策略可反击竞争对手的进攻,弥补高档产品减销的空缺,并防止竞争对手乘虚而入。

低档产品策略对企业也同样存在风险。因为在高档产品线中推出低档产品,容易影响和损害企业及原有品牌产品的形象,此外,降低原有产品的档次,还可能刺激竞争对手进行反击,促使内部竞争加剧。

3. 产品线双向延伸策略

企业在原来生产的中档产品中同时扩大生产高档和低档的同类产品。采用这种策略的企业主要是为了取得同类产品的市场地位,扩大经营,增强企业的竞争能力。但值得注意的是,只有在原有中档产品已取得市场优势,企业有足够资源和能力时,才可进行双向延伸。

(二)产品线的填充

产品延伸是产品档次的扩展,经营范围的伸长,是一种战略性决策;而产品填充是针对产品项目而言,是指在原有档次的范围内增加的产品项目,它是一种战术性决策。对生产企业而言,扩大产品组合策略的方式主要有3种:

1. 平行式扩展

平行式扩展是指生产企业在生产设备、技术力量允许的情况下,充分发挥生产潜能,向专业化和综合性方向扩展,增加产品系列,在产品线层次上平行延伸。

2. 系列式扩展

系列式扩展是指生产企业从产品的规格、型号、款式等增加产品项目,在产品项目层次上向纵深扩展。

3. 综合利用式扩展

综合利用式扩展是指生产企业生产与原有产品系列不相关的异类产品,通常与综合利用原材料、防止环境污染等结合进行。不仅可以利用过剩的生产能力通过扩大经营,满足消费者差异化的需求,同时防止竞争对手乘虚而入。但进行决策时要注意,必须根据实际存在的差异化需求来增加产品项目,以动态的观点来认识产品线填充,并保证新的产品项目有足够的销量。

(三)产品线的缩减

产品线的缩减是指企业根据市场变化情况,降低产品组合的广度或深度,集中力量生产经营一个系列的产品或少数产品项目,通过提高专业化水平,力争从生产经营较少的产品中获得较多的利润。缩减产品组合策略可采用以下几种方式:

(1)保持原有产品的广度和深度,通过增加产量降低成本,改革营销方式,加强促销工作。

(2)缩减产品系列,即根据市场变化集中发挥企业的优势,减少产品类别,只生产经营某一个或少数几个产品的系列。

(3)减少产品项目,即减少产品系列内不同品种、规格、款式、花色产品的生产和经营,淘汰薄利产品,转而生产销路好、利润高的产品。

第三节 产品生命周期理论及其应用

一、产品生命周期理论

(一)产品生命周期的概念

产品生命周期(Product Life Cycle,简称 PLC),是指产品从试制成功投入市场开始到最后被淘汰退出市场为止的过程,它是产品更新换代的一种经济现象。周期在不同的国家存在差异,从而决定了国际贸易和国际投资的变化。①

然而,产品生命周期不是产品的使用寿命。使用寿命是指产品实体的消耗磨

---

① 姚益龙.大经贸战略:来自产品周期理论的启示[J].南方经济,1996(12):6-8.

损,又称自然寿命。产品生命周期是指产品的市场寿命、经济寿命,是研究产品的销售情况及获利能力在时间上的变化规律(见图 8-5),其生命周期受国民经济、市场竞争、供求情况、顾客的需求爱好等因素的影响较大。

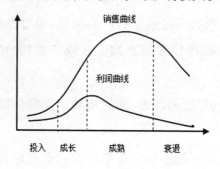

图 8-5 产品销售利润曲线

(二)产品生命周期的阶段

为便于分析与研究,一般采用理论图形来表现产品的生命周期。产品生命周期一般可分为 4 个阶段,即投入期、成长期、成熟期(或饱和期)和衰退期,可用一条曲线来表示,该曲线称之为产品生命周期曲线(见图 8-6)。

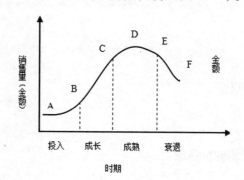

图 8-6 产品生命周期曲线

投入期 A—B,指新产品投入市场的初期阶段,产品销售量(额)和利润增长均较缓慢,甚至出现亏损;待产品销售量开始迅速增长且利润由负变正时,投入期结束,开始进入成长期,一般投入期年销售增长率小于10%。

成长期 B—C,是指产品销售量(额)和利润额迅速增长的阶段。两者的增长率都较高,成长期年销售增长率大于10%。

成熟期C—D—E,产品的销售量(额)依然增长,但增长速度缓慢,虽然销售总量(额)均比其他各期大,但利润率开始下滑,成熟期年销售增长率在0.1%~10%之间。

衰退期E—F,指产品的销售量(额)已加速递减,利润下降较快,两者的增长率已为0或负值,衰退期年销售增长率小于0.1%或为负值。

产品生命周期曲线与正态分布曲线相似,它反映了变化的基本形态,是一条理论曲线。研究发现,产品生命周期具有多种形态,实际中与S形曲线相似,即上升→成熟→下降。大多数产品的生命周期曲线,由于产品、市场环境以及其他因素的影响,又因不同企业采取的营销策略不同,往往形态会出现各种变异。具体见图8-7。

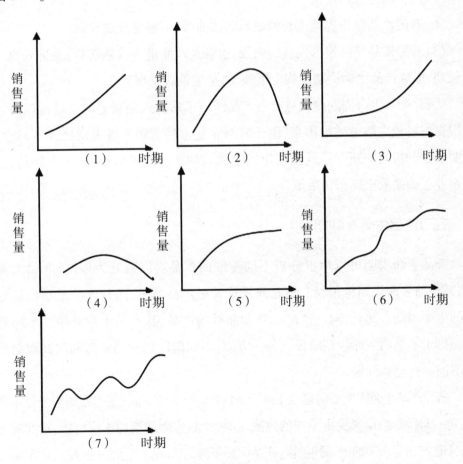

图8-7 不同形态的产品生命周期曲线

(1)有的产品投入市场后,发展很快,销售量迅速增长,一开始就跳过投入期直接进入成长期,或是投入期很短,迅速进入成长期。

(2)有的产品投入市场后,迅速进入成长期,但好景不长,销售量迅速下降,越过成熟期进入衰退期。这类产品一般属于快上快下的成功产品。

(3)有的产品在投入市场后,经过漫长的投入期,才缓慢地进入成长期。

(4)有的产品刚进入市场不久,就被市场淘汰,由投入期直接进入衰退期,这类产品是失败产品。

(5)有的产品刚进入成长期,销售量就一直没有迅速上升,而趋于平稳,由成长期迅速进入了成熟期。

(6)有的产品呈现连续增长的扇形状态曲线,不断延长成长期。

(7)有的产品呈波浪形发展的曲线,也就是产品进入成熟期后,又进入第二个成长期,形成产品生命周期曲线上下波动,呈波浪式发展。

然而,产品生命周期曲线只有当产品经历了从投入到衰退的全过程以后才可能根据资料较完整地描绘出来,但此时对企业市场营销管理来说已无实际意义。重要的是分析判断新产品或正在市场上销售的产品所处阶段、未来发展趋势,以便企业正确采取市场营销决策。

(三)产品生命周期的作用

产品生命周期可以用以分析不同范围的产品。以茶叶为例,茶叶属大类产品,其产品生命周期将很长。乌龙或铁观音是产品品种,两种产品呈现出长短不同的生命周期。此外,同一产品品牌和品种的产品,其产品生命周期在不同地区可能处于不同的生命周期阶段。另一方面,不同阶段的营销策略和利润潜量也会有不同的机会和问题。

研究产品生命周期要明确以下4点:①产品的生命有限;②产品销售经过不同阶段,每一阶段对销售者提出不同的挑战;③在产品生命周期的不同阶段,利润有升有降;④在产品生命周期的不同阶段,产品需要不同的市场营销、财务和人事策略等。

二、产品生命周期的特点及其策略

(一)投入期的特点及策略

产品在投入期时,因刚进入市场,顾客对产品还不了解,除少数追求新奇的顾客外,几乎无人实际购买该产品;同时由于生产技术方面的限制,产品生产批量小,市场销售渠道有限,为了扩大销路,不得不对产品进行宣传推广。此阶段一般制造成本高,销售价格偏高,销售量极为有限,企业通常不能获利,甚至亏损。

根据这一阶段的主要特点,企业的主要任务是:投入市场的产品要准,投入时机要合适,设法使市场尽快接受产品,缩短投入期,更快地进入成长期。

值得注意的是,进入市场的新产品不一定都能走完所有的生命周期阶段,它还存在夭折的风险。由于市场预测的失误、新产品本身的缺陷、进入时机选择不当、宣传推广不力等,都可能使新产品进入市场后就被市场淘汰。为此,建立新产品的初级需求,努力提高新产品的知名度,乃是这一阶段的策略重点。

在投入期根据新产品的定价与促销力度组合,可形成4种策略选择(见图8-8)。

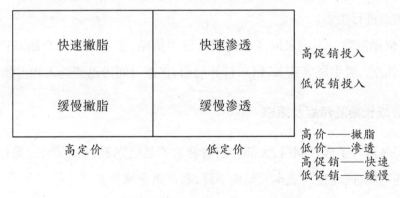

图8-8 产品投入期新产品市场营销策略

(1)快速撇脂策略。即以高价推出新产品,并以大规模的促销活动配合:①消费者对产品不知晓;②了解产品的人愿付高价;③市场竞争激烈,公司欲迅速形成品牌偏好。

(2)快速渗透策略。即以低价推出新产品,并配合以大规模的促销活动:①市场规模大;②市场对该产品不了解;③顾客对价格敏感;④竞争者强大;⑤市场有规模效应或经验曲线效应。

(3)缓慢撇脂策略。即以高价推出新产品,但以低水平的促销活动相配合:①市场规模有限;②大部分顾客了解产品;③顾客愿付高价;④市场无激烈竞争。

(4)缓慢渗透策略。即以低价和低水平的促销推出新产品:①市场规模大;②大部分顾客了解产品;③顾客对价格敏感;④市场存在竞争对手。

这一阶段企业营销策略的指导思想是将销售力量直接投向最有可能的购买者,即新产品的创新者和早期采用者,让这两类具有领袖作用的消费者加快新产品的扩散速度,缩短导入期的时间。

其市场营销组合策略有:

(1)产品策略。产品要有特色,与老产品有所不同,注意完善产品的质量、性能,取得顾客的信任。

(2)价格策略。尽量符合顾客要求制定满意价格策略,也可根据市场需求和企业的目标采取高价策略或低价策略。

(3)渠道策略。自行销售或开始与中间商建立联系,选择愿意经销本企业产品的中间商进行销售。

(4)促销策略。不论采取高促销或低促销策略,主要应宣传介绍新产品的性能、用途、特点,吸引顾客购买,以求打开局面,在短时间内迅速进入和占领市场。

(二)成长期的特点及策略

当产品进入了成长期后,大部分消费者对产品已熟悉,需求增长,是销售量快速增长的阶段,同时生产成本大幅度下降,利润迅速增长。

成长期产品市场局面已经打开,产品的销售额迅速上升,是产品生命周期中销售增长率最高的阶段。在这一阶段,消费者增加,分销渠道畅通,销售量(额)增长迅速,几乎呈直线上升;产品大批量生产能力形成,生产成本降低,利润迅速增长。与此同时,竞争者看到有利可图,纷纷进入市场,使同类产品供给量增加,价格随之下调,企业利润增长速度逐步减慢,最后达到生命周期利润的最高点。此

时,竞争者日渐增多是这一时期的主要特点。企业为维持其市场增长率,可采取以下策略:

(1)改进和完善产品质量,赋予产品新的特性,使整体产品优于同类产品。

(2)进入新的细分市场,发展销售网点,扩大销售。

(3)在出现众多竞争对手的情况下,改变广告宣传的重点,树立起本企业及其产品的良好形象。

(4)根据竞争形势的要求适时降低价格,争夺低收入、对价格敏感的潜在消费者。

(三)成熟期的特点及策略

成熟期指产品大批量生产并稳定进入市场销售时期,此时随着购买产品的人数增多,市场需求趋于饱和。这一时期一般比较长,其特征是:产品生产批量大,生产成本低,销售总量(额)大,利润总额高,达到整个产品生命周期的最高峰,随着市场需求渐趋饱和,销售增长速度缓慢,甚至呈现下降;这时行业内生产能力开始出现过剩,迫使每个企业都采用最有效的竞争手段来维持市场占有率,利润开始下降。

这一阶段的主要任务是集中一切力量主动出击,以便尽量延长产品的成熟期,扩大市场,增加销量,取得良好的经济效益,为企业积累更多的资金。其市场营销组合策略有以下几种:

(1)改进市场,即通过开发产品的新用途和寻找新用户来扩大产品的销售量。

(2)改进产品,即通过提高产品的质量,增加产品的使用功能,改进产品的款式、包装,提供新的服务等来吸引消费者。一是提高质量、增加特性、更新款式、改进产品,使之更有效地改进市场,并与改进市场相辅相成。

(3)改进营销组合,以适应激烈的市场竞争形势。产品进入成熟期后,必须重新设计营销因素组合方案,对产品因素及非产品因素(价格、渠道、促销)加以整合。总体而言,这一时期应采用竞争性价格策略,或适当扩大分销渠道,增加促销费用等。

(四)衰退期的特点及策略

在衰退期,随着科技的发展以及消费习惯改变等原因,产品的销售量和利润持续下降,产品在市场上已经老化,不能适应市场需求。同时企业生产能力过剩,导致成本较高的企业由于无利可图而陆续停止生产,该类产品的生命周期也就陆续结束,以致最后完全撤出市场。

这一阶段企业的主要任务是抓好一个"转"字,即转入研制开发新产品或转入新市场,企业要有计划地"撤",有预见地"转",有目标地"攻",这是制定策略的关键。在衰退期,企业可选择维持策略、转移策略、收缩策略、放弃策略这几种营销策略。而常用的市场营销组合策略有如下几种:

(1)产品策略。缩减产品生产量,淘汰老产品,逐步有计划地撤出市场;根据新的目标市场需要,组织新产品开发和生产,延长产品生命周期。

(2)价格策略。适当降低售价,力争取得边际利润。

(3)渠道策略。减少销售网点,注意加强与新目标市场的中间商联系,以开拓新市场。

(4)促销策略。在即将退出市场的产品上减少广告宣传,努力降低销售费用;在新的目标市场上要加强广告宣传,开拓市场。

三、产品生命周期理论的作用

产品生命周期理论是企业制定产品策略以及营销策略的重要参考依据。管理者为了使产品有一个较长的销售周期,就必须认真研究和运用产品的生命周期理论,此外,产品生命周期也是营销人员用来描述产品和市场运作方法的有力工具。

(1)产品生命周期理论揭示了产品从诞生→成长→成熟→衰亡的过程,企业要居安思危,不断创新,开发新产品,做到生产一批,储备一批,试制一批,设想一批,使企业更好地生存和发展。

(2)借助产品生命周期理论,可判断产品处于生命周期的阶段,推测产品今后发展的趋势,正确把握产品的市场寿命,并根据不同阶段的特点,采取相应的市场营销组合策略。

(3)从产品生命周期理论可知,由于科学技术迅猛发展,人们需求变化加快,未来产品生命周期的发展趋势将会越来越短。为了延长产品生命周期,企业一般采用如下改进:

①改进现有产品的质量、包装等,提高产品的可靠性,稳定老用户,吸引新用户。

②增加产品的新功能,生产系列产品或更新换代产品,满足不同顾客的不同需求,从而吸引更多的顾客,扩大销售量。

③创优质名牌产品,扩大产品知名度,延长产品生命周期。

④开拓产品的新市场,寻找潜在需求,发掘潜在顾客,以增加销售,延长产品的生命周期。

⑤改进营销策略,如加强广告宣传,降低售价,开展优质服务等。

但必须指出的是,由于影响产品生命周期的因素很多,企业在实际中运用此理论时,不易判断产品已进入哪一个阶段,所以在实践中必须认真分析市场环境,否则做出错误判断,将会过早地扼杀产品生命,失去为企业创造利润的机会。

第四节 新产品开发

随着科学技术的进步,市场竞争不断加剧,产品的生命周期日趋缩短,每个企业必须不断适应市场潮流的变化,不断推陈出新,开发适销对路的新产品,才能继续生存和更好地发展壮大。因此,新产品开发是企业经营的一项重大决策,是产品策略中的一项重要策略。

一、新产品的概念

从市场营销学角度而言,新产品是一个广义的概念。所谓新产品,是指与旧产品相比,产品在功能或形态上得到改进,与原有产品产生差异,为顾客带来了新的利益,或者企业向市场提供过去未生产的产品或采用新的品牌的产品。

(一)新产品的分类

根据不同的分类标准,新产品有不同的分类。

1. 按创新程度分

(1)完全创新产品。采用新原理、新技术和新材料研制出来的市场上从未有过的产品称为完全创新产品。然而将一项科技转化为产品,需要花费很长的时间,对绝大多数企业来说十分困难。

(2)换代新产品。使原有的产品的性能有飞跃性提高的产品称为换代新产品。

(3)改进新产品。从样式、包装、商标等侧面对原有产品进行改革而创造或者重新组合的产品称为改进新产品。比如,清香型铁观音、韵香型铁观音;如带紫砂壶的组合龙井茶礼盒;采用新设计、新结构、新零件增其新用途;等等。

(4)仿制新产品。企业通过模仿其他企业而制造的产品称为仿制新产品。生产仿制新产品可以有效利用其他企业的成功经验和技术,风险较小。

2. 按管理角度分

(1)国际性的新产品。又称世界性的新产品,这种产品在世界上是独一无二的。

(2)全国性的新产品。是指新产品在世界上其他国家已经生产并投放市场,而在本国则是第一次开发生产并投放市场的产品。

(3)本地区的新产品。是指国内其他地区已生产投放市场,而本地区则是第一次开发生产投放市场的产品。

(4)本企业的新产品。即其他地区或本地区其他企业已生产投放市场,本企业则是第一次生产投放市场的产品。

(二)开发新产品的必要性

从企业发展的角度来看,企业可通过增加原有产品产量和发展新产品这两条途径来谋求自下而上的发展。前者在短期内是有效的,但长期来看,增加产量会导致产品积压,同时,当原有产品进入衰退期时,企业也随之走向衰退。只有不断创新才是企业生存与发展的唯一途径。

二、新产品开发的原则

新产品的研制开发对企业的生存与发展至关重要。但根据对国外700个工业企业的调查,新产品开发综合成功率仅为65%,新产品开发之所以失败,客观上的原因大致有以下几点:

(1)国内外竞争者抢先进入市场推出新产品,市场竞争加剧。

(2)银行贷款利率升高,投资风险增大。

(3)科学技术发展速度较快,新产品开发步伐赶不上科技发展速度,导致新产品在开发过程中夭折。

(4)市场需求变化加快和市场趋于分散,迫使企业的新产品面向范围更小的目标市场。

为了提高新产品开发的成功率,企业在研制和开发新产品时,应该遵循以下基本原则:

(1)进行市场调查研究,了解顾客需求和市场规模,以便有针对性地开发顾客实际需要的产品。

(2)新产品开发要符合国家政策,适应国内外目标市场的国情、消费习惯、产品价值观等,这样才能加速产品的推广使用,有利于新产品在市场中扩散。

(3)新产品要适应科学技术发展的趋势,以免投放市场时,在科学技术上已是老化产品而很快进入衰退期。

（4）开发新产品应考虑结构相似、工艺相近的原则。开发新产品要求在时间上争取一个"快"字，在较短时间内开发出新产品投放市场，增强企业竞争能力，取得事半功倍的效果。

（5）新产品要有特色。如铁观音在台式乌龙茶基础上，通过改革推出清香、正味、拖酸、中焙火、重焙火等各种花色的铁观音品种，引导消费，取得了巨大的成功。

三、新产品开发的方式

为了成功而且较快地开发新产品，企业可根据自己的具体条件，采用不同的开发方式。

（一）独立研制

即企业利用自己的技术力量和优势，独立进行新产品的全部开发工作。一般适合于技术经济力量雄厚的大型企业。

（二）联合开发或协作开发

即由企业与高等院校或科研机构利用各自在经济、技术、设备、人力等方面的优势互相协作联合开发新产品。这种方式能较快地研制开发出先进的新产品，使科研成果很快地转化为商品，故应用非常广泛。

（三）技术引进

即企业以引进国内外先进技术、技术转让或购买专利等方式来开发新产品。这种方式能使企业提高产品的技术水平、质量水平和产品档次，同时节约研制费用和时间，有助于新产品进入国内外市场。

四、新产品开发的程序

新产品的开发程序是指从寻求产品创意开始,到最后将这一创意转化为现实的新产品并成功投放市场,实现商业化的全过程。具体可以划分为产生构思、构思筛选、产品概念的形成与测试、初拟营销规划、商业分析、新产品研制、市场试销、商业化8个阶段。

(一)产生构思

一个成功的新产品,首先来自于一个既有创见,又符合市场需求的构思。新产品创意的主要来源是顾客、竞争对手、推销人员等,这是成功开发新产品的第一步。

(二)构思筛选

企业要根据自身的资源条件和发展目标对各种新产品构思进行筛选,由产品研发部门对各项因素逐一进行评审筛选,保留可行的产品构思。

(三)产品概念的形成与测试

所谓产品概念,是将已经成型的产品构思用文字、图像、模型等加以清晰地描述,使之成为对消费者而言有意义的产品方案。

新产品概念形成以后,还需要进行产品概念测试。产品概念测试一般采用概念说明书的方式,对新产品进行详细的介绍,并对有代表性的消费者进行测试和评估。测试所获得的信息使企业进一步充实产品概念,以确定吸引力最强的产品概念。

(四)初拟营销规划

通过测试选择了最佳的新产品概念之后,就要制定引入市场的初步市场营销方案,并随着产品研发的逐步推进不断地加以完善。

(五)商业分析

方案拟定以后应该从经济效益方面对新产品进行可行性分析,进一步考察新产品是否符合企业的营利性目标,具体包括预测销售额和推算成本利润两个方面。

(六)新产品研制

经过产品开发、试制出来的产品如果符合要求,就可以认为是成功的产品,则可将新产品概念送交生产部门研制出样品,使产品概念转化为产品实体。同时还要进行包装的研制和品牌商标的设计,对产品进行严格的功能测试和消费者测试,以确保具有产品概念所规定的所有特征,并达到质量标准。

(七)市场试销

经过测试合格的样品即为正式的新产品,在大批量投放市场之前,还要选择具有代表性的小规模市场进行试销。试销既能帮助企业了解市场的状况,又能检测产品效果,还能发现产品性能的不足之处,为企业是否大批量生产该产品提供决策依据。

(八)商业化

新产品试销成功后便可批量生产,正式推向市场,实现新产品的商业化。为确保新产品批量上市成功,企业要注意:①推出新产品的时间;②正确选择推出新产品的地点;③正确选择目标市场;④制定有效的营销组合策略。

五、新产品开发的趋势

在现代市场竞争中,新产品开发已经成为企业的生命线。纵观当今世界,新产品开发的趋势主要体现在以下几个方面:

1. 多能化

即要求新产品具有多种功能,做到一物多用。

2. 微型化、轻型化

即要求新产品体积小、重量轻、方便携带。

3. 方便化

即要求新产品结构简单,方便使用、维修。

4. 多样化、系列化

即要求新产品有多个品种规格、档次、款式,以适应不同场合、不同爱好、不同层次消费者的需要,扩大产品的覆盖面。这种情况对于处于中心城市的茶叶专卖店尤其适合。

5. 健美化、舒适化、休闲化

即要求新产品有利于身体健康,增强美感,追求舒适。

6. 绿色化、环保化

即要求新产品是绿色产品,使用能耗低,这对消费者、企业、社会都有益。消费者可以减少能耗开支,利于更好地安排生活;企业可以降低产品成本、降低售价,增强产品的市场竞争力;整个人类社会可以缓解能源紧缺状况,利于可持续发展。

第五节 产品包装策略

据有关统计,产品竞争力的30%来源于包装。在激烈的市场竞争中,包装对于顾客选择商品的影响越来越明显。包装是商品的"无声推销员",其作用除了保护商品之外,还有助于商品的美化和宣传,激发消费者的购买欲望,增强商品在市场上的竞争力。

一、包装的概念与作用

产品包装有两层含义:一是指产品的容器和外部包扎,即包装器材;二是指采用不同形式的容器或物品对产品进行包装的操作过程,即包装方法。一般来说,包装具有以下作用:

1. 保护商品

保证商品的内在质量和外部形状,使其从生产过程结束到被消费之前的整个过程中,商品不致损坏、散失和变质。包装是直接影响商品完整性的重要手段,完善的包装能很好地保护其使用价值。

2. 识别商品

商品包装也是识别商品的最显著标志,不同商品采用不同的包装,并且有明显的识别度,为消费者识别商品创造了良好条件。通过包装,可以介绍商品的特性和使用方法,能够起到指导消费的作用。

3. 便于储运

商品的包装便于商品的储存、运输、装卸,还便于消费者对商品的携带。

4. 促进销售

包装作为商品的第一印象进入消费者的视野,影响着消费者购买与否的心理决策。通过美观大方、漂亮得体的包装,可以极大地改善商品的外观形象,吸引消费者购买。

5. 增加利润

商品的包装是整体商品的一个重要组成部分。精美的包装不仅能美化商品,还可以提高商品的身价。

二、包装的分类与设计原则

(一)包装的分类

1. 运输包装

用于储运、装卸过程中直接保护商品,或通过保护销售包装而达到保护商品的目的。运输包装必须有标识,包括识别标识、指示标识、警告标识等。

2. 销售包装

保护商品便于储运,更重要的是便于经营者展示商品和消费者识别、选购、携带、使用商品。销售包装的标识可用于装饰商品、刺激购买、指示、警告;还可以解释标识、奖励标识、管理标识等。

(二)包装的设计原则

总的来说,包装设计必须遵循保护商品、便于识别、使用、促销、增加利润、节省成本和维护社会公共利益等原则,选用现代化的包装材料、容器和科学的包装技术。在包装设计上不仅要体现社会性市场营销观念,也要考虑企业、社会的公共利益。

三、包装策略

商品包装在市场营销中是一个强有力的竞争武器，良好的包装只有同科学的包装决策结合起来才能发挥其应有的作用，因此企业必须选择适当的包装策略。可供企业选择的包装策略有以下几种：

（一）类似包装策略

即企业所生产经营的各种产品在包装上采用相同的图案、色彩或其他共有特征，从而使整个包装外形相类似，使公众容易认识到这是同一家企业生产的产品。类似包装适用于质量水平、档次类同的商品。

这种策略的主要优点是：①便于宣传和塑造企业产品形象；②通过类似包装可以利用企业已有声誉推出新产品；③节省包装设计成本和促销费用。

（二）分类包装策略

即企业依据产品的不同档次等采用不同的包装。现在很多茶叶企业都有高、中、低档产品，通过使用分类包装策略，明显区分不同档次产品，十分必要。

（三）组合包装策略

即多种包装、配套包装，是指企业把相互关联的多种商品，置入同一个包装容器之内一起出售。比如把茶壶、茶杯、茶盘、茶碟放在一起进行包装，一方面便于顾客配套购买商品，同时增加销售；另一方面也可带动新产品上市，满足特殊的心理需要。但要注意，在同一个包装物内装的必须是关联商品。

（四）再使用包装策略

即多用途包装，是指在包装设计时，使包装物不但能包装商品，而且在商品用完后还能移作他用，以此给予消费者额外的利益。这种商品的包装不仅与商品的身价相适应，有的还是可作为艺术品收藏。

这种策略增加了包装物的用途，刺激了消费者的消费欲望，扩大了商品销售，同时带有企业标志的包装物在被使用过程中可起到广告载体的作用。

(五)附赠品包装策略

即目前国际市场上比较流行的包装策略,是指企业在某商品的包装容器中附加一些赠品,借以吸引顾客购买和重复购买。如有些茶叶商品包装内附有奖券或者消费券等。

(六)更新包装策略

即企业为克服现有包装的缺点,适应市场需求,吸引新顾客而废弃使用旧式包装,采用新的包装材料、包装技术、包装形式的策略。

改变包装可等同于产品创新,促进销售。很多茶叶企业都不定期地更新其茶叶包装形式,使其新颖、独特、吸引消费者的目的。

(七)容量不同的包装策略

即根据商品的性质、消费者的使用习惯,设计不同形式、不同重量、不同体积的包装,使商品的包装能够适应消费者的习惯,给消费者带来便利。

案例 8.1 福建茶叶进出口有限责任公司企业宣传资料

福建茶叶进出口有限责任公司成立于1950年2月,是中粮集团旗下中茶公司控股的进口贸易公司。公司发展至今,已成为一个以外贸为龙头,以农、工、贸纵向一体化为商业模式,以"弘扬中茶,开创福茶,奉献自然健康、营养美味的茶产品"为公司使命,"以卓越品质提升品牌价值、员工价值、企业价值,实现可持续发展,做福建茶叶龙头企业"为公司愿景的现代企业。

福建茶叶进出口有限责任公司已出口特种茶为主,包括乌龙茶、茉莉花茶、白茶、红茶和绿茶等五大茶类。其乌龙茶生产线和花茶自动化生产线等设备均达到行业领先水平,且检验设备先进。

近年来,公司不断致力于产品的升级换代及新产品的研发,引进目前国内唯一一台IMA(Industria Macchine Automatiche意大利伊马公司,世界知名包装机械制造商)双室袋、无铝钉袋泡茶机,进口日本先进的三角锥形立体袋泡茶设备,并拥有数十台先进的小包装产品生产设备。产品绿色、环保、时尚、便捷,深受海内外消费者青睐。

资料来源:福建茶叶进出口有限责任公司官网

案例思考

1. 根据所学内容,对福建茶叶进出口有限责任公司的营销环境进行分析。
2. 该公司是如何进行茶叶的市场营销?其中采取了哪些营销策略?

练习题

1. 产品组合主要有哪些类型?每种类型应采取什么策略?
2. 产品生命周期理论是什么?有什么特点?
3. 如何进行一个新产品的开发?
4. 产品包装有哪些分类?具体策略是什么?

参考文献:

[1] 张燚,张锐.国内外品牌本性理论研究综述[J].北京工商大学学报(社会科学版),2004(1):50-54.

[2] 倪娜.营销学产品分类研究综述[J].外国经济与管理,2006(9):31-37.

[3] 袁丹.企业的设计市场营销管理研究[D].武汉理工大学,2007.

[4] 张晓燕.国有商业银行营销策略研究[D].苏州大学,2004.

[5] 李海斌,王琼海.波士顿矩阵分析法的局限、修正及应用[J].科技创新导报,2009(33):199-201.

[6] 姚益龙.大经贸战略:来自产品周期理论的启示[J].南方经济,1996(12):6-8.

[7] 张光辉.市场营销学[M].北京:中国农业出版社,2009.

[8] 马占丽,张丽娟.市场营销学[M].呼和浩特:内蒙古大学出版社,2009.

第九章 茶叶价格策略

本章提要

　　价格是市场营销组合中十分敏感而又难以控制的因素,直接影响市场需求和企业利润,涉及生产者、消费者等各方面的利益。本章重点介绍了茶叶价格策略。第一节重点介绍了影响茶叶定价的主要因素,包括定价目标、供求关系、成本、市场竞争等。第二节重点介绍了茶叶定价的三种主要方法,具体包括成本导向定价法、需求导向定价法、竞争导向定价法。第三节介绍了茶叶产品定价的具体策略与定价技巧。通过本章的学习,要求了解企业定价的基本方法以及影响茶叶定价的主要因素,熟练掌握茶叶定价的策略和技巧。

第一节　影响茶叶产品定价的因素

一、定价目标

定价目标是茶叶企业在制定价格时有意识地要求达到的目的,是指导企业进行价格决策的主要影响因素。定价目标取决于企业的总体目标,不同企业及同一企业在不同时期、不同市场条件下都可能有不同的定价目标。企业的定价目标具体分为以下几种:

(一)以获取利润为目标

获取利润是企业从事茶叶生产经营活动的最终目标,而利润的获得必须通过产品的销售来实现,销售量又受到茶叶价格的直接影响,因此,获取利润目标又细分为以下3种:

1. 以获取投资收益为定价目标

投资收益定价目标是指茶叶企业实现在一定时期内收回投资并能获取预期的投资报酬的一种定价目标。采用这种定价目标的企业,一般需要根据投资额规定的收益率,计算出单位产品的利润额,加上产品成本作为销售价格。但必须注意两个问题:第一,要确定适度的投资收益率。一般来说,投资收益率应该高于同期的银行存款利息率,但不可过高,否则消费者难以接受。第二,企业生产经营的产品必须是容易被消费者接受的茶叶产品,同时与竞争对手相比要具有明显的价格优势。

2. 以获取合理利润为定价目标

合理利润定价目标是指企业为避免不必要的价格竞争，以适中、稳定的价格获得长期利润的一种定价目标。采用这种定价目标的企业，往往是为了减少风险，保护自己，或限于力量不足，只能在补偿正常情况下的平均成本的基础上，加上适度利润作为产品价格。适用条件是企业必须拥有充分的后备资源，并打算长期经营。临时性的企业一般不宜采用这种定价目标。

3. 以获取最大利润为定价目标

最大利润定价目标是指企业追求在一定时期内获得最高利润额的一种定价目标。利润额最大化取决于合理价格所推动的销售规模，因而追求最大利润的定价目标并不意味着企业必须制订最高单价。最大利润既有长期和短期之分，又有企业全部产品和单个产品之别。有远见的企业经营者，都着眼于追求长期利润的最大化。当然并不排除在某种特定时期及情况下，对某些产品制定高价以获取短期最大利润。还有一些多品种经营的企业，经常使用组合定价策略，即有些产品的价格定得比较低，甚至低于成本以招徕顾客，借以带动其他产品的销售，从而实现企业利润最大化。

（二）以提高市场占有率为目标

以市场占有率为目标也称市场份额目标，即把保持和提高企业的市场占有率（或市场份额）作为一定时期的定价目标。市场占有率是一个企业经营状况和企业产品在市场上竞争能力的直接反映，关系到企业的兴衰存亡。较高的市场占有率可以保证企业产品的销路，巩固企业的市场地位，从而使企业的利润稳步增长。在许多情形下市场占有率的高低，比投资收益率更能说明企业的营销状况。有时一个企业不断扩大市场可能获得可观的利润，但相对于整个市场来看，所占比例可能很小，或本企业占有率正在下降。无论大、中、小企业都希望用较长时间的低价策略来扩充目标市场，尽量提高企业的市场占有率。

(三)以应付和防止竞争为目标

在市场竞争日趋激烈的形势下,企业在实际定价前都要广泛收集资料,仔细研究竞争对手产品价格情况,通过自己的定价目标去应对市场竞争。根据企业的不同条件,一般有以下决策目标可供选择:

1. 稳定价格目标

即以保持价格相对稳定,避免以正面价格竞争为目标的定价。当企业准备在茶叶行业中长期经营,或市场不稳定,需要有一个稳定的价格来稳定市场时,该行业中的大企业或占主导地位的企业率先制定一个较长期的稳定价格,其他企业的价格与之保持一定的比例。这样,对大企业是稳妥的,中小企业也避免遭受由于大企业的随时随意提价而带来的冲击。

2. 追随定价目标

即企业有意识地通过给产品定价来主动应对和避免市场竞争为目标的定价。企业价格的制定,主要以对市场价格有影响的竞争者的价格为依据,根据产品的情况稍高或稍低于竞争者。竞争者的价格不变,实行此目标的企业也维持原价;竞争者的价格或涨或落,此类企业也相应地参照调整价格。一般情况下,中小企业的产品价格应定得略低于行业中占主导地位的企业的价格。

3. 挑战定价目标

如果企业具备强大的实力和特殊优越的条件,可以主动出击挑战竞争对手,获取更大的市场份额。一般常用的策略目标有:一是打击定价,即实力较强的企业主动挑战竞争对手,扩大市场占有率,可采用低于竞争者的价格出售产品;二是特色定价,即实力雄厚并拥有特殊技术或产品品质优良或能为消费者提供更多服务的企业,可采用高于竞争者的价格出售产品;三是阻截定价,即为了防止其他竞争者加入同类产品的竞争行列,在一定条件下,往往采用低价进入市场,迫使弱小企业无利可图而退出市场或阻止竞争对手进入市场。

(四)塑造形象目标

新进入茶叶行业的企业或者原有的茶叶企业欲改善自身的市场形象,会采取以塑造市场形象为目标的定价策略。这类定价目标表现为两种情况:一种情况是企业为维护企业的信誉、高质量形象而定高价;第二种情况是企业为树立企业产品物美价廉的形象而定低价。

二、供求关系

供求关系指在商品经济条件下,商品供给和需求之间的相互联系、相互制约的关系,它是茶叶生产者和茶叶消费者之间的交易关系在市场中的反映。对于不同类型的茶叶,由于其需求弹性大小不一,供求关系对价格的影响也是不同的。因此,企业必须预先对产品在市场上的供求状况进行调研并作为定价的依据。

(一)供求与价格的双向影响

价格是在一定的市场供求状况下形成的,在一定时期内,茶叶的供求状况反映其供给总量与需求总量之间的关系(见图9-1),这种关系包括供求平衡、供小于求和供大于求三种情况。供求平衡E点是指某种商品的供给与需求在一定时期内相等,在供求平衡状态时的市场价格称为均衡价格。假定供求和价格以外的其他因素不变,当茶叶的市场价格高于均衡价格时,需求量就下降,供给量则上升,形成供过于求;反之则供不应求。显然,价格影响并决定了供求。当茶叶的市场需求减少且供给增多时,价格便回落至均衡价格或其以下,这表明供求也能影响并决定价格。

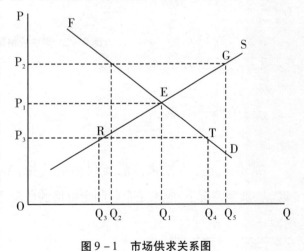

图9-1 市场供求关系图

比如,当受天气因素影响茶叶减产,导致市场供给量减少,此时往往会导致茶叶价格出现上涨趋势。

(二)需求价格弹性

在通常情况下,某种商品的价格升高,其需求量就会减少,反之亦然。因此,制定商品营销价格时必须考察商品需求价格弹性的因素。需求价格弹性,简称需求弹性,是指在一定时期内,某种商品的需求变动百分比与其价格变动百分比的比值。当价格变动小于需求量变动时,此产品富有需求弹性,或称为弹性大,表明产品供求关系对价格的影响较大;当价格的变动大于需求量的变动时,此产品缺乏需求弹性或者弹性小,表明产品供求关系对价格的影响较小。具体如图9-2:

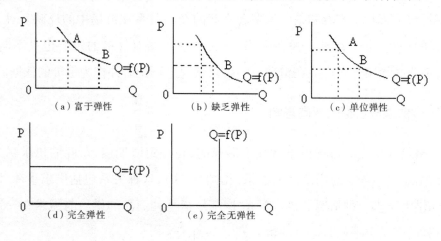

图9-2 需求价格弹性

三、成本因素

成本是企业为提供商品所付出的代价,是价格构成中最基本、最主要的因素。① 通常情况下,成本是企业制定价格的最低经济界限,成本的定价是企业能够接

---

①周毓萍,冯桂花.企业成本分析战略研究[J].武汉工业大学学报,2000(01):83-85.

受的最低价格。虽然不排除企业由于特殊原因在短期内将某些商品以低于成本的价格出售,但从长远来看,价格必须能够补偿产品生产及市场营销的所有支出,并补偿商品经营者为其所承担的风险支出,这样企业的再生产才能得以正常进行。市场营销中所涉及的成本主要有生产成本、销售成本、储运成本、机会成本等。

(一)生产成本

生产成本是企业生产过程中所支出的生产费用的总和,是从消耗的生产资料的价值和生产者的劳动价值转化而来。当企业具有适当的规模时,产品的成本最低。但不同的茶类在不同的条件下,各有自己理想的批量限度,其生产超过了这个规模和限度,成本反而要增加。

(二)销售成本

销售成本是茶叶流通领域中的广告、营销费用等。广告、营销等是产品实现其价值的重要手段,随着市场竞争的增加,用于广告、营销的费用在产品成本中所占的比重也日益增加。因此,在确定产品的营销价格时必须考虑销售成本这一因素。

(三)储运成本

储运成本是茶叶从生产者到消费者手中所必需的运输和储存费用。产品畅销时,储运成本较少;产品滞销时,储运成本增加。

(四)机会成本

机会成本通常是指为生产茶叶(或生产某类茶叶)而放弃的生产其他产品(或其他茶类)所损失的可能获取的最大收益,即为选择当前已接受的产品所付出的代价。

四、市场竞争状况

市场竞争状况不同,也会影响企业对产品的定价。按照竞争程度的不同,可将市场结构分成4种模式,即完全竞争、垄断竞争、寡头垄断和完全垄断(见表9-1)。企业在不同的市场结构条件下,所享有的定价自由也有所不同。

表9-1　市场结构的分类及特征

	企业数量	产品差别度	价格影响力	进入壁垒	竞争手段
完全竞争	小、弱、多、散	同类同质	没有定价能力	没有进入壁垒	价格竞争
垄断竞争	较多	有差别	品质差别、品牌吸引	较低的进入壁垒	非价格竞争
寡头垄断	少数几家	差别较小或没有	有控制价格的能力	相当高的进入壁垒	非价格竞争
完全垄断	独家	没有替代品	完全控制价格	壁垒极高,无竞争者	公共关系、政策影响

在完全竞争条件下,市场上有无数的买者和卖者;同一行业中的每一个厂商生产的产品是完全同质的;厂商进入或退出一个行业是完全自由的;市场中每一个买者和卖者都掌握着与自己的经济决策有关的商品和市场的全部信息。在这种条件下,卖主和买主只能是价格的接受者,因此,不存在定价问题。

在垄断竞争条件下,每一个生产者都对自己的产品有垄断权,但同时由于可替代的同类产品数量众多,彼此之间展开激烈的竞争,价格就是在这种竞争中形成的。在这种条件下,卖主已不是消极的价格接受者,而是强有力的价格决定者,有一定程度的定价自由。

寡头垄断市场,指少数几个企业控制整个市场的生产和销售的市场结构;而完全垄断(独家经营)市场又称纯粹垄断市场或独占市场,指一种产品完全由一家企业所控制的市场状况。其主要特征是:企业没有竞争对手,一家企业控制了整个市场价格,通常主要通过市场供给量来调节市场价格。完全垄断一般只有在特定的条件下才能形成,比如拥有垄断资源或专卖、专利产品的企业,像通信、电力、自来水等,方可处于垄断地位。

从理论上讲,垄断企业完全有定价的自由。但实际上,垄断企业提高产品价格总会引起消费者的抵制或政府的干预。同时,对市场的完全垄断会使企业缺乏降低成本的外在竞争压力,导致产品价格较高及生产效率低下,社会资源配置效益不佳。

我国茶叶企业多、规模小、经营分散、竞争激烈,整个产业的市场集中度很低。据统计,我国目前有大约8000万茶农,有近7万多家茶叶生产企业。根据中国茶叶流通协会统计数据计算的行业集中度指标看,CR4(行业前四名份额集中度指标)和CR8(八个企业集中率)均较低,根据贝恩分类法,当CR4小于30%或CR8小于40%时即可以判定该行业为完全竞争型。因此,可以把我国茶叶市场看成是近似完全竞争型市场结构。

五、产品属性及品质

茶叶具有不同于其他普通商品的特性,主要体现于以下几点:

一是茶叶价值的形成,除包含社会必要劳动时间外,还有非劳动价值成果。这种非劳动价值成果主要体现在茶叶的抽象价值上。不同地域的茶叶由于其先天的生长环境(即土壤、气候、光照条件和海拔等)的不同,甚至不同的人来加工都决定了茶叶品质的不同,这样就影响着茶叶的定价。简单地说,一方面是原料决定品质,另一方面是加工决定品质。

二是茶叶加工是一种艺术的创造,尤其是名优茶。我国大部分名优茶都是手工加工,所以即使是同一地域的茶叶,用同样的加工方法,在不同的时间采摘的茶叶,加工出来的品质是不一样的,更有甚者,同一地域的茶叶,在同一时间采摘的,但是由不同的人加工其品质也不一样。因此加工出来的产品就具有唯一性、排他性和不可再生性,于此我们可以抽象地认为茶叶加工是一种艺术创造。所以,数量少、品质好、被公认的名、优、特茶叶品种一经出现,便成为人们高价争购的热点。

六、其他外部因素

在茶叶市场营销实践中,企业或产品的形象因素、公共品牌的溢价因素、通货膨胀因素、政府及法律因素等也会对企业产品的定价产生不同程度的影响。

(一)企业或产品的形象因素

企业有时根据企业自身理念和形象设计的要求,需要对产品价格做出限制。例如,企业为了树立热心公益事业的形象,就会将某些有关公益事业的产品价格定得较低;为了形成高贵的企业形象,则会将某些产品价格定得较高;等等。

(二)公共品牌的溢价因素

区域公共品牌是指某个地区的特色产业集群,它象征着该产业集群的历史与现状,是区域产业集群的代表,具有历史和文化属性。茶叶是一种精神和物质结合的消费品,区域茶叶公共品牌的历史和文化价值作为一种无形资产也能形成品牌溢价,从而提高茶叶附加值。如同样是龙井茶,"西湖龙井"这一无形资产的价格附加值明显高于"浙江龙井";而如果公共品牌知名度不高,盲目模仿高定价,则不会被市场所接受。

(三)通货膨胀因素

通货膨胀是指在流通领域内的货币供应量超过了货币需求量而导致货币贬值、物价上涨等现象。通货膨胀会造成单位货币购买力下降,使企业的产品生产、经营成本发生变化,从而迫使企业必须相应地提高价格,并且价格提高的幅度往往大于通货膨胀上升的程度,以此保证企业盈利。当然,从另一方面来讲,价格上升必然会在一定程度上破坏企业形象。

(四)政府及法律因素

随着社会主义市场经济体制的建立和完善,政府对大多数产品已采用市场定价。但是,为了指导生产和消费,控制物价的增长,维护茶叶食品安全,国家必然会通过行政、法律以及货币供给、工资和物价政策等手段对产品价格进行调控和管理。企业在经营过程中应密切注意货币政策、贸易政策、法律和行政调控体系等对市场流通和价格的影响,尽可能地规避政策风险。

第二节 茶叶企业定价的基本方法

定价方法是指企业在特定的定价目标指导下依据对成本、需求及竞争等状况的研究,运用价格决策理论对产品价格进行计算的具体方法。根据市场营销学理论和实践,企业对产品定价一般采用成本导向定价法、需求导向定价法和竞争导向定价法。

一、成本导向定价法[①]

成本导向定价法是以茶叶产品的投入成本作为定价基础,包括成本加成定价法、目标收益定价法、盈亏平衡定价法、边际贡献定价法等。

(一)成本加成定价法

成本加成定价法是最常用的一种定价方法,其基本方法是:首先估计单位茶叶产品的可变成本和固定成本,然后按照预期销售量把固定费用分摊到单位产品上,再加上单位变动成本,求出单位总成本,最后在单位总成本的基础上加上按目标利润率计算的利润额即可得到茶叶的价格。

单位茶叶价格 = 单位成本 + 单位成本 × 成本利润率 = 单位成本 × (1 + 目标利润率) (9 – 1)

[①]马世明.管理型渠道的产品定价方法研究[D].广西大学,2008.

成本加成定价法的主要优点是：第一，由于成本的不确定性一般比需求的不确定性小得多，定价时如果着眼于成本，可以大大简化企业定价程序，不必随时依需求情况的瞬息万变而做调整；第二，只要行业中所有企业都采取这种定价方法，那么在成本与加成率相似的情况下价格也大致相似，从而可以使价格竞争减至最低限度；第三，成本加成法对买方和卖方来讲都比较公平，当买方需求强烈时，卖方不能利用这一有利条件谋取额外利益而只能获得公平的投资报酬。然而这种定价方式只考虑了成本因素，忽略了市场需求和市场竞争情况。

（二）目标收益定价法

目标收益定价法又称目标利润定价法，或投资收益率定价法。它是在成本的基础上，按照目标收益率的高低来计算售价的方法。其计算的步骤如下：

1. 确定目标收益率

目标收益率可以表现为投资利润率、成本利润率、销售利润率、资金利润率等多种不同的形式。

2. 确定目标利润

由于目标收益率表现形式的多种性，目标利润的计算方法也不同，其计算公式有：

$$目标利润 = 总投资额 \times 目标投资利润率 \quad (9-2)$$

$$目标利润 = 总成本 \times 目标成本利润率 \quad (9-3)$$

$$目标利润 = 销售收入 \times 目标销售利润率 \quad (9-4)$$

$$目标利润 = 资金平均占用额 \times 目标资金利润率 \quad (9-5)$$

3. 确定价格

价格计算公式如下：

$$价格 = (总成本 + 目标利润) \div 预计销售量 \quad (9-6)$$

目标收益定价法的优点是可以保证企业既定目标利润的实现。这种方法一般适用于在市场上具有一定影响力、市场占有率较高或具有垄断性质的企业。

(三)盈亏平衡定价法

盈亏平衡定价法亦称为保本定价法,这种方法"放弃"了对利润的追求,只要求保本,主要是通过考察销售量、成本和利润的关系以及盈亏变化的规律来为定价决策提供依据的方法。在运用盈亏平衡分析法时,关键是找出企业不盈不亏时的销售量(称为保本销售量或盈亏平衡销售量,此时企业的总收入等于总成本)。

(四)边际贡献定价法

所谓边际贡献是指产品销售收入与产品变动成本之间的差额;单位产品边际贡献指产品单价与单位产品变动成本的差额。边际贡献弥补固定成本后如有剩余,就会形成企业的纯收入;如果边际贡献不足以弥补固定成本,那么企业将发生亏损。在企业经营不景气、销售困难、生存比获取利更重要或企业生产能力过剩,只有降低售价才能扩大销售时,可以采用边际贡献定价法。边际贡献定价法的原则是:产品单价高于单位变动成本时,就可以考虑接受。因为不管企业是否生产、生产多少,在一定时期内固定成本都是要发生的,而产品单价高于单位变动成本,这时产品销售收入弥补变动成本后的剩余可以弥补固定成本,以减少企业的亏损(在企业维持生存时)或增加企业的盈利(在企业扩大销售时)。这种方法的基本计算公式如下:

单位产品销售价格 =(总的变动成本 +边际贡献)÷总销量　　　　(9-7)

二、需求导向定价法

需求导向定价法是一种以市场需求强度及消费者感受为主要依据的定价方法,包括理解价值定价法、反向定价法和需求差异定价法三种。

(一)理解价值定价法

所谓理解价值定价法是企业以消费者对商品价值的感受和理解程度作为定

价依据的一种方法。此种定价方法不仅仅考虑产品的成本费用,而且更多地考虑消费者对产品价值的理解,以及所能支付货币的能力。

理解价值定价与现代市场定位观念是相一致的,企业在为其目标市场开发新产品时,在质量、价格、服务等各方面都需要体现特定的市场定位观念,为了产品能在各个方面都较好地满足需求,减少使用过程中的麻烦,使得这种定价法促进了产品的销售。理解价值定价的关键在于准确地计算产品所提供的全部市场理解价值,企业如果过高地估计理解价值,便会定出偏高的价格;反之亦然。

(二)反向定价法

反向定价法是指企业依据消费者能够接受的最终销售价格计算自己从事经营的成本和利润后逆向推算出产品的批发价和零售价。这种定价方法并不以实际成本为主要依据,而是以市场需求为出发点,力求使价格为消费者所接受。分销渠道中的批发商和零售商多采取这种定价方法。一般企业在以下三种情况下会采用这种定价方法:

(1)为了满足在价格上与现存类似产品竞争的需要,设计出价格方面能够参与竞争的产品。

(2)对新产品的定价,先通过市场调查或征询分销商的意见,拟定出购买者可以接受的价格,然后反向推算出厂价。

(3)对定制产品的定价,为了满足特定大规模客户的个性化需求,根据购买者提出的价格、品质等要求,反向推算出厂价。

从营销学的观点来看,这种定价是最为可取的,因为它是根据市场需求、购买力水平和消费者愿意支付价格而定的。

(三)差别定价法

差别定价法是指根据不同的市场、不同的顾客对茶叶的需求程度不同而制定有差别的价格,这些价格之间的差异主要是以对茶叶的需求差异为基础的。采用差异定价能较好地反映茶叶市场需求的变化,在竞争程度不同的市场上采用需求差异定价能同时达到击败竞争对手或获取较高利润的目的。在实际运用中,差别定价方法可分为顾客差异定价、数量差异定价、用途差别定价、时间差别定价、区域差别定价等多种具体形式,各种形式的特点和适用条件详见表9-2。

表9-2 差别定价的多种形式及适用条件

定价策略	特点	需具备的条件
顾客差别定价	根据顾客的需求强度进行市场细分	消费者对茶叶的偏好、需求和支付能力不同;能有效区分不同类型的消费者
数量差别定价	根据购买的数量进行市场细分,适合大宗茶叶交易使用,包括数量折扣等多种形式	消费者购买茶叶数量不同或频率不同;对价格敏感,能有效区分新老顾客;
用途差别定价	根据消费者购买的意图进行市场细分,适合零售茶叶市场运用	有效区分茶叶的购买用途
时间差别定价	根据聚茶的时间差异和消费的季节性习惯定价,适合陈茶与新茶的销售	有效区分茶叶所处的生命周期、判断不同时期的茶叶
区域差别定价	根据消费者所处的地区差异定价	进行产区与销区的市场分割

三、竞争导向定价法

竞争导向定价法是企业以竞争者同类产品的价格为主要依据,充分考虑本企业产品的竞争能力,选择有利于在市场中获胜的一种定价方法。主要包括随行就市定价法、低于竞争者产品价格定价法、高于竞争者产品价格定价法、习惯定价法。

(一)随行就市定价法

随行就市定价法是指茶叶企业按照行业的平均现行价格水平来制定茶叶价格,当市场竞争价格发生变化时,则本企业茶叶价格也应加以调整。这种方法非常适合品质差异较小的同类茶叶的定价。该定价法能够减少竞争风险。

(二)低于竞争者产品价格定价法

所谓低于竞争者产品价格定价,是指实力雄厚的大茶叶企业为了在短期内渗入乃至夺取其他企业的市场,扩大自己的市场占有率,常常以低于市场价格的价格(甚至低于成本价格的价格)进行倾销,以此战胜竞争对手后,再提高价格来弥补倾销时蒙受的损失。

(三)高于竞争者产品价格定价法

高于竞争者产品价格定价法,是指能制造特种产品和高质量产品的企业,凭借其产品本身独具的特点和很高的声誉,以及能为消费者提供比别的企业更高水平的质量和服务,而与同行竞争的一种方法。这些按较高价格出售的产品一般是有良好企业形象影响的产品。

(四)习惯定价法

由于茶叶生产成本相对稳定,价格在一定水平上维持较长时间保持供求相对平衡,进而形成了一种相对固定的习惯价格。消费者在购买茶叶时也通常会参考早期的价格,并以此进行购买决策。习惯价格一旦形成,企业应该遵守这个习惯价格,如果贸然提价就可能使销量锐减,市场形象受损,还可能引起消费者的不满和抵制。习惯定价对茶叶企业有三个好处:第一,给消费者留下价格稳定、合理的印象,有利于形成一个稳定、正常、均衡的市场供求;第二,可以保证全行业内的企业在基本条件相同的情况下获得相对平均的利润;第三,可以把价格竞争降到最低程度,避免价格战,从而促进整个行业的稳定发展。

四、按生产能力定价法

茶叶企业规模不论大小,在一定期间内,其生产能力有一定限度,不能无限制扩充。在定价前应充分了解本身的供应能力,经过一段试销期进行各种价格下销售量的比较。如果这一定价能达到预计销售量,并且可能获得最大利润时,定价才是最理想的价格。但此销售量如并非生产能力可供应时,此价格并无实际意义,勉强以此定价,最后就会导致供不应求,使企业的利润和声誉均蒙受损失。[①]

第三节 茶叶定价策略与技巧

一、新产品定价策略

新产品定价的难点在于无法确定消费者对于新产品价值的理解。如果价格定得过高,难以被消费者接受,影响新产品顺利进入市场;如果定价过低,则会影响企业效益。常见的新产品定价策略有3种形式:撇脂定价、渗透定价和适中定价。

(一)撇指定价

撇脂定价是指在新茶上市之初,把价格定得很高,从而在短期内获取丰厚利润。由于茶叶的生产具有一定的季节性,且在茶叶采摘季节,不同时间采摘的原叶制作的茶叶质量和口感也有一定差异。一般来说,新茶的价格要比其他时令采摘的茶叶价格高很多。例如对于品质优异、独家生产的名牌茶叶,可通过制定高

[①]姜爱芹.茶业经营管理[M].杭州:浙江摄影出版社,2005.

价尽可能在新茶的介绍期内获取最大的利润。当过了最佳茶叶采摘期后大量普通茶叶上市,价格就会逐步降低。

在新茶上市时,采用撇脂定价法制定高价给人一种优质、名牌的印象,客观上形成了一种广告效应。同时较高的价格也给茶叶企业带来高额的利润。但需要注意的是,新茶价格过高也会给茶叶市场带来一种消极信号,令消费者对高价茶望而生畏,并认为茶叶利润过高,反而影响市场销售。

撇脂定价策略也存在一些不足:一是高价产品的需求规模有限,过高的价格不利于开拓市场、增加销量,也不利于占领和稳定市场,容易导致新产品开发失败;二是高价高利会导致竞争者的大量涌入,仿制品、替代品迅速出现,从而迫使价格急剧下降,此时若无其他有效策略相配合,企业苦心营造的高价优质形象可能会受到损害,失去一部分消费者;三是价格远远高于价值,在某种程度上损害了消费者利益,容易招致公众的反对和消费者抵制。

从根本上看,撇脂定价是一种追求短期利润最大化的定价策略,但若处置不当,则会影响企业的长期发展。因此,在实践当中,特别是在消费者日益成熟、购买行为日趋理性的今天,采用这一定价策略必须谨慎。

(二)渗透定价

渗透定价指开始制定较优惠的茶叶价格,从而使本企业的茶叶最大限度地渗入市场,造成占领市场的局面。这种做法的要点是:开始采取低价,薄利多销,甚至亏损;当销售数量超过盈亏点,茶叶企业才开始盈利。由于茶叶商品利润率极低,这种情况对竞争对手不利,阻止了其他茶叶竞争者进入市场,从而保持住市场的一定占有率。运用这种定价策略,要综合考虑茶叶产品类型、目标市场、渠道等因素。由于顾客对茶叶产品的质量判断较难把握,价格和质量之间的关联度不明显,渗透定价法一般不用在礼品茶领域,而较多用在超市、批发市场等大批量销售渠道为主的普通大宗茶、低档茶领域。

采用渗透价格的企业无疑只能获取微利,这是渗透定价的薄弱处。但是,由低价也能产生好处:第一,低价可以使产品尽快为市场所接受,并借助大批量销售来降低成本,获得长期稳定的市场地位;第二,微利阻止了竞争者的进入,增强了自身的市场竞争力。对于企业来说,撇脂定价策略和渗透定价策略何者为优,不能一概而论,需要综合考虑市场需求、竞争、供给、市场潜力、价格弹性、产品特性、企业发展战略等因素才能确定。在定价实务中往往要突破许多理论上的限制,通过对选定的目标市场进行大量调研和科学分析来制定价格。

(三)适中定价

适中定价策略是尽量降低营销手段中价格的地位,转而重视产品在市场中是否更有效率的定价方法。例如,管理者因为产品普通而无法采用撇脂定价,或因为产品刚刚进入市场也无法采用渗透定价时,往往采取适中定价法;另一方面,如果定价破坏已有的价格结构,竞争者和消费者反应强烈,此时不易采取撇脂定价和渗透定价,一般采用适中定价策略。

与撇脂定价或渗透定价相比,适中定价法缺乏主动进攻性,没有将价格定在与竞争者一样或者接近平均水平。从原则上讲,它甚至可以是市场上最高的或最低的价格。但与撇脂价格和渗透价格类似,适中价格也是由产品的经济价值决定的,当大多数潜在购买者认为产品的价值与价格相当时,纵使价格很高也属适中价格。

二、心理定价策略

茶叶的市场总需求是由若干千差万别的个别需求构成的,消费者之间有不同的消费心理。同样是购买茶叶,不同的消费者会有不同的需求动机和需求偏好,有的追求高性价比,有的追求品牌与包装,有的追求安全,有的追求茶叶档次。这种心理差别必然会在消费者购买行为和茶叶价格上反映出来。因此,企业应掌握消费者的心理特点,灵活制定价格,以满足消费者的多方面需求。常用的心理定价策略主要有整数定价、尾数定价、声望定价、招徕定价等形式(见表9-3)。

表9-3 心理定价方法的各种形式及适用条件

定价策略	适用情况	满足的条件
尾数定价	对茶叶价格敏感的消费者；超市、零售店、普通大宗茶、低档茶的茶叶定价	了解不同消费者对价格数值的心理；一般为需求价格弹性大的茶叶品种
整数定价	高档名优茶的定价；品牌茶叶店与高级商场、茶叶专柜等场合的定价	有效区分消费者的购买力；茶叶有一定的知名度、质量保证、精美包装、需求价格弹性小
分级定价	有不同的等级区分的茶叶的定价	对同一类茶叶进行有效的质量分级
声望定价	传统的名优茶、具有历史文化地位的特种茶、知名度高、有较大的市场影响、深受市场欢迎的茶	有一定品牌和声望、信任度的茶

（一）整数定价

对于那些无法明确显示其内在质量的商品，消费者往往通过其价格的高低来判断其质量的好坏。但是，在整数定价方法下，价格的高并不是绝对的高，而只是凭借整数价格来给消费者造成高价的印象。整数定价常常以偶数，特别是"0"作尾数。例如，每公斤茶叶可以定价为1000元，而不必定为998元。这样定价的好处是：①可以满足购买者显示地位、崇尚名牌、购买精品的心理；②方便企业和顾客的价格结算；③利用产品的高价效应，在消费者心目中树立高档、高价、优质的产品形象。

（二）尾数定价

尾数定价又称"奇数定价""非整数定价"，指企业往往制定非整数价格，且常常以奇数作尾数，尽可能在价格上不进位。有研究表明，那些带有弧形线条的数字如 5、8、0 等易为顾客接受；而不带有弧形线条的数字如 1、7、4 等比较而言就不大受欢迎。使用尾数定价，可以使价格在消费者心中产生三种特殊的效应：①便宜。标价 99.9 元每斤的茶叶和 100 元的虽仅相差 0.1 元，但前者可以给消费者一种价格便宜的感觉，从而激起消费者的购买欲望，促进产品销售量的增加。②精确。带有尾数的定价可以使消费者认为商品定价是非常认真、精确的。③中意。由于民族习惯、社会风俗、文化传统和价值观念的影响，某些数字常常会被赋予一些独特的含义，企业在定价时如能加以巧用，则其产品将因之而得到消费者的偏爱。

（三）声望定价

即根据产品在消费者心中的声望、信任度和社会地位来确定价格的一种定价策略。声望定价可以满足某些消费者的特殊欲望，如地位、身份、财富、名望和自我形象等，还可以通过高价格显示名贵优质。因此，这一策略适用于一些传统的名优茶、具有历史地位的特色茶，以及知名度高、有较大的市场影响、深受市场欢迎的驰名品牌茶。

（四）招徕定价

招徕定价就是茶叶企业利用消费者追求廉价的心理故意降低几种茶叶的价格以吸引消费者，引导消费者在购买廉价茶的同时购买价格比较正常的其他茶叶。实行招徕定价应注意以下问题：第一，经营的茶叶品种应该比较多，使消费者有较大的选择余地；第二，降价的茶叶的需求弹性应该较大，价格下跌既可以适应消费者的心理又能促使销量增加；第三，降价幅度应该适当；第四，降价必须是实实在在的降价，不能有欺骗行为，只有这样，才能取信于顾客[①]。

[①] 张芳琴. 双向供求关系企业联盟的合作策略及利益分配研究[D]. 电子科技大学，2013.

三、营销组合定价策略

产品组合是一个茶叶企业生产经营的全部产品大类的组合。对于大多数茶叶企业来说,不仅仅只生产一种或一款茶叶产品,即使只生产一类茶叶的企业,也会生产不同包装款式、不同质量等级、不同口味风格的一系列茶叶产品。那么如何从企业总体利益出发,为每一种或每一款茶叶产品定价,是企业定价中经常遇到的问题。一般情况下,茶叶企业可以采用以下产品组合定价策略:

(一)产品线定价

在企业生产的系列产品在品质、成本有一定梯度的情况下,可采用产品线定价策略。企业可根据品牌的影响力和不同产品线的质量标准,以市场需求为导向,根据竞争对手的定价策略,制定有效的高、中、低三个档次的产品定价策略,同时兼顾不同渠道的运营成本和渠道特性,采取一定的弹性定价机制,做到高档产品定价有利于提升品牌形象,中低档产品定价有利于提升市场占有率和利润水平。同时,也要加强对渠道和市场终端的价格管理,制定有效的市场价格管理机制,防止市场盲目和定价混乱而影响品牌形象,扰乱企业的市场发展战略。

(二)单一价格定价

若企业生产经营茶叶花色品种较多且成本差别不大,则可以考虑实行单一价格策略,即全部产品都一个价格。比如近几年市场上出现的袋泡茶或速溶茶,无论什么茶类都统一定价。单一价格策略既可以方便消费者挑选,也可以降低企业内部管理成本。

(三)选择品或附属品定价策略

许多企业在销售茶叶的同时,还会附带销售茶叶附属品和选择品,如茶食品、茶杯、茶巾等产品。因此,在定价时候可以充分利用这些产品价格,保证整体销售收入最大化。具体实行时可以对附属品制定较低的价格,以此吸引消费者购买茶叶;或者对茶叶制定较低的价格,而对茶壶等茶具制定较高的价格。具体的定价策略要根据销售茶叶和消费者的购买习惯灵活采用。

四、折扣、定价策略

折扣定价是指为扩大茶叶销量、吸引更多消费者而对价格做出一定的让步,直接或间接降低价格。包括数量折扣、现金折扣、季节折扣等。

(一)数量折扣

数量折扣是指按购买的数量分别给予不同的折扣幅度,购买数量愈多折扣愈大,其目的是鼓励大量购买。具体在执行中又分为累计数量折扣和一次性数量折扣两种形式。累计数量折扣规定消费者若在一定时间内购买达到一定数量或金额,则按其总量给予一定折扣,其目的是提高消费者的忠诚度。一次性数量折扣规定一次购买达到一定数量或一定金额则给予折扣优惠,其目的是鼓励大批量购买,促进产品多销、快销。在实践中,部分茶叶企业,特别是大型连锁茶叶销售企业和电子商务茶叶企业都会实行会员制,把会员分为不同的等级,不同等级的会员给予不同的优惠幅度。

数量折扣可以加快销售速度,增加企业资金周转次数,降低流通费用,稳定客户来源,促进茶叶企业收益水平提高。运用数量折扣策略的难点是如何确定合适的折扣门槛标准和折扣比例,如果享受折扣的门槛标准定得太高,则只有很少的顾客能获得优待;若购买门槛标准过低,则会造成比例不合理,又起不到预期的作用。因此,茶叶企业应结合销售目标、成本水平、资金利润率、需求规模、购买频率、竞争者手段以及传统的商业惯例等因素来制定科学的折扣门槛标准和比例。

(二)现金折扣

现金折扣是对在规定的时间内提前付款或用现金付款的消费者给予的一种价格折扣,在赊销或分期付款等销售结算模式下比较常用,目的是鼓励尽早付款,减少财务风险。采用现金折扣一般要考虑3个因素:①折扣比例;②给予折扣的时间限制;③付清全部货款的期限。提供现金折扣等于降低价格,所以企业在运用这种手段时要考虑所销售茶叶是否有足够的需求弹性,要保证降低价格能够通过需求量的增加使企业获得足够利润。

(三)季节折扣

茶叶的生产具有明显的季节性,为了调节供需矛盾,生产企业可以采用季节折扣的方式,对在新茶上市前购买上个生产季节的茶叶的顾客给予一定的优惠,或者随着不同季节消费习惯的改变调整不同茶类的价格。季节折扣有利于减轻库存,加快流通,充分发挥生产和销售潜力,避免因季节需求变化所带来的市场风险。季节折扣比例的确定应考虑成本、储存费用、基价等因素。

案例 9.1 茶叶到底如何定价——安溪铁观音定价引发的思考

看起来"差不多"的茶叶,在一家茶店要价300元,而在另一茶店可能要价500多元。据介绍,安溪铁观音茶叶的价格受多种因素影响,从茶叶的生长环境,到采摘的天气,再到制作的工艺等,每一道环节都可能影响到它的质量。但是,这些因素的影响并不能全部从外表分辨得清楚,再加上茶的品种繁多,有时就连茶商也很难鉴别,而且,目前茶叶市场价格放开,又没有统一的标准,基本上由生产者、经营者根据市场走势而定,这样一来就会出现"品质接近,价格悬殊"的情况。

资料来源:中国农产品加工网,安溪铁观音茶叶价格是怎样被炒高的?

案例 9.2 供求关系与茶叶价格——天气变化与春茶价格

2010年3月7日至10日,浙江普遍出现春寒,浙江各地较为广泛种植的"龙井43号"受灾最为明显。按照初步估计,西湖龙井的受灾率约在20%~30%。从各地春茶的定价来看,绝大部分春茶在最初上市时最贵。如果遇到受灾情况的话,最初上市的春茶则更贵。由于受灾的原因,当年首批西湖龙井推迟7~10天上市,而价格上则每市斤上涨千元左右。当年年首批到北京的西湖龙井也卖出了每斤 6800 元的天价,比 2009 年高 1200 多元,创下了新的纪录。

资料来源:第一茶叶网,《关于浙茶的十八个问题》

案例思考

1. 茶叶定价的具体方法有哪些?结合案例 9.1 谈谈如何应用这些方法?
2. 分析案例 9.2,通过画图说明供求关系如何影响茶叶的价格。

练习题

1. 影响茶叶定价的主要因素有哪些?
2. 什么是竞争导向定价法?什么是需求导向定价法?
3. 茶叶定价的具体方法有哪些?结合实际谈谈如何应用这些方法。

参考文献:

[1] 张芳琴. 双向供求关系企业联盟的合作策略及利益分配研究[D]. 电子科技大学,2013.

[2] 张光辉. 市场营销学[M]. 北京:中国农业出版社,2009.

[3] 马占丽,张丽娟. 市场营销学[M]. 呼和浩特:内蒙古大学出版社,2009.

[4] 李素萍. 市场营销学[M]. 郑州:郑州大学出版社,2008.

[5] 王志伟. 市场营销学[M]. 北京:对外经济贸易大学出版社,2008.

[6] 胡志刚. 市场结构理论分析范式演进研究[J]. 中南财经政法大学学报,2011(2):68-74+143.

[7] 齐兰. 现代市场结构理论述评[J]. 经济学动态,1998(04):69-72.

第十章 销售渠道策略

本章提要

在竞争激烈的市场中构建有效的营销渠道,对于企业获得竞争优势具有重要意义。本章重点介绍了市场营销中主要的销售渠道及其策略。第一节主要论述了分销渠道的基本含义、特征及其作用。第二节介绍了中间商的主要类型、特征及作用。第三节介绍了销售渠道设计的基本概念、注意事项及其基本流程。第四节阐述了销售渠道管理的基本策略。最后一节概述了分销销售渠道主要发展类型及特征。本章要求掌握茶叶销售渠道的主要特征、中间商的基本特征,同时要求掌握销售渠道的基本策略及特征。

第一节 分销渠道及其作用

一、分销渠道的含义、特征

分销渠道(也称销售渠道或配销通道)是指商品从生产企业流转到消费者手中的全过程中所经历的各个环节和推动力量的总和,这个渠道由一系列的市场中介机构或个人组成。换言之,一切与商品转移相关的中介机构或个人组成了商品的分销渠道。

分销渠道具有以下基本特征:

(1)分销渠道的起点为生产者,终点为消费者或用户。

(2)分销渠道是一组线路系统,中间环节包括各类批发商、零售商、代理商、经纪人和实体分销机构等中间机构。

(3)分销渠道以产品所有权转移为前提。

二、分销机构的作用

中间商是人类社会分工的产物,并随社会分工和商品经济的发展而发展。早期的原始部落内,没有交换,自然也没有专事商品交换的商业。当私有制、商品生产和商品交换变得日趋复杂时,在专门化的商品生产者与消费者之间,商人作为商品交换的媒介出现,这便是人类社会的第三次大分工。

中间商的介入,看上去使交换变得复杂了,但实际上却减少了交易次数,提高了交易效率,节约了整个社会用于商品交换的总劳动。如图10-1所示,3家制造企业,每家都向3个用户出售自己的产品,总计要发生3×3=9笔交易。而如果有一中间商介入,则只需发生3+3=6笔交易。依此类推,卖者和买者数量越多,中间商介入所减少的交易次数及节约的社会总劳动就越多。

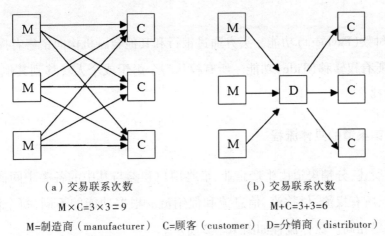

（a）交易联系次数　　　　　　　　（b）交易联系次数
M×C=3×3=9　　　　　　　　　　M+C=3+3=6
M=制造商（manufacturer）　C=顾客（customer）　D=分销商（distributor）

图10-1　中间商存在的客观必要性示意图

三、分销渠道的功能与流程

1. 分销渠道的功能

（1）信息功能。收集和传播营销环境中有关潜在和现行的顾客、竞争对手和其他参与者及力量的营销调研信息。

（2）促销功能。发展和传播有关供应物的富有说服力的吸引顾客的沟通材料。

（3）交易谈判功能。尽力达成有关产品的价格和其他条件的最终协议,以实现所有权或者持有权的转移。

（4）订货功能。营销渠道成员向制造商(供应商)进行有购买意图的沟通行为。

(5)融资(Financing)功能。获得和分配资金以负担渠道各个层次存货所需的费用。

(6)承担风险(Risk taking)功能。在执行渠道任务的过程中承担有关风险(库存风险等)。

(7)物流(Physical possession)功能。产品实体从原料到最终顾客的连续的储运工作。

(8)付款(Payment)功能。买方通过银行和其他金融机构向销售者提供账款。

(9)所有权转移(Title)功能。所有权从一个组织或个人转移到其他组织或人的实际转移。

2. 分销渠道的具体流程

如前所述,分销渠道由生产企业、最终用户和参与其中的各类中间商组成,包括实物流、所有权流、付款流、信息流和促销流。根据功能的不同,每个流程的内部构成不尽相同。具体流程如图10-2所示。

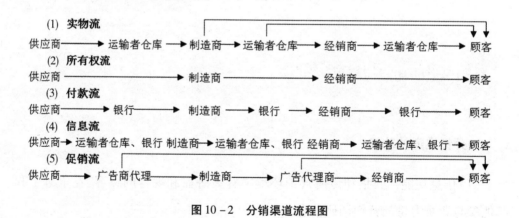

图10-2 分销渠道流程图

四、分销渠道的结构

分销渠道的结构一般从有无中介环节、环节的多少及每一环节含中间商数量

的多少对分销渠道进行划分:

1. 直接渠道与间接渠道

按照商品在流通过程中是否经过中间商转卖,可将分销渠道分为直接渠道和间接渠道。前者由生产企业直接将产品卖给用户,不存在中间商,故又称为二级渠道。销售形式主要有推销员上门推销、邮寄、定做、自设销售机构等。直接销售大多发生在生产者市场上,但近年来,随着消费者市场的快速发展,如通过电视、电话、互联网的直销等,各种货物的销售应有尽有。

间接渠道指至少含有一层中介机构,是消费者市场上占主导地位的渠道类型,它有以下几种结构(见图10-3):

(1) 三级渠道,制造商与用户之间只有一层中间环节,如只有零售商或只有批发商。

(2) 四级渠道,制造商与用户之间有两层中间环节,如消费者市场的批发与零售,生产者市场的代理商与批发商。

(3) 五级渠道,制造商与用户之间有三层中间环节,如消费者市场中批发与零售之间再加上一道批发;生产者市场这种三层渠道的情况已较少见。

还有层次更多的渠道,不过,通常在市场十分遥远、用户非常分散,或零售商非常细小时才出现。

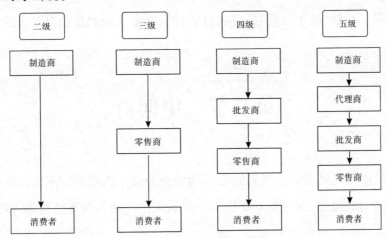

图10-3 分销渠道的级数

2. 长渠道与短渠道

根据商品在流通过程中所经中转环节的多少,我们将分销渠道分为长渠道和短渠道。显然,没有中间环节的直接渠道最短;中间层次或环节越多,渠道越长。我们通常又把四级和四级以上的渠道称为长渠道,三级以下的称为短渠道。不过,渠道的长与短只是相对而言,不能由此断言孰优孰劣。实际上,企业往往采取多种分销渠道销售产品。同种产品,市场地理位置的远近往往不同,远处的需要长渠道,近处的可用短渠道。而当在市场远近相似的情况下,中间商规模大小的不同也会影响渠道长短,如大型零售店销售,渠道可相对较短;若小型零售店销售,渠道可能较长。

3. 宽渠道与窄渠道

渠道的宽与窄,取决于商品流通过程中每一层次选用中间商数目的多少。如生产便利品的企业通常选择许多批发商和零售商组成其分销渠道,以便分散的顾客都能方便地买到商品;反之,经营特殊品的企业在一个城市也许仅选择一家特约店为其经销商品,因其目标顾客不在乎购买是否方便。前者我们称之为宽渠道,其每一层次有众多的同类中间商;后者称之为窄渠道,每一层次中间商的数目少到了极限。当然,除了这种独家经销的情况,宽窄之分也是相对而言的。

第二节 中间商

中间商由专门从事商品流通经营活动的企业和个人组成,基本功能是作为生产和消费之间的媒介,促成商品交换。中间商大体可分为批发商与零售商。

一、批发商

以批发经营活动为主业的企业和个人称之为批发商。批发商是将商品或服务售予那些为了再售或企业购买的人时所发生的一切活动。它不包括制造商、农民和零售商。

(一)批发商的基本功能

批发商在市场营销过程中主要担负以下功能：

(1)推销和促销。批发商提供推销队伍,使制造商能以较小的成本开支接近许多顾客。

(2)采购和置办多种商品。批发商能够选择和置办其顾客所需要的商品品目和花色,这样就减少了顾客的大量工作。

(3)整买零卖。批发商通过购买整车运载的货物,把整批货物分解成较小单元,为其顾客节省费用。

(4)存货。批发商备有一定的库存,因为他们比制造商离消费者近。

(5)融资。批发商为其顾客提供财务援助,如准许赊购等,同时也为其供应商提供财务援助,如提早订货、按时付款等。

(6)承担风险。有的批发商由于拥有商品的所有权而承担了若干风险,同时还要承担商品由于偷窃、危险、损坏和过时被弃所造成的损失。

(7)市场信息。批发商向他们的供应者和顾客,以及有关竞争者提供各种活动、新产品、价格变化等方面的信息。

(8)管理服务和建议。批发商经常帮助零售商改善其经营活动,还可通过提供培训和技术服务,帮助产业客户。

(二)批发商的主要类型

按批发商的性质,可将其分为商业批发商、经纪人和代理商、零售商分部和直销店、专业批发商四类。

1. 商业批发商

商业批发商是指具有独立所有权的商业企业,他们买下所经销商品的所有权再出售。他们对经销的商品拥有所有权,并且提供广泛的功能服务。我国部分国有批发企业大多属于这类批发商。

商业批发商还可以根据承担功能的多少,进一步细分为完全服务批发商和有限服务批发商。

1)完全服务批发商。提供全面服务,包括存货、推销队伍、顾客信贷、负责送货以及协助管理等服务。具体又可分为2种类型:

(1)批发中间商。主要向零售商销售,并提供全面服务。其中,一般商品批发商经营几条商品线;专线经营批发商经营一条或两条产品线,但品种深度较大;专业批发商专门经营一条产品线的某个部分(例如,茶叶批发商、海味食品批发商等)。这种批发商大多在交易集中的农贸市场或专业批发市场。

(2)工业分销商。指向制造商进行批发活动的批发商。他们提供若干服务,如存货、提供信贷和负责送货等。

2)有限服务批发商。有限服务批发商是相对于完全服务批发商而言的,他们向其供应者和顾客只提供极少的服务。有限服务批发商具体可分为以下6种类型。

(1)现货自运批发商。现货自运批发商只经营一些周转快的商品,主要卖给小型零售商,收取现款;一般是顾客到批发商进行选购商品,当场付款,然后自行负责提货和运输。

(2)卡车批发商。与上述现购批发商正好相反,卡车批发商主要执行销售和送货职能。他们通常经营一些易腐或半易腐的商品(如牛奶、面包和快餐),经营者经常开着装满货物的卡车访问顾客,到小杂货店、超市、医院、餐馆和饭店巡回销售,现货现卖。

(3)承销批发商。承包批发商一般经营木材、煤炭和重型设备等大宗商品,他们既不掌握商品实体(存货),也不负责运输。而是在收到订单后与生产商联系,由生产企业根据商定的交货条款和时间直接向顾客发货。虽然承销批发商的功能与代理商差不多,但二者有本质的区别:从收到订单时起,承销批发商就拥有了这批货物的所有权,并承担风险,直到将货送交顾客为止,这是代理商所不具备的。

(4)托售批发商。为了避免承担经销某些品类繁多小商品的风险和麻烦,托售中间商直接派车送货上门,并布置货架、更新现场陈列、自行定价、记录商品销售情况。托售商一直拥有商品的所有权,待商品售出后才向零售商收款,与当地的零售商实际是一种代销关系。托售批发商商主要经营非食品的药品、书籍、小五金、保健美容用品等。

(5)生产合作社。为农村合作社成员所有,在农村集中生产产品,然后卖给当地各个市场。我国现在有很多茶叶专业合作社,一般是当地的经销商或者制造商与农户协议组建的茶叶生产销售合作机构,这种专业合作社对促进了当地茶叶经济的发展起到了不可或缺的作用。

(6)快递邮购批发商。这类批发商向零售商、工业用户、相关顾客寄送商品目录,或者在互联网上集中展示各类商品,如珠宝、化妆品、服装和通信设备等。

2. 经纪人和代理商

经纪人和代理商的主要功能是促进买卖,并获得销售价的 2%~6% 作为佣金。他们一般也专门经营某条产品线或者专门为某类顾客服务。改革开放以来,随着市场经济的建立和发展,代理商和经纪人已在流通领域合法存在,并有很大发展。很多全国性的大型茶叶企业,如大益、下关、天福等就拥有较多的经纪人和代理商。经纪人和代理商在一项交易中只能代表买方或代表卖方,不能同时代表买卖双方,或者只在买方卖方之间起牵线搭桥作用。

经纪人的主要作用是为买卖双方牵线搭桥,协助谈判;他们不存货、不卷入财务、不承担风险,由委托方付给他们佣金。

而代理商与其具有一定的区别,主要有以下 4 种类型:

(1)制造商代理商。是指代表两家或两家以上产品线的互相补充的制造商。他们和各制造商就价格政策、地区、订单处理程序、送货服务和商品担保以及佣金标准等方面订有书面协议。他们熟悉每个制造商的产品线,并且利用自己广泛的接触面来推销产品。

(2)销售代理商。他们虽然被授予销售制造商契约上规定的全部产品的权利,但这些制造商不是对推销毫无兴趣,就是不能胜任此项工作。销售代理商犹如一个销售部门,对于产品价格、交易条件等有很大的影响力。

(3)采购代理商。他们一般和买主建有长期关系,为其采购商品,并经常为买主收货、验货、储存和送货。他们知识丰富,可以向其委托人提供有益的市场信息,采购到价格适宜的优良商品。

(4)佣金商。是指取得商品实体持有权,并处理商品销售的代理商。一般与委托人没有长期关系,常从事于农产品营销。

3. 零售商分部和直销店

这些不是独立批发商,而是卖方或买方自己进行的批发业务,主要与制造企业规模扩张、产品多样化,以及更有效地控制产品销售有关。目前,中国多数大型家电企业都在全国组建了销售分公司,可以直接向零售商推销产品。一些空调企业、名牌服装企业和茶叶企业还直接开设了零售专卖店,如海尔、长虹、鄂尔多斯,茶叶企业中的天福、立顿茶品等。

具体可分为以下2种类型:

(1)销售分部和直销店。制造商为了加强存货控制,改进销售和促销工作,经常开设自己的销售分部和直销店。销售分部备有存货,常见于木材、汽车设备和配件等行业。直销店不存货,主要用于纺织品、食品和小商品等行业。

(2)采购办事处。作用与采购经纪人和代理商相似,但前者是买方的组成部分。许多零售商会在市场中心如纽约和芝加哥等地设立采购办事处。

4. 专业批发商

这类批发商具有典型的业务特点:一是将分散的货源收集组织起来,然后大宗地批发出去。最典型的如各类农产品收集商、石油商。二是业务范围窄而专一,配置各种专用的仓库、运输设施,而活动范围或市场覆盖面却十分广大。我国各大中城市的茶叶专业批发市场中有很多这样的专业批发商。

（三）批发商营销决策

（1）目标市场。批发商应该明确自己的目标市场，而不能企图为每一个人提供服务。

（2）产品品种和服务。批发商的产品是指他们经营的品种。

（3）定价。批发商通常在货物成本上，按传统的比率加成，以抵补自己的开支。

（4）促销。批发商主要通过销售员来达到促销目标。

（5）批发地点。在过去，批发商一般设在租金低廉、征税较少的地段，他们的物质设施和办公室花费也较少。批发商用于货物管理系统和订单处理系统的手段往往落后于现代技术；如今，进取性的批发商往往改进货物处理过程和成本，开发自动化仓库管理等。

二、零售商

凡以零售经营活动为主业的企业或个人称之为零售商。零售商是将商品送达到个人消费者手中的商品分销渠道的出口。零售商包括在商品或服务中直接销售给最终消费者以供其用于非商业性使用过程中所涉及的一切的商家。

（一）零售的主要类型

从经营形式看，零售可分为有门店和无门店两类。有门店零售即零售店；无门店零售则主要是互联网销售、快递邮购等，无门店零售还包括上门推销和自动售货机等。

（1）商店零售商。包括专业商店、百货商店、超市、便利商店、折扣商店、廉价零售商、超级商店和样品目录陈列室等。

（2）无商店零售商。包括直接摊销、直接营销、自动售货和购物服务等。随着城市化的发展，人们收入水平提高，生活方式变化，特别是现代计算机通信网络、电视等媒体的发展，各种能节省人们购物时间的无店铺零售方式将会逐步发展，虽然人们买的商品品种更多,数量更大,但花在逛商店购物上的时间将减少。

(3)连锁商店。零售业在20世纪的另一重要发展是连锁商店,它们是共同所有、统一管理、销售同类商品、集中采购的商店。连锁商店可以是超级市场的连锁、专业商店的连锁、百货公司连锁,也可以是旅店连锁、快餐馆连锁。严格来说,连锁是一种组织形式,而非经营方式。连锁的发展有助于克服零售企业由于顾客分散造成的店址固定、单店规模小、经营成本高的限制,使企业可通过统一进货、统一的标准化管理和统一做广告宣传形成规模效益,无论对大公司还是小公司都适合,很有发展前途。

(二)零售生命周期

一种零售商店类型往往在某个历史时期出现,经过一个迅速发展的时期,日臻成熟,然后衰退。而新商店类型的出现是为了满足顾客对服务水平和具体服务项目的各种不同的偏好。

大多数产品种类的零售商可在自助零售、自选零售、有限服务零售、完全服务零售4种服务水平上定位。自助零售即用于许多零售业务,特别是便利商品,某种程度上也适用于选购品;自选零售即主要由顾客自己寻找所需要的商品;有限服务零售即一般提供较多的销售帮助,因为这些商店经营的选购品较多,而顾客难以掌握较多的信息;完全服务零售即销售人员准备在"寻找—比较—选择"过程的每一环节上都提供帮助。

(三)零售商营销决策

零售商需要在目标市场,产品品种和采办,服务与商店气氛,定价、促销和销售地点等方面进行决策。

(1)目标市场。零售商最重要的决策是确定目标市场。当确定目标市场后,零售商才能对产品分配、商店装饰、广告词和广告媒体、价格水平等做出一致的决策。

(2)产品品种和采办。零售商所经营的产品品种必须满足目标市场,同时决定产品品种组合的宽度(窄或宽)和深度(浅或深)、产品质量和产品差异化。

(3)服务与商店气氛。零售商还必须制定向顾客所提供的服务组合,这是一家商店区别于另一家商店的主要工具之一。另外,商店气氛是商店差异化的另一个要素。商店必须精心构思,使其具有一种适合目标市场的气氛,使顾客乐于购买,从而给顾客留下好的印象。

(4)定价、促销和销售地点。零售商的价格定位是一个关键因素,必须根据目标市场、产品服务分配组合和竞争情况来确定;同时,零售商店址选择也是吸引顾客的关键竞争要素,应广泛开展促销来产生交易和购买。

(四)零售业的发展趋势

随着现代电子商务的不断发展,新的零售形式不断涌现,威胁着现有的零售形式,逐渐成为社区活动中心。而且,不同类型商店之间的竞争愈演愈烈,零售商在其所经营的各个产品线上定位时便出现了两极化的情况。随着垂直营销系统的发展,营销渠道的管理与计划的专业化程度越来越高,战略组合方法也在随之改变。零售技术作为一种竞争手段正变得日益重要,大型零售商正以其独特的形式和强大的品牌促销,日益快速地走向其他国家。

第三节 销售渠道决策

一、渠道设计的概念

渠道设计指设立全新的营销渠道或对现有营销渠道进行修订的有关活动。

1. 渠道设计的层面

渠道设计包括两个层面:一是对现有渠道进行修订。对现有渠道进行修订或再设计都称为"营销渠道再造"。二是营销渠道设计,表现在营销者通过构建有效的渠道结构,有意识地、积极地分配分销任务。

渠道选择只是渠道设计中的一个阶段,而不是渠道设计的全部。营销者将渠道设计作为一种策略工具,目的在于获得竞争中的差别优势。

2. 设计渠道的一般要求

(1)渠道设计应反映不同类型的中间机构在执行任务时的优势和劣势。

(2)渠道设计同样受到竞争者使用渠道的制约。

(3)渠道设计必须适应大环境。当经济不景气时,生产者将以最经济的方法将其产品推入市场,这就意味着利用较短的渠道,取消一些非根本性的服务,降低产品的最终价格。另外,法律规定和限制也将影响渠道设计。

二、渠道设计的框架

一般而言,渠道设计可以分为如下 6 个阶段:

(1)分析顾客需要的服务产出水平。

(2)确定与协调分销目标。

(3)明确分销任务。

(4)开发可供选择的渠道结构方案。

(5)评价影响渠道结构的因素。

(6)选择最优渠道结构方案。

(一)分析顾客需要的服务产出水平

营销渠道可提供 5 种服务产出:

(1)批量大小。批量是在购买过程中营销渠道提供给顾客的单位数量。

(2)等候时间。等候时间指渠道的顾客等待收货的平均时间,顾客一般喜欢快速交货渠道,快速服务则要求一个高的服务产出水平。

(3)空间便利。空间便利是营销渠道为顾客购买产品所提供的方便程度。

(4)产品品种。产品品种是营销渠道提供的商品宽度。一般来说,顾客喜欢较宽的花式品种,这更能满足顾客的多需要。

(5)服务支持。服务支持是渠道提供的附加服务(如信贷、交货、安装、修理等),服务支持越强,渠道提供的服务工作越多。

(二)确定分销目标

有效的渠道计划还要决定目标、市场,目标包括预期要达到的顾客服务水平以及中间机构应该发挥的功能等。

1. 渠道设计

当产品的现有渠道不适合新产品或产品线时,就需要建立新的渠道或对现有渠道进行"再造",营销组合也即发生变化。例如,新的定价政策如果强调低价,便会导致对折扣店的需要增加;兼并收购建立的新企业、中间商经营策略的变化等都会引致渠道结构的变化等。

2. 确定与协调分销目标

在识别渠道设计决策需要后,渠道管理者需要构建一个渠道结构。在渠道设计的实际过程中,企业的分销目标常常并未明确,经营条件的变化固然会对渠道设计决策产生新的需要,但同时也会对新的渠道目标或修订渠道目标的产生影响。为了确定渠道目标并与其他营销要素,以及企业总体经营目标相协调,渠道管理者需要考虑以下3个任务:

(1)熟悉营销组合其他领域的目标与策略以及企业的其他相关目标与策略。

(2)明确分销目标。

(3)检查已确定的渠道目标是否与营销或企业的其他目标相适应。

3. 明确陈述分销目标

如当IBM决定使用邮购渠道时,其分销目标被表述为:"让任何地方的消费者都能直接买到IBM的PC机。"

又如某茶叶企业的分销目标是:让全国地级以上的大中城市的百货公司和大

型超市当中,每3家店面至少有1家在销售本公司产品。

渠道目标因产品特性不同而不同。易腐商品要求较直接的营销,避免拖延和重复搬运造成的损失;体积庞大的产品,要求采用运输距离最短的渠道布局;由于中间商缺乏必要的知识,非标准化产品则由公司销售代表直接销售;需要安装或长期服务的产品通常也由公司或者独家代理商经销;单位价值高的产品一般由公司推销员销售,很少通过中间机构。

(三)明确分销任务

分销目标确定后,需通过分销职能与任务的实施去实现分销目标。传统的分销任务与职能一般包括购买、推销、沟通、运输、储存,等等。然而,这种划分于实际工作并无意义,渠道管理人员需要确定的是具体的任务。

比如,一家茶叶企业销售商的分销任务是:收集目标市场的购买行为;提高目标市场的产品覆盖率;保有恰当的存货以保证及时供应;收集整理有关产品特性的信息;处理和满足消费者特定的需求;保证运输并提供售后服务,建立产品退货制度。

(四)开发可供选择的渠道结构方案

确定目标与分销任务以后,为了实现目标、完成任务,渠道管理人员需要考虑如何进行任务分配,这就涉及渠道结构的设计与选择问题。渠道方案的选择,应从以下3个方面着手:

1. 层级数

渠道层级数的范围由两级到五级或以上,其中,两级即最直接的渠道结构,如制造商——用户。

渠道经理可考虑选择的渠道结构有2至3种。在某些行业,所有的制造商采用同样的渠道结构,在另一些行业,各制造商选择的渠道结构具有灵活性。

2. 各层级的密度

密度是指营销渠道的每一层级中间商的数量,是渠道结构中最重要的方面之一,它反映的是企业总体经营目标与策略。同时,根据目标市场的服务产出要求和渠道交易成本,公司必须决定每个渠道层次中间商的数量及类型,选择能促进其长期盈利的渠道类型。

(1)专营性分销。专营性分销是严格地限制中间商的数目,一般适用于选购品、耐用品,如名牌电器、服装、品牌茶叶,等等。在这种策略下,制造商视中间商为合作伙伴,双方关系密切。一般来说,专营性的中间商也不再经营其他竞争品牌。在我国,大益普洱茶、天福茗茶等品牌均设有很多专营性分销机构。

(2)密集性分销。当企业决定实施覆盖整个市场的营销决策时,其渠道结构必然要求很高的密集度,这就要求尽可能多地利用销售商店和中间商销售商品。价格低廉、产品差异小、购买量小而购买频率高的日常用品常采用这种"密集分销策略"。如口香糖、饮料等。

(3)选择性分销。选择性分销是利用多家愿意经销的中间机构都来经营某一种特定产品。一些已建立信誉的公司或者新公司,都利用选择性分销来吸引经销商。选择性分销能使生产者获得足够的市场覆盖面,与密集性分销相比有较大的控制力和较低的成本。我国许多有一定实力的茶叶企业都实行选择性分销策略。

3. 每个层级上的渠道成员的义务及责任

生产者必须确定渠道成员的义务条款和责任,包括以下方面:

(1)价格政策。要求生产者制定价目表和折扣细目单。生产者必须确信这些是公平且足够的。

(2)销售条件。指付款条件和生产者的担保。大多数生产者对于付款较早的分销商给予现金折扣。生产者也可以向分销商提供有关商品质量不好或价格下跌等方面的担保,这样的担保能吸引分销商购买较大数量的商品。

(3)分销商的地区权利。分销商需要知道生产者打算在哪些地区给予其他分销商以特许权。

对于相互服务和责任,必须十分谨慎地确定,尤其是在采用特许代营和独家代理等渠道形式时。

(五)评价影响渠道结构的因素

(1)市场地理区域。从渠道设计的角度看,考虑地理区域问题旨在选择何种渠道结构来覆盖市场并使产品有效地流向该市场。制造商与其市场的距离越远,选择中间商分销就越经济。

(2)市场规模。从渠道设计角度看,组成市场的顾客越多,市场规模便越大,则越需要利用中间商;反之亦然。

(3)市场密度。单位区域内购买者的数量决定了市场密度的大小。一般来说,市场密度越小,分销的费用越高,使用中间商的可能性便越小,这是因为产品和信息的流动都不充分所致。

(4)消费者市场行为。消费者市场行为主要是指顾客的购买行为及偏好。

(5)产品因素。包括产品体积与重量、产品易腐性、产品单位价值、标准化程度、技术含量、市场新产品或老产品等。

(6)公司因素。包括:①公司规模:一般来说,公司规模越大,其渠道结构设计的选择范围便越大。②财务能力:公司财务能力越强,对中间商的依赖度就越低。③分销队伍:分销队伍执行分销职能的能力越差,需要的中间商就越多。④目标与战略:企业的经营与营销目标、战略不同,对中间商的需要便不同。

(7)中间商因素。包括:①可获得性:能否找到充分履行分销职能的中间商成为影响渠道结构的一个重要因素。比如,某名茶生产商不通过中间商而是以自营专卖店分销产品,原因在于该企业认为没有中间商能够很好地履行分销职能。②使用成本:使用中间商的成本相对其提供的服务的高低,会影响渠道结构。③服务水平:中间商提供的服务水平高低影响渠道结构的选择。

(六)选择渠道结构并对渠道方案进行评估

当制造商识别了几种渠道方案或渠道结构之后,就要通过评估确定出最优方案来。一般而言,每一个渠道方案都需要以经济性、可控制性和适应性3个标准进行评估。

(1)经济准则。每一种渠道方案都将产生不同水平的销售和成本。

(2)控制准则。评价必须要考虑渠道的控制问题。如使用销售代理商意味着会产生更多有关控制的问题。

(3)适应性准则。虽然渠道成员在一个特定的时期内互相之间有某种程度的承诺,但这种承诺往往会影响制造商的应变能力。因此,在迅速变化的市场上,生产商需要寻求能获得最大控制的渠道结构和政策,以适应不断变化的营销战略。

第四节　渠道管理决策

客观来说,制造企业和中间商之间存在诸多矛盾,如零售商既希望减少存货以节约空间和资金占用,又要求制造企业在断档时紧急发货,以抓住市场机会;而频繁供货使制造企业增加了送货成本,特别是小批量的紧急送货。另外,制造商希望中间商全心全意为自己推销产品而拒绝经销其他同类产品,但中间商则希望经销多种可供顾客选择的同类产品,并要求制造商提供广告促销。这些矛盾导致制造商和中间商相互竞争,在双方的关系中都力争主动,取得更大的控制权。但从根本上来说,制造商和中间商的利益又是一致的,二者都只有将商品顺畅卖给使用者才能获得效益,因此又要加强渠道内部各成员之间的协调与合作。

企业必须安排专人负责分销渠道的管理,其主要职责是:对每个渠道成员的工作效能进行评估;了解中间商的要求并加强与中间商合作;调解并减少与中间商在业务上的矛盾；保证对中间商的及时供货；必要时对分销渠道做出调整。

具体的管理程序包括以下几点：

一、选择渠道成员

企业在设计好渠道后，需选择渠道成员，在选择时需考虑以下因素：

(1) 经商的年数；

(2) 经营的其他产品；

(3) 成长和盈利记录；

(4) 偿付能力；

(5) 合作态度以及声誉。

如果中间商是销售代理商，生产者要考虑其所经销的其他产品的数量和特征，以及其推销力量的规模和素质。如果中间商是要独家经销的百货商店，生产者就要考虑该商店的店址、未来成长的潜量和顾客类型。

1. 寻找潜在渠道成员

包括销售机构现场考察，参加商会和查阅商业出版物，参加贸易展览会以及通过在售商咨询、顾客口碑、广告获取等。

2. 潜在渠道选择标准

包括中间商信用与财务状况、销售实力、产品线、声誉、市场覆盖面、销售绩效、管理能力、态度和销售规模。

二、激励渠道成员

选择渠道成员之后，还需激励渠道成员。通过加强与中间商的合作关系，使中间商更好地完成制造商的分销目标。一方面，生产企业对中间商应以"利益共享，风险分担"的原则，加强双方的合作关系。另一方面，加强对中间商的工作考核,并规定考核和奖罚办法,通过奖励措施或优惠待遇来争取建立长期合作关系。

1. 激励方式

渠道成员激励的方式有正反两种。正面激励的方式包括销售奖金、交易折扣折让、销售竞赛等奖励的方式;负面激励包括提高产品售价、减少销售优惠等惩罚的方式。然而正确的激励方式应该注意渠道成员间的长期性配合,考虑彼此的基本需要及利益,建立互助互利的合作关系。

2. 激励类型

(1)强制力量。当中间商不合作时,制造商就威胁停止提供资源或中止关系。

(2)报酬力量。在中间商执行特定活动时,制造商给予附加利益。报酬力量通常比压力效果更好,但开支过高。

(3)法律力量。制造商依据合同所载明的规定或从属关系要求中间商有所行动。

(4)专家力量。可被那些具备专门技术的制造商所用,而这些专门技术正是中间商认为有价值的。

(5)参考力量。一般用于当制造商有很高的声誉且中间商以与制造商合作为自豪的情况下。

3. 激励的开展

1)发现渠道成员的需要与问题

从中间商的角度看,其对自身功能的认知与制造商有所不同。中间商并不认为自己仅仅是"制造商雇用链中的一环",而是首先把自己视为顾客的采购代理,其次才把自己当作供应商的销售代理。除非给予特别的刺激,中间商通常不会保有每个销售品牌的销售记录与市场反馈信息。

2)为渠道成员提供支持

支持是指制造商为满足中间商的需要,解决中间商的问题所做的各种努力。

主要包括以下3个方面：

①合作协定。这是激励批发和零售环节中间商通常采用的方法。比如：对中间商的广告津贴、提供免费商品、折价补助、区域市场研究、培训销售人员、存货价格调整等。

②战略联盟。战略联盟强调渠道成员间（比如制造商与中间商之间）在产品、技术、服务等方面持续的、相互的支持关系与伙伴关系。

③分销策划。激励程度高于前2种方式。这种方式的本质是建立一种有计划的、专业管理的纵向营销系统，把制造商和分销商双方的需要结合起来。在这种方式下，制造商在分析自身目标、能力以及分销商的能力与要求的基础上，与分销商联合规划、共同制定分销方案（比如销售目标、存货水平、铺面空间、商品陈列、销售培训等），使分销商的经营尽可能达到最佳水平，并使分销商作为纵向营销系统的一员。

三、评价渠道成员

生产商必须定期按一定标准考核中间商的表现，如销售配额完成情况、平均存货水平、向顾客交货时间、对损坏和遗失商品的处理、与公司促销和培训计划的合作情况等。

主要评估内容包括：

（1）检查每位渠道成员完成的销售量、利润额，确认经销商是否积极努力地推销本企业的产品。

（2）检查每位渠道成员同时经销其他竞争产品的数量。

（3）计算每位中间商订单的平均订货量，以及每位渠道成员的销量在企业整个销量中所占比重。

（4）检查每位中间商给商品定价的合理程度。

（5）检查每位渠道成员为用户服务的态度和能力，以及用户满意度。

通过上述诸方面的评估，企业可鉴别出贡献较大、工作努力的渠道成员，并给予特别的关注，建立更亲密的伙伴关系；同时对于不胜任的渠道成员可做出相应调整。

四、渠道改进安排

生产者的任务不能仅限于设计一个良好的渠道系统并推动其运转,还要求定期进行改进,以适应市场新的动态。

1. 渠道改进的原因

①因市场的变化,渠道系统在运行过程中需要经常调整以满足市场需求;②产品生命周期的变化要求对渠道做出适应性的调整;③价格策略的变化要求对渠道系统做出调整;④促销策略的变化要求对渠道系统做出调整。

2. 渠道改进措施

①增减个别渠道成员;②增减某些特定的市场渠道;③创立一个全新的方式;④在所有的市场中销售产品。

第五节　分销渠道的发展动态

分销渠道不是一成不变的,新型的批发机构和零售机构不断涌现,全新的渠道系统正在逐渐形成,分销渠道在动态中不断发展,这是销售渠道发展的必然趋势。

一、垂直营销系统(VMS)

1. 垂直营销系统简介

垂直营销系统(VMS)是作为传统营销渠道的挑战而出现的。

传统营销渠道是由独立的生产者、批发商和零售商组成。每个成员都是作为一个独立的企业实体追求自己利润的最大化,即使以损害系统整体利益为代价也在所不惜,也没有一个渠道成员对于其他成员拥有全部或部分控制权。

垂直营销系统是由生产者、批发商和零售商所组成的一种统一的联合体。联合体的形式有:拥有其他成员的产权、一种特约代营关系、某个渠道成员拥有相当实力使得其他成员与之合作,垂直营销系统可以由生产商支配或由批发商或者零售商支配。

2. 垂直营销系统的类型

(1)公司式垂直营销系统。由同一个所有者名下的相关的生产部门和分销部门所构成的系统。

(2)管理式垂直营销系统。由某一家规模大、实力强的企业出面组织的营销系统。

(3)合同式垂直营销系统。由各独立的公司在不同的生产和分销水平上组成,他们以合同为基础来统一行为,以求获得更大的经济和销售效果。合同式垂直营销系统又有3种形式:

①批发商倡办的自愿连锁组织。批发商组织独立的零售商成立自愿连锁组织,帮助他们和大型连锁组织抗衡。

②零售商合作组织。零售商可以带头组织一个新的企业实体来开展批发业务和可能的生产活动。

③特约代营组织。一个被称作特约代营商(特许经营者)的渠道成员可能连接生产分销过程中几个环节。即:A. 制造商倡办的零售特约代营系统;B. 制造商倡办的批发特约代营系统;C. 服务公司倡办的零售特约代营系统

二、水平营销系统(HMS)

由于公司缺乏资本、技能、生产或营销资源而又需要独自承担风险,或者发现与其他公司联合可以产生巨大的协同作用时,公司间往往联合行动,这种联合行动可以是暂时性的,也可以是永久性的,也可以创立一个专门公司。阿德勒将这样由2个或2个以上非关联的公司通过资源或计划整合来开发一个营销机会的渠道发展形势称为共生营销。

三、多渠道营销系统(MMS)

多渠道营销是指企业建立两个或更多的营销渠道以到达一个或多个目标市场的做法。

1. 面临的机遇

第一,公司通过不断增加渠道获得顾客的细分市场,从而增加了市场覆盖面;第二,可以增加能降低销售成本的新渠道(如采用电话销售而不是销售人员访问小客户),降低渠道成本;第三,公司可以增加更适合顾客要求的渠道(如利用技术型推销员销售较复杂的设备),为顾客定制化销售。

2. 潜在风险

引进新渠道会产生冲突和控制问题,当2个或更多的渠道为争夺同一客户竞争时,容易发生冲突;同时,当新渠道成员更具独立性而使合作越来越困难时,也会产生渠道控制问题。

3. 渠道的合作、冲突和竞争

(1)渠道冲突和竞争的类型。垂直渠道冲突是指同一渠道中不同层次之间的利害冲突,这类冲突最为常见。水平渠道冲突是指渠道内处于同一层次的渠道成员之间的冲突。多渠道冲突产生于在制造商建立了2个或更多的渠道,且这些渠道在向同一市场销售时相互竞争。

(2)渠道冲突的原因。目标不一致;不明确的角色和权利;知觉或感受差异;中间商对制造商巨大的依赖性。

(3)渠道冲突的管理。一定的渠道冲突能产生建设性的作用,能提供适应变化环境的动力。当然,过多的冲突是失调的。问题不在于是否消除这种冲突,而在于如何更好地管理它,一般可采用的协调机制如下:①采用共同目标协调;②渠道层次之间进行人员交流合作;③行业协会内部和协会之间的协作;④用协商、调整或仲裁解决冲突。

(4)渠道关系中的法律和道德问题。

①专营交易。许多生产商和批发商喜欢为他们的产品发展专营渠道。当销售者仅允许一定的售点经营其产品时,该战略就称为专营分销;当销售者要求这些经销者不能经营竞争者产品时,这战略就称为专营交易。

②专营地区。专营交易经常涉及地区安排。生产商可以同意在规定的区域内不销售给其他经销商。或者买方可以同意只在自己的地区中销售。

③联结协议。强有力品牌的生产商有时只有在经销商承诺经销其产品线的部分或全部产品时才允许它经销本品牌产品。这被称为全产品线经营。

④经销商权利。生产商可自由选择他们的经销商,但中止经销商的权利是有某些限制的。一般来说,生产商中止经销商要有"某些理由"。

案例 10.1 星巴克在中国成功的原因

(一)市场规模——中国是个巨大的消费市场

中国是世界上人口排名第一的国家,占世界人口比例近1/5,市场需求非常庞大。星巴克高瞻远瞩,看到了中国市场存在的巨大潜力。随着中国经济的快速增长,现代化进程的加快,人民生活水平也开始提高,咖啡这种适应现代化生活又带着小资情调的饮品引起越来越多人的喜爱。为了更好地打入中国市场,星巴克在进入中国市场之后将旗下产品本土化,使之更符合中国人的饮食习惯。2010年,星巴克推出九款茶饮品,其中包括三款首次在中国推出的原叶中式茶(白牡丹茶、碧螺春绿茶和东方美人乌龙茶)和四款原叶异域茶(甘菊花草茶、印度红茶、英式红茶和伯爵红茶)以及两款手工特制茶饮。"卖茶"成为星巴克的产品本土化的新招数。

(二)营销定位——第三空间的品牌定位

星巴克将自己定位于独立于家庭和办公室之外的第三空间,其目标是为以中国中产阶级为主流的中上阶层提供一个风格清新的时尚社交场所,让人们在星巴克购买咖啡的同时,也等同于购买了一种生活方式。星巴克从选址、装修到经营,无不体现这一理念。通过氛围的管理、个性化的店内设计、暖色的灯光、柔和的音乐等,营造出一种悠闲、浪漫的氛围,给顾客一个工作居住以外的休闲娱乐环境。

(三)独特宣传——口碑式营销

星巴克一直注重自己产品的质量,他们坚信,只有优质的咖啡喝起来才会让人感到悠闲和惬意。无论是原料豆及其运输、烘焙、配制、配料的掺加、水的滤除,还是最后把咖啡端给顾客的那一刻,一切都必须符合最严格的标准。

(四)创新策略——以服务顾客为中心

在服务方式上,星巴克在美国和中国台湾推出星巴克随行卡,这可以减少因为顾客携带现金以及找零而出现的不必要麻烦。在宣传方式中,建立了宽频互联网连接,让顾客可以透过网络服务了解世界各地的星巴克。这既降低了宣传成本,也使得宣传具有互联网传播的特点即迅速、受众面广。星巴克试图把中国传统文化巧妙地融入星巴克的品牌个性中,成就本土星巴克的文化,一切以顾客的感受为中心。而这些,就是星巴克能够取得世界第一咖啡品牌的秘诀:具有高远的眼光看得到市场,对自己的精准定位,注重品牌质量和努力创新。

资料来源:百度文库,http://wenku.baidu.com/view/e4b7ded7fd0a79563c1e72e5.html

练习题

1. 结合实例分析营销策略的重要性。
2. 密集分销和选择分销适应哪些产品？请举例说明。
3. 简述渠道管理决策的内容。

参考文献：

[1] 科特勒著,王永贵译.营销管理[M].北京:中国人民大学出版社.2012

[2] 陈涛,李习平,姜丽楠.企业的分销渠道管理创新[J].中国流通经济,2001(5):53-55

[3] 蔡而迅.中国茶叶企业转变传统营销模式发展连锁经营的探讨[J].科技和产业,2013,13(2):117-121

[4] 陈东灵.茶叶营销发展趋势探析[J].福建茶叶,2011(4):52-55

第十一章 茶叶专业店与连锁营销

本章提要

茶叶专业店是茶叶销售的主要途径之一,且正逐步发展为茶叶终端销售的主要形式。本章主要分析了茶叶专业店和连锁营销的基本含义、特征及经营的基本流程等。第一节分析了茶叶专业店的特点和优势,介绍了茶叶专业店的开店准备,并详述了茶叶专业店的运营与管理办法。第二节介绍了茶叶连锁营销的特点和优势,并概述了茶叶连锁店的加盟流程和其营销策略。通过本章的学习,要求掌握茶叶专业店的基本特征、开店的基本流程以及各种类型的基本特点。

第一节 茶叶专业店

一、茶叶专业店的概述

专业店(Specialty Store)是以经营某一大类商品为主,并且具备丰富专业知识的销售人员和提供适当售后服务的零售业态,是在经历了"大卖场热""超市热""购物中心热"之后,于20世纪80年代在世界零售业兴起的一种先进零售业态。

与兼营茶叶的商店和超市不同,茶叶专业店的茶叶产品占其经营产品总数的90%以上;与只经营或被授权经营某一品牌的茶叶专卖店不同,茶叶专业店经营的茶叶品牌繁多;与以批发为主的茶厂或是批发市场的批发门市部不同,茶叶专业店同时还兼营与茶相关的商品,如茶具、茶书、茶制品等。

(一)茶叶专业店的特点

茶叶专业店在市场上广受消费者的青睐从而得以快速发展,这不仅得益于其以满足消费者的需求为核心、将消费者的利益放在首位的经营理念,还与其本身的运营特点有关。具体来说,茶叶专业店具有以下特点:

1. 挑选方便,服务优质

茶叶专业店一般位于人口稠密的繁华商业区,便于顾客寻找和采购。不仅如此,茶叶专业店兼营茶具、茶书、茶制品的经营模式也为顾客提供了一站式购物的可能。

与其他经营模式不同,茶叶专业店不仅可以为顾客提供免费品茶、先品后买、临时分装、个性化包装等服务,店内经过专业培训的从业人员还可为顾客介绍茶叶的选购、贮藏知识,现场演示不同茶类的最佳冲泡方法,以及讲解品茶的技巧与艺术,等等。

2. 品种多样,物美价廉

在茶叶专业店内,当地畅销茶的品种、规格、花色、款式、品牌一应俱全,可以极大满足顾客的多样性需求。与此同时,茶叶专业店的从业人员一般具有丰富的专业知识,能够找到性价比较高的货源,从而为顾客提供物美价廉的产品。

(二)茶叶专业店的优势

目前,投资经营者越来越倾向于选择茶叶专业店,这主要得益于茶叶专业店的两大优势:

一是该经营模式有利于创立品牌,经营风险低。茶叶专业店将商誉和经营特色作为宣传重点,依靠准确的定位、特色的经营和专业的服务来创立茶店品牌。这种方式不受制于生产环节,在如今茶叶市场供过于求的市场情况下,实施难度要比创立产品品牌小得多。

二是有利于规模经营。专业店可以将销售渠道逐步向批发、连锁店、进出口及电子商务等环节渗透,带动供应链管理、产生增值效应。

二、茶叶专业店的开店准备

充分的开店准备是茶叶专业店得以成功创办的前提条件。创办茶叶专业店,首先要依法取得《食品流通许可证》,并向工商行政管理机关申请登记;除此之外,在开店之前一定要落实好市场调查、商圈分析、店址选择、茶店设计这4个环节,精心制定和实施开店的规划。

(一)市场调查

市场调查是指运用科学的方法,系统地搜集、记录、整理有关市场营销信息和资料,分析市场状况以及发展趋势,为市场预测和营销决策提供客观依据。

1. 调查内容

市场调查的主要内容包括市场环境调查、消费者调查、竞争者结构调查。

(1)市场环境调查。市场环境是企业生存发展的基础,包括经济环境、政治环境、人口环境、文化环境、自然地理环境等。这里的市场环境包含宏观和中观两层意思,宏观是指整体世界及国家的市场环境,中观是指具体到城市环境,城市的市场结构、未来规划均是调查的重点。市场环境调查是企业开展经营活动的前提;

(2)消费者调查。消费者调查有助于企业根据消费行为制定合理的营销策略。消费者调查的内容主要包括:①人口结构,包括年龄、性别、教育程度、职业分布等;②家庭户数构成,包括家庭户数变动的情形及家庭人数、成员状况、人员的变化趋势;③收入水平,包括收入水平、来源、消费能力、现状、习惯;④消费水平,包括具体消费水平、消费品类、消费习惯等;⑤交通和出行方式,包括具体出行方式及费用等;⑥购买行为,包括具体的购买频次、购买品类、购买偏好、购买习惯等。

(3)竞争者结构调查。竞争者结构调查能为企业制定产品策略和定价策略提供依据和思路。其主要内容包括:①竞争者的分布,调查在同一城市或区域内竞争者的分布情况并制作竞争者分布图,这有助于决定是采取避开竞争者战略还是趋近竞争者战略;②竞争者的规模,主要是对竞争者的营业面积和营业额进行估算,这两个指标通常能够较为客观地反映竞争对手的实力;③竞争者商品结构与定价,了解竞争者的商品种类和定价情况,能够为本店制定产品策略和定价策略提供依据和思路;④大型店的动向,大型店通常占据较多的资源,其动向往往能够在较大程度上影响市场,因此把握大型店的动向也是保持市场敏感性的一种要求。

2. 调查方法

市场调查的方法有询问法、实验法、观察法、问卷法和文献法等。一般用于开店前市场调查的方法主要有以下几种:

(1)询问法。用调查问卷、电话询问、直接提问等方式,对被调查人做直观的了解。该方法对调查人员的素质要求较高,需要耗费大量的精力而且管理起来比较困难。

(2)观察法。直接对调查主体进行实地观察,从而搜集所需信息。该方法具有直观性、客观性、及时性等优点,缺点是受人员、经费的限制。

(3)文献法。可以通过走访或查阅城市统计年鉴、咨询该城市行业协会或是走访城市统计部门的方式来获取与自己调查目的相关的统计指标。该方法操作简单、成本低、快捷,但是搜集的数据具有滞后性。

(二)商圈分析

商圈分析是指对商圈的构成、特点和影响商圈规模变化的各种因素进行综合性的研究。商圈分析有助于企业选择店址、制定市场开拓目标以及有效地进行市场竞争。

1. 商圈的定义及类型

商圈是指以茶店所在地为中心,沿着一定的方向和距离拓展的、能够吸引顾客的范围。依据距离的远近以及顾客密集度的高低,商圈可分为核心商圈、次级商圈、边缘商圈。核心商圈是指离茶店最近、顾客密度最高的地方,50%~80%的消费将在此商圈内实现;次级商圈是指位于核心商圈外围的商圈,15%~25%的消费将在此商圈内实现;边缘商圈是指处于商圈最外缘的区域,5%~10%的消费将在此商圈内实现。

此外,依据其他的分类指标,商圈主要可分为如下几种类型:

(1)根据商圈中商家的关系分类可分为:①互补型商圈。此商圈内商家经营的商品存在着互补性。②专业型商圈。处于一种竞争型商业环境中,在此类商圈里的商家大多经营同一类型商品,在价格、品牌、服务等方面展开竞争。③综合型商圈。此类商圈日常所需各种类型的商店,商圈内商家各行其道,相安无事。

(2)根据商圈所处的环境类型分类可分为:①商业区。该区是商业行业的集中区,其特点是商圈大、流动人口多、各种商店林立、竞争性强。其消费特点是快捷、时尚、易冲动购买及消费金额较高等。②住宅区。该区住宅集中，住户较多。其消费特点为消费群稳定、要求便利性、亲切感强、家庭用茶购买率较高。③文教区。该区附近有大、中、小学校。其消费特点是消费群以学生为主、消费金额不高、中低档茶购买率高等。④办公区。该区办公楼林立，工作人口多。其消费特点为时间稳定、集中、消费水平高等。⑤混合区。属于多元消费区，各种区域形态交织在一起，具有各个单一商圈的消费特点。

2. 商圈分析的内容

商圈分析的主要内容有市场潜力分析、竞争者分析、基础条件分析。

(1)市场潜力分析。市场潜力大小来自于区域人口的多少以及他们的购买能力，有很多指标可以反映一个区域的市场潜力，其中购买力指数最具代表性。其计算公式为：

$$购买力指数 = A \times 50\% + B \times 30\% + C \times 20\% \tag{11-1}$$

其中：A 是商圈内可支配收入总和（收入中去除各种所得税、偿还的贷款、各种保险费和不动产消费）；B 是商圈内的零售总额；C 是具有购买力的人口数量。

(2)竞争者分析。商圈饱和度可用于衡量某地区同类商业竞争的激烈程度，可以反映某一地区同行业数量过多还是不足。其计算公式为：

$$IRS = (C \times RE)/RF \tag{11-2}$$

其中：IRS 表示某地区某类商品商业饱和指数；C 表示某地区购买某类商品的潜在客户人数；RE 表示某一地区每一顾客平均购买额；RF 表示某地区经营同类商品商店营业额总面积。

(3)基础条件分析。主要考察区域内的基础条件是否能够为门店的良好运作提供保障，包括交通通讯状况、供应链发达程度、治安环境等。

(三)店址选择

店址决定了有限距离或地区内潜在顾客的多少，从而决定了销售收入的高低，因此店址被视为开业前所需的三大主要资源之一。店址选择是一项大型的、长期性的投资，一经确定，商家就需要投入大量的资金。所以，商家在选择店址之前一定要深入调查、周密考虑和妥善规划。

1. 店址的类型

(1) 从地理位置出发,店址可分为:①商业中心型。位于全市最繁华商业区,这里各类商业、娱乐设施林立,人流、车流量最大,辐射力强,商圈范围较大。②准商业中心型。位于地区性商业中心,有重要的交通干线相联结,顾客流量比全市商业中心少,尤其是流动顾客数量很少。③郊外型。此类店址是随着城市人口的外迁而设立的店址,顾客少但固定。④居民小区型。位于大型居民集中区域内,为小区生活配套设施。

(2) 从竞争角度出发,店址可分为:①竞争型,指同一商圈内有竞争对手。②孤立型,指商圈内没有竞争对手。各种类型的店址各有利弊,在选择店址时需综合权衡。

总的来说,店址选择要以节省顾客的购买时间,并最大限度满足顾客的需求为目标,坚持"方便顾客"的原则,否则将会失去顾客的信赖和支持。

2. 店址的评估

在确定店址之前,首先要确定预选店址,并对预选店址的各项因素进行定量评估,在此基础上结合企业的实际情况做出合理的决策。一般来说,店址评估的内容主要包括:

(1) 交通条件

该评估需要考虑在开设地点或附近的交通运输条件。

①设在边沿商业中心的茶店,要分析其与车站、码头的距离和方向。第一是距离,距离车站、码头越近,客流越多,顾客购买也越方便。第二是方向,店铺面向车站、码头则以下车船的客流为主;店铺临近车站、码头则以上车船的客流为主。

②设在市内公共车站附近的茶店,要分析其所在公共车站的性质。一般来说,主要停车站客流量大,可以吸引的潜在顾客较多。

③要分析市场交通管理状况所引起的有利与不利条件,如立交桥、单行线、设有公交护栏的街道、禁止车辆通行的街道、与人行横道距离较远等,都会造成客流

量的减少。

(2)客流状况

该评估需要考察开设地点及附近的客流规律,客流类型,客流目的、速度以及滞留时间等。

①客流规律。客流量包括现有客流和潜在客流,应该选择在潜在客流量多而且集中的地点开设店铺,以便潜在顾客就近购买。

②客流类型。客流的类型可分为自身客流、分享客流和派生客流这三种。自身客流是指那些专门为购买茶叶而来茶店的顾客,这种类型的顾客是销售收入的主要来源;分享客流是指一家茶店从邻近商店形成的客流中所获得的顾客;派生客流是指那些并非专门来店购物而是顺路进店的顾客所形成的客流。

③客流目的、速度和滞留时间。一些车辆通行干道附近的客流规模虽大但客流速度快且滞留时间短,加之客流的主要目的通常不是购物,这些因素都使得此类客流购物的可能性较小。

(3)街道状况

街道状况的评估需要考察两个因素:①街道两侧的客流规模。一条街道两侧的客流量不尽相同,开设地点应尽可能选在客流较多的一侧。②街道特点。交叉路口客流集中、能见度高,因此是最佳开设地点,所以有"金角银边"之说。角即城市主要交通要道的交汇点,具有黄金般的投资开发前景;边即主要交通要道的沿街区位,投资开发前景次之,为银。

(4)其他因素

除交通条件、客流状况、街道状况这三项之外,店址评估还需要考虑以下因素:①位置的物理特征,主要包括能见度以及地形特点等因素。②城市建设规划,主要包括短期、中期以及长期规划。

(四)茶店开设

为了茶叶专业店能够顺利开设和进入市场运营,投资经营者通常需要综合考虑多方面的因素,一般而言。主要包括以下几个方面的内容:

1. 茶叶专业店定位

根据服务水平（附加值）的高低和产品线宽度 2 个维度进行分析，有以下四种定位战略：

(1) 高附加值，多品种型。要特别注意茶店的装潢设计、产品质量、服务水平和整体形象。

(2) 高附加值，少品种型。独树一帜，可倾向于选择销售量少、利润率高的产品。

(3) 低附加值，少品种型。应主要面向注重价格的顾客，可设计的茶叶外观相似，集中进行购买、销售、广告和分销，以保持低成本和低价格。

(4) 低附加值，多品种型。强调低价销售，树立物美价廉的经营形象，以薄利多销获取低毛利。

2. 茶店面积大小及建筑物外部特征

根据茶叶产品或服务的特点选择合适的经营面积，在房地产价格一致的条件下选择面积较大的茶店。同时，有特点的建筑物更容易吸引眼球，可成为本店的标识。

3. 建筑物的内部结构、新旧程度与装修成本

商家应该优先选择内部结构与茶店要求一致、原有装修较新的建筑物开设茶店，这样可以减少装修成本。

4. 房地产利用方式、利用期限

房地产的利用方式大致有四种：租房、买房、买房地产、买地盖房。如果资金实力强，拥有产权是最好的选择。在此情况下商家不会受租用期限和房地产涨价的限制，也不用担心契约到期后由于不能续签造成的停业或迁址问题。

三、茶叶专业店的运营与管理

茶叶专业店的开设只是一个开端,对于经营管理者来说,运营与管理才是最为重要的环节。经营管理者只有按照合理的程序与方法实现规范管理,才能够更好地规避风险,并赚取更多的利润。茶叶专业店的运营与管理主要包括以下几个方面的内容。

(一)日常管理

茶叶专业店的日常管理主要包括 8 个方面的内容。①员工岗前准备。要求员工在上岗之前整理着装,总结之前的工作,对自己的区域进行检查和整理,并接受新分派的工作;②店员接待顾客的程序。要求店员有礼貌地对待顾客,尽量满足顾客的合理要求,让顾客在整个选购过程中感到自由舒适;③是店员关门前的准备工作。要求员工检查并汇报设施状况,及时补充物资,整理卖场并关闭电源;④接货员接货验货。要求接货员从供货商处接收货物时,一定确保货物的规格、数量、价格和品质等准确无误;⑤库存管理。要求对库存货物的入库和出库进行明确记录,尽量将更多货物存放在卖场,以降低库存成本;⑥盘点。要求有计划地对卖场和仓库里的货物进行实地清点,以便了解货物的各方面情况并及时调整;⑦安全管理。要求特别注意人身安全和财产安全,尽量降低各方面的损失;⑧5S 管理。5 个 S 分别指的是清理(Seiri)、整顿(Seiton)、清扫(Seisou)、清洁(Seiketsu)、素养(Shitsuke)。

同时,日常管理也包括确保员工履行自身的岗位职责,因为只有每个员工都按照要求开展工作,并且承担起自己的责任,茶叶专业店才能够正常运营。岗位职责主要包括店长职责、营业员职责、收银员职责 3 个方面:①店长是一家茶叶专业店的核心人物,其主要职责是维护茶店的形象,制定合理的计划,领导其他员工认真执行各项制度及工作流程。②营业员是一家茶叶专业店中比例最高的员工,其主要职责是严格执行卖场的服务规范,具备相关的专业知识和基本操作技术,积极引导顾客购物。③收银员的职责则是耐心协助顾客结账,并及时清算营业款项。

(二)促销管理

在茶店促销中,促销方式不同,对应的促销工具也不同。如广告促销需要选择合适的广告媒体;营业推广方式主要有免费品饮和派发礼品两种形式;公共促销则是在茶叶行业或茶店的重大事件期间,利用自身的优势,制造新闻事件,以便吸引更多的潜在顾客到店消费。

(三)顾客管理

没有顾客就没有销售,只有把顾客的需求放到首要位置并与顾客建立起亲近关系,才能增加顾客的光顾频率,从而将常客培养成忠诚顾客。因此,顾客管理是专业店运营管理过程中十分重要的一个环节。具体来说,顾客管理包括以下几点内容:

1. 把握顾客、亲近顾客

营业员在亲近顾客的过程中需要遵守以下几条原则。第一,营业员首先要打破心理拘束,主动与顾客沟通;第二,营业员需要在交谈中掌握顾客的个性,了解顾客的喜好,抓住时机表达对顾客的关怀;第三,营业员需要努力发现顾客的优点,在销售过程中赞美顾客。

2. 培养顾客忠诚度

顾客忠诚是指顾客与企业及其产品之间形成一定的忠诚关系,这种关系是随着顾客满意程度不断增强而在一定时间内形成的宝贵资源。茶店营业员应该努力做好顾客的维护工作,争取将新顾客培养成常客,将常客培养成忠诚顾客。顾客忠诚既是顾客服务的起点,也是终点。

3. 建立顾客档案

首先,需要调查和记录顾客的基本资料,如姓名、性别、年龄、生日、职业、家庭成员和住址、收入水平、兴趣爱好、手机号码、邮箱等。其次,需要了解顾客的需求,但是顾客的需求会经常发生变化,这就需要经常调查更新。第三,需要运用现代化手段,如磁卡、会员卡、邮件、短信等工具,对顾客的档案进行信息管理。

(四)服务管理

茶店服务管理是指为顾客提供与茶叶相关、旨在增加顾客的消费价值并从中获利的一系列无形活动的总称。高水平的服务往往会带来高价格、高市场份额、高增长率、高收益率等回报。具体来说,服务管理包括以下几点内容:

1. 确定服务战略

确定服务战略是一项系统性工程。它需要店长总体安排工作,各个职员积极配合。店长需要以身作则,不仅要服务顾客,还要真诚地服务员工,从而培养一种互相尊重、互相服务的氛围;职员则需要理解顾客服务的巨大价值,从而积极主动地提供服务。

2. 树立服务理念

服务理念指导着服务战略的有效实施。只有员工理解了顾客服务的巨大价值,他们才会积极主动地为顾客服务。店长不但要服务顾客,还要真诚地服务员工,从而培养一种互相尊重、互相服务的气氛。

3. 确定服务需求

商家需要通过有效的方式准确了解顾客的需求或顾客对茶店现有服务的不满,并以此为依据来提供更为优质的服务。了解顾客需求的常用方式有问卷调查、电话访问、顾客茶话会等。

4. 服务设计与实施

服务设计不仅包括服务流程、性质及内容上的设计,还包括茶店经营的茶类、茶具的组合、有关顾客服务的人员组织、机构设置以及基础设施的配套等。其中,服务实施的基础是保证服务的设施,其具体内容包括设立控诉处和培训中心、配备设施以及安排服务人员等。

5. 销售人员的管理

销售人员的管理包括选拔、培训、激励三个方面。首先,企业需要用较高的薪酬选拔素质较高的员工;其次,企业需要通过职业规划和培训来降低员工的流动率;第三,企业应该通过额外的奖励手段来激励员工更好地为顾客服务。

6. 服务质量的管理

服务质量的高低主要取决于顾客的评价。只有通过有效管理,商家才能对服务人员的投入程度进行评估,从而判断服务是否符合顾客需求并发现与竞争对手的差距。典型的零售服务内容如表11-1所示,其主要包括了售前服务、售后服务和辅助服务这三大环节。

表11-1 典型的零售服务

售前服务	售后服务	辅助服务
1. 接受电话订货	1. 送货	1. 兑换支票
2. 接受邮购订货	2. 正规包装	2. 提供一般信息
3. 广告	3. 礼品或包扎	3. 免费停车场
4. 橱窗陈列	4. 商品调整	4. 餐厅
5. 店内陈列	5. 退货	5. 茶艺培训
6. 品茶室	6. 换货	6. 冲泡茶具介绍
7. 营业时间	7. 代客包装	7. 信用交易
8. 茶艺表演	8. 喝茶的好处	8. 休息室
9. 货源准备	9. 冲泡方法	9. 照看婴儿服务

第二节 茶叶连锁营销

世界上第一家现代意义的连锁企业,是于1859年创立的美国太平洋和大西洋茶叶公司,这是一家以茶叶和咖啡为主营商品的百货店。20世纪50年代,麦当劳、肯德基引入连锁经营体系,发展迅速,完善了连锁经营业态。20世纪60至70年代,连锁经营以其特有的生命力,冲破贸易保护主义的篱笆,从美国向世界各地蔓延。中国茶叶连锁经营,从1993年开设第一家门店开始,已经有20多年的历史。然而迄今为止,在茶叶连锁领域还难觅龙头企业。因此,不难预见中国茶叶连锁店的市场争夺战才刚刚开始。

一、连锁营销概述

连锁营销是指经营同类商品或服务的若干个企业,以一定的形式组成一个联合体,在整体规划下进行专业化分工,并在分工基础上实施集中化管理,把独立的经营活动组合成整体的规模经营模式。

连锁营销是一种授权人与被授权人之间的合同关系,即授权人与被授权人的关系是依赖于双方合同而存在和维系的。他们双方之间是相互独立的法律主体,由各自独立承担对外的法律责任。授权人对双方合同涉及的授权事项拥有所有权及专用权,而被授权人通过合同获得使用权及基于该使用权的收益权。

(一)连锁营销的类型

按照经营授权方式来进行划分,连锁营销可以分为直营连锁、自愿连锁以及加盟连锁这三种类型:

(1)直营连锁(或正规连锁,简称RC)。所有的店铺都是由同一经营实体——总公司所有,如天福茗茶。

(2)自愿连锁(或自由连锁,简称VC)。各店铺资本所有权独立,采用共同进货,协议定价的一种商业横向联合。如批发市场中的一些门店。

(3)加盟连锁(或特许经营,契约连锁,特许连锁,简称FC)。以单个店铺经营权授权为核心的连锁经营。加盟连锁把好卖的产品卖得更好,对品牌价值的增长功不可没,往往通过统一品牌运作和管理,积聚各方资源,最大限度地满足消费者需求,造就许多知名品牌。

(二)连锁营销的特点

目前,无论是经营者还是消费者,都对连锁店青睐有加。经营者在选择经营模式的时候更加倾向于连锁经营,而消费者在选择消费对象的时候也更加倾向于连锁店,这与连锁营销的特点密切相关。具体来说,连锁营销有以下几个特点:

(1)规模优势。连锁营销把分散的经营主体组织起来,统一店名店貌,统一广告信息,统一进货核算,统一规划管理,因而具有规模优势。

(2)成本优势。连锁营销都要建立统一的配送中心,与生产企业或副食品生产基地直接挂钩,因而节省了流通费用,降低了生产成本。

(3)容易获得消费信任。连锁营销可以使消费者在商品质量上得到更好的保证,从而令消费者产生心理依赖。

(4)一致性。连锁营销具有经营理念、企业识别系统和经营商标、商品和服务、经营管理四个方面的一致性,同时在此前提下形成了集中规划以及专业管理的经营组织网络。

(三)连锁营销的优势

与单一独自经营模式相比,投资经营者更倾向于选择连锁营销模式,这主要是因为加盟连锁经营有更多的优势。具体来说,其优势主要有以下几点:

(1)高成功率。连锁营销在降低采购、销售、管理成本的同时,提高了企业的品牌形象和商业信誉,降低了竞争风险。

(2)较短的学习曲线。加盟者可以利用较短的时间以及花费较小的代价学到有效的经营管理经验与知识,避免走弯路。

(3)品牌优势。加盟者可以利用较低的成本享有授权者经过长期经营努力形成的知名品牌和商业信誉,从而促进销售,并极大扩展自己的业务范围。

(4)规模采购优势。统一采购可以使连锁经营企业享受大批量购买的优惠,增强与供应商合作的力度,加快支付和销售的速度,降低采购成本。

(5)共同的广告、促销渠道。连锁经营企业可以集中资源用于广告促销,从而降低广告促销的平均成本。

(6)专业的管理改进。授权者通过输出自己的行业经营经验和管理模式帮助加盟者改进管理。

(7)培训指导。加盟者将经常得到来自授权者的有针对性的培训和指导,从而不断提高自己的经营管理能力。

(8)服务支持。加盟者可以用较低的成本享受授权者提供的综合服务,如物流配送和售后服务等。此外,连锁经营体系可通过规模效应使服务更加专业化。

(四)加盟流程

加盟商在开设茶叶连锁店时需要依据加盟流程进行合理的操作,切忌盲目运作。加盟的具体流程详见图11-1。要想成功加盟一家茶叶连锁店,除了遵循合理的流程外,还需遵守以下成功加盟的三大纪律:

1. 选择成功运作5年以上连锁品牌

加盟商在加盟时应该选择具有一定开店经验,且连锁店数达到一定规模或发展至少5年以上的总部。因为这样的连锁品牌具有更强的竞争力和更高的经营保障。

2. 特许商加盟要求不"苛刻"不加盟

加盟商在加盟时应该选择加盟要求严苛的总部。因为加盟条件更加严格的品牌往往具有更为完整的加盟制度以及更为强大的财力与竞争力,从而更有把握保证加盟者获利。

3. 未与连锁总部"面对面"不签约

加盟商在加盟时必须亲自走一趟连锁总部及其加盟店,搜集第一手现场资料,做到与连锁总部"面对面"。很多加盟商在事前没有对总部进行充分了解,仅仅看到诱人的广告就匆匆加盟,然而开店以后总部却没有提供任何有效指导和帮助。这种情况下,即便加盟商想要退出也会因违反契约而无路可退。

第十一章 茶叶专业店与连锁营销

申请加盟方	公司方
加盟商加盟阶段： ①考察当地消费市场和消费群体； ②确定开店意向、面积和投资规模； ③向总部索取有关资料和加盟申请表或进行在线申请。	加盟商加盟阶段： ①考察当地消费市场和消费群体； ②确定开店意向、面积和投资规模； ③向总部索取有关资料和加盟申请表或进行在线申请。
2. 选址阶段： ①在总部指导下，确定选址方案； ②根据店面情况最终确定投资规模及加盟方式。	2. 选址阶段： ①明确加盟项目的可行性； ②评估选址情况，指导加盟商正确选址，可派专业人员实地考察。
3. 签约阶段： ①审阅特许加盟合同； ②明确双方合作方式、权利与义务； ③缴纳各项费用。	3. 签约阶段： ①提供特许加盟合同； ②提供加盟工作进度表，明确分工； ③提供加盟运营手册。
4. 门店装修、布置阶段： ①按总部统一设计方案进行装修； ②在总部指导下采购符合要求的用品，并按要求进行布置。	4.门店装修、布置阶段： ①提供店面设计图、效果图； ②提供店面形象设计规范稿； ③提供货架装配图、效果图。
5. 培训阶段： ①确定培训方式，派员工参加培训； ②操作人员学习管理软件的使用。	培训阶段： ①为加盟商提供店铺的运作培训； ②管理软件操作培训。
6. 开业阶段： ①落实开业宣传方案和促销措施； ②及时反馈开业初期运营情况。	6. 开业阶段： ①根据需要派员进行现场开业指导，并进行辅导性经营； ②跟踪运营情况，提供咨询意见。
7. 后续经营阶段： ①定期向总部反馈经营情况，规范经营、管理与服务； ②落实总部各项宣传与促销措施； ③按时传输经营数据，以便于总部汇总分析，提供改良建议。	7.后续经营阶段： ①对日常货品进行维护、补充、更换以及进退货； ②通过公司的平台对加盟店进行宣传和推广； ③设专人不定期进行巡视、督导，对加盟店反馈的情况及时指导。

图 11-1　加盟流程

二、茶叶连锁营销策略

茶叶营销策略是企业以顾客需要为出发点,根据经验获得顾客需求量以及购买力的信息,据此有计划地组织各项经营管理活动,并通过为顾客提供满意的商品和服务来实现企业目标的过程。茶叶连锁店在开设之后要想获得成功,就需要采取有效的连锁营销策略。具体来说,茶叶连锁营销策略主要包括以下几种。

(一)定位战略

定位战略即连锁店总体发展战略选择,是茶叶连锁店赖以发展的基础。确立定位战略首先需要加盟商根据企业优势在低成本和差异化两者之中进行选择,其次需要加盟商根据企业实力在小市场和大市场两者之中进行选择。对于茶叶企业而言,可供选择的定位战略主要有以下4种:

(1)低成本,大市场。选择该定位战略的连锁店自身成本低于竞争对手,可以通过追求成本优势来实现大市场开发,主攻市场份额。

(2)低成本,小市场。选择该定位战略的连锁店可以针对某一地区市场和特定的顾客群体对产品进行细分,主攻一个特定领域。

(3)差异化,大市场。选择该定位战略的连锁店可以通过特色经营使自己的产品和服务在行业内独树一帜,从而使消费者愿意高价购买。

(4)差异化,小市场。选择该定位战略的连锁店自身实力很强,可以根据特定顾客群体的需求对产品和服务进行差异化经营,主攻一个特定消费群体。

(二)开店策略

加盟商开设茶叶连锁店不仅需要有完善的组织机构以及健全的人员选拔、培训和检验体系,还需要有丰富的运作经验以及与经营目标相对应的经济实力。具体来说,茶叶连锁店的开店策略主要包括如下几个方面:

1. 筹设店面开发人员

加盟商在开设茶叶连锁店时需要筹设店面开发人员。首先,店面开发人员可以提供不动产方面的专业服务,其中包括中长期环境预测、相关文件资料研究以及对不动产的财务和成本分析、市场调研报告汇总;其次,店面开发人员能够对店面设置的位置环境、业务来源、发展潜力以及渗透能力等加以检测,并据此减少连锁店之间的冲击程度。

2. 市场评估策略

为了茶叶连锁店的顺利开设,加盟商需要对开发市场进行综合评估。评估的主要内容包括产权资料、地区居住人口结构、交通状况、营业额与投资成本预测以及既有店面访谈等。

3. 制定严谨的开发策略

加盟商在制定开发策略时需要严格遵守以下准则:①加盟商在合约执行时必须取得各项执照;②加盟商不能以提成方式计算租金;③加盟商在合约中不支付任何佣金;④房产使用者必须明确各项房产赔偿的权利;⑤房产使用者有权决定房产的使用方法;⑥签约者可以转让以及协商续约权;⑦分期上涨的租金幅度应在合约期限内决定;⑧合约中应有押金的给付时间及可进入建筑物的有效时间;⑨加盟商应该尽量避免订金交易方式。

4. 建立完整的开发评估报告

无论是管理部门还是相关发展单位,都可以根据完整的开发评估报告来决定开设地点的可行性。因此,建立完整的开发评估报告是一项非常重要的工作。

5. 开店策略与开店流程

开店策略主要有两种。第一是选择在较多地区开设许多小店;第二是选择在较少地区开设几个大店。具体的开店流程需要根据布点战略、开店执行要点、商业区立地调查评估表制定、消费者调查计划、流量调查计划、竞争店调查计划等方面综合实施。

6. 店面的布局与设计

从国内连锁经营者的实践经验来看,店面的布局与设计需要遵守以下原则:

(1)让顾客想进来,让顾客容易进来。首先,加盟商需要利用醒目的店名和标识吸引顾客,让顾客想进入商店;其次,店门外不能有任何障碍物,让顾客容易进入商店。

(2)让顾客在店内能够方便地接触到所有商品。加盟商不仅需要让顾客能够看见店内的所有商品,还需要让顾客无须协助就能够自如取放店内的所有商品。

(3)尽量延长顾客在店内停留的时间。因为顾客在店内停留的时间越长,购买商品的可能性就越大。

(4)创造良好的购物环境。加盟商应该充分利用有效的空间,尽可能做到照明、音乐以及现场泡茶的有机配合,为顾客创造一个良好的品茶、购茶环境。

7. 开店后销售效益的评价

茶店可以通过测算以下四项指标来评估销售效益。一是平均每天经过的人数;二是来店光顾的人数比例;三是光顾的人中购茶顾客的比例;四是顾客每次购买的平均金额。

(三)产品策略

产品策略需要解决以下六个方面的问题。一是制定茶叶的品质标准,二是明确能够满足差异需求的茶叶品质,三是对特色品种、常规品种的定位,四是明确同质化商品的价格优势,五是保持品质的相对稳定性;六是确定一套既能体现特色又能形成系列的包装。

(四)价格策略

茶叶价格策略必须根据目标市场、产品服务组合和竞争状况来确定。目前的定价策略主要是高成本、低销量和低成本、高销量这两大类。可是当前,越来越多的连锁店放弃了"促销定价",而选择了"天天低价",这样不仅可以降低广告费用,使定价趋向稳定,还可以树立连锁店公平、可信的形象和声誉。

(五)组织策略

连锁店需要建立现代企业制度。现代企业制度有股份制、股份合作制、合伙制、公司制等形式,无论采用何种形式,连锁店都必须遵守"产权明晰、权责明确、政企分开、管理科学"的基本原则。

(六)资本策略

首先,连锁企业要通过特许经营提高资源整合能力,实现低成本扩张;与此同时,连锁企业要通过合资、信贷、上市等方式提高融资能力,实现快速扩张。

(七)人才策略

人才是第一资源,也是第一竞争力。连锁企业既要通过企业家队伍提高核心团队的战略决策能力,又要通过打造高、中、低层次人才团队提高企业的整体战斗力。

在具体执行过程中,连锁店需要首先提高管理者的能力,优秀的管理人才需要有较强的学习力、思辨力、表达力、决策力、执行力以及纠错力;其次,连锁店需要对营业员进行打造,营业员可以按照茶艺师的要求,做到"三员一家"——"三员"指的是服务员、促销员、公关员,"一家"指的是艺术家。

(八)文化策略

茶文化是茶产业的灵魂,也是茶店最核心的竞争力。茶叶连锁店需要有"贴近实际、贴近生活、贴近消费者"的茶文化产品,如一些消费者喜闻乐见的茶书、茶刊、茶歌、茶碟、茶艺、茶诗、茶联、茶剧、茶戏,等等,茶叶连锁店可以借助此类茶文化产品来进行茶文化的传播,并正确引导消费者的购买行为。

案例 11.1 "天福茗茶"连锁店：以直营兴连锁

天福集团是由台商李瑞河于1993年创办的，前身为天仁茶业股份有限公司。天福集团集茶叶生产、加工、行销、文化、旅游、科研、教育于一体，已经形成了完整而周密的产业链。目前，天福茗茶已在中国各大城市和地区开设了1000多家茶叶直营连锁店，由南疆的海口一直延伸至北国的哈尔滨，由东部的上海一直延伸至西域的乌鲁木齐，国内省会城市及二级城市到处可见天福茗茶的连锁店。绿底白字的招牌，传统特色的装潢和服装，店员发自内心的微笑和一杯免费奉上的香茶，让人们到任何一家天福茗茶店都有一种亲切、一见如故的感觉。

1953年，李瑞河随同父亲弃农从商，由种茶改卖茶，从茶农变茶商，到台湾高雄冈山开设"铭峰茶行"，这也是"天仁茗茶"的前身。1961年，在台南市开设第一家"天仁茗茶"，凭着"无年无节，不眠不休"的拼劲，摸索出一套具有本土特色的传统行业连锁经营模式。1975年，公司改组为天仁茶业股份有限公司，在台湾开设60多家茶叶直营连销店。从1979年开始经营海外据点，在美国、加拿大、日本、澳洲及东南亚地区开设直营连销及加盟店达60多家。1999年股票获准挂牌上市。

20世纪80年代，内地的茶叶销售没有专卖店，仅在食杂店内兼卖；茶叶包装简陋，往往采用白纸包裹；茶叶价格低廉，一斤只有几元钱，从农业、工业到商业茶都排不上位置形不成气候。李瑞河到内地考察市场，发现茶叶店的售货员自顾打毛衣或聊天，对顾客爱理不理；掏钱买茶，售货员不礼貌地将白纸包的茶叶扔过来，让他很不是滋味。天福打开内地市场采取老行业、新经营的办法，其茶叶产品的最大一个特色，是突破传统茶庄的茶叶贩卖方式，打出自己的品牌，并将产品予以精致化的分级包装，以利行销。

李瑞河介绍说：天福创业之初，在福州古街开了一家连锁店，装潢新颖，铺塑料地板，许多人不敢进门，只在门口看新奇。人们疑惑茶叶店怎么装修得这么漂亮？要不要脱鞋进去？买茶叶到食杂店里就可以了，干吗要到这么好的店里来？刚开始，这家连锁店一天才卖出20多元的茶叶。在如此困难的情况下，天福坚持新观念不动摇，以优质的产品、优质的服务迎来了消费者，赢得了市场，并为同行所仿效。天福在全国名茶原产地设厂，在福建的安溪和华安建铁观音茶厂、四川乐山建绿茶厂、浙江新昌建龙井茶厂、云南昆明建普洱茶厂，目前已建有9家茶叶及茶食品工厂。从原料到成品的各道工序,质量都反复检验、严格把关,用具认真消毒。连锁店内销售的都是自制的产品,直接供货,全国统一价。每家店当天的业绩都要上报,成本核算一目了然。每10个店设1名督导员,进行巡视检查,保证产品质量与服务质量。到1998年,天福已开发茶叶系列产品700多个,使茶叶身价倍增,至此,茶园老枝吐新芽,开辟了茶业的一片新天地。

李瑞河总结经验说:"在内地投资要获得成功,依个人经验必须要有'四本',即'本尊、本钱、本行、本事',也就是必须亲自参与,资金充足,熟悉事业及具备专业能力。善用战略的眼光,配合巧妙精准的战术,并时时以逆向思维、开创潮流、不断创新的精神经营传统产业,开创茶业的新机,这是我成功的小秘诀。"

案例 11.2 湖南怡清源——连锁专卖,我们是这样做的

怡清源在发展的前期阶段,由公司自己投资经营,重点在长沙和二级城市建立样板店,同时摸索怡清源连锁专卖的管理模式。在摸索过程中,坚决不放开加盟商的加盟,原因是避免"连得起,锁不住"——因为实验过,不成功,品牌影响力、产品竞争力、人才、管理等条件都不具备,再回过头来苦练内功,条件基本成熟后又做实验,即挑选公司部分自营专卖店的老店长,承包经营公司的直营店,当时提的口号是"交足国家的(税),留足集体的(交公司利润),剩下全是自己的",结果效果非常好。到2008年时,经过11年的历练,公司认为加盟商加盟的条件成熟了,于是全面放开连锁加盟,大力发展加盟商开设怡清源连锁店(包括省内好几个同行也加盟怡清源开连锁店)。自此,怡清源连锁专卖就迎来了高速发展,仅2年零2个月时间发展加盟商200家;2009年下半年,广东1个月就有18家加盟商开设怡清源连锁加盟店。在这些加盟商中,98%都能赚钱,到2010年3月,怡清源已建立了368家连锁专卖店(其中英国2家);现在公司在全国每个月都有10家左右连锁加盟店开张。

要"连得起,锁得住",怡清源的经验和教训是:①要有一整套非常细致完整的连锁专卖店加盟管理程序和流程,怡清源连锁专卖店管理制度就有6大本。②要加强管理,每个店都有一个区域经理负责片区加盟店管理,为加盟商服务,加盟商也必须严格执行怡清源的连锁加盟管理制度,对个别不遵守游戏规则的加盟商,

严厉处罚甚至取缔加盟资格(包括亲戚)。③要有有影响力的品牌和核心产品。没有品牌,就没有号召力;没有核心产品,连锁就是一句空话。

规模的扩大是模式的复制,公司计划5年内加盟店发展到1000家,战略是"主导湖南,辐射全国;主攻省城、辐射县城"。

练习题

1. 茶叶企业开办茶叶专业店的意义。
2. 茶叶专业店申请领取《食品流通许可证》,应当符合哪些要求?
3. 茶叶专业店运营的日常管理主要有哪些内容?
4. 茶叶专业店怎样开展营业推广?
5. 茶叶专业店怎样做好顾客管理?
6. 茶叶专业店怎样做好服务管理?
7. 茶叶单体店、连锁店、连锁加盟店有何区别与联系?
8. 茶叶连锁加盟扩张要做哪些准备?
9. 茶叶连锁加盟如何运作?

参考文献

[1] 科特勒等.市场营销管理第二版.[M].北京:中国人民大学出版社,2001.

[2] 宿春礼.营销管理通用文本[M].北京:科学技术文献出版社,2004.

[3] 包小村.茶叶市场谋略第二版.[M].长沙:湖南科技出版社,2009.

[4] 朱毓松.福建茶叶连锁经营管理研究[D].福建农林大学,2013.

[5] 单凌云.中国零售业特许连锁经营战略分析[D].对外经济贸易大学,2003.

[6] 蔡而迅.中国茶叶企业转变传统营销模式发展连锁经营的探讨[J].科技和产业,2013(2):117-121.

[7] 胡启涛.中国茶业产业化经营研究[D].安徽农业大学,2003.

[8] 张北海.茶叶连锁经营研究[D].福建农林大学,2012.

[9] 高水练.略论茶叶连锁经营[J].广东茶业,2005(4):9-12.

第十二章 茶叶促销策略

本章提要

促销是企业市场生存和扩张的一种手段,具有直接性、复杂性。本章详细分析了茶叶促销的基本方式、工具,并详细分析了促销的具体策略及方案。第一节对促销的作用、方式、工具等基本概念进行了综述,其他各节则分述了人员推销、广告、公共关系、营业推广这四种促销方式的特点、执行步骤和影响因素等内容。通过本章的学习,要求掌握茶叶促销的基本含义、特征及策略。

第一节 茶叶促销

提到促销,人们一般都会联想到诸如降价、搭赠、地堆等一系列活动。然而促销策略所包含的内容远远不止于此。在传统营销的 4P 理论中,促销(Promote)是指通过人员推销、广告、公共关系和营业推广等方式向消费者传递信息,以期引起其注意和兴趣,激发其购买的欲望和行为,从而扩大销售的过程。

茶叶促销是指茶叶企业根据茶叶品种、花色、功能等特点,利用人力、媒体或者公共关系等平台,通过引导消费者的购买意向,诱发消费者在现在或将来做出购买决策,从而提高品牌的销售额的行为。

一、促销的作用

促销是企业将产品推向市场终端的一种有效手段,在产品和品牌的市场推进过程中,它主要具有如下几种功能:

(1)告知功能。在新茶叶品牌上市时,促销能够快速地把产品、服务、价格等信息传递给目标消费者并引起他们的注意,从而提高产品的认知度,有效加快新茶进入市场的速度;对于已具有一定市场份额的茶叶品牌,促销能够较为显著地增加销量并巩固其市场份额和地位,从而有效抵御和击败竞争对手的短期市场攻势。

(2)说服功能。不同品牌的同款茶叶之间往往没有很大的差别,消费者很难进行辨别选购。此时,商家的促销活动能够向消费者说明本产品的优势能为其带来的额外利益,从而获得其对产品的喜爱。

(3)反馈功能。顾客的需求和意见能够在促销过程中得以及时地收集和汇总,并被迅速反馈给企业管理层。此外,网络促销所获得的反馈基本上都是文字资料,信息准确且可靠性强,对企业经营决策具有较大的参考价值。

(4) 创造需求。促销策略不仅可以诱导需求而且可以创造需求,从而扩大销售量。对于茶叶企业而言,良好的促销策略可以让不喝茶的人喝茶,少喝茶的人多喝茶,爱喝茶的人喝更好的、更多样的茶。

(5) 稳定销售。适当的促销有助于树立良好的产品和企业形象,让消费者对产品产生认同感,提高其对品牌的忠诚度,从而达到稳定销售的目的。

二、促销方式和促销工具

常用的促销方式有五种:广告、公共关系、人员推销、营业推广和直接营销。其中,广告指由确认的商业组织、非商业组织或个人支付费用的,旨在宣传构想、商品或者服务的任何大众传播行为。人员推销指企业派出人员直接与消费者或用户接触,目的在于达到销售商品或服务和宣传企业的促销活动。公共关系指企业为建立传播和维护自身的形象而通过直接或间接的渠道保持与企业外部的有关公众的沟通活动。营业推广指企业为促发顾客的购买行动而在短期内采取的各种除以上三种之外的特殊营业方法。直接营销则是一种不通过营销中间人,使用消费者直接渠道进行的送达和交付商品和服务的行为。

对于不同类型的商品,不同促销方式的重要性是不同的。以工业品和消费品划分商品为例:各促销方式对它们的影响程度各不相同(见图12-1、图12-2)。由于茶叶属于消费品,由图可知茶叶产品促销中各促销工具影响力由大到小的排名依次为:广告、营业推广、人员推销及公共关系。

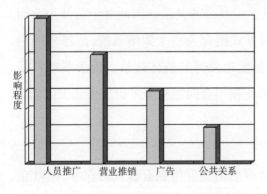

图12-1 促销工具在消费品中的相对重要性

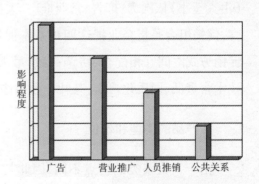

图12-2 促销工具在工业品中的相对重要性

在进行促销活动时,不同的促销方式需要通过不同的促销工具来实施,因此促销活动与传播工具是紧密相关的。根据不同的促销方式,通用的促销工具的种类可参见表12-1。

表12-1 通用的促销工具

广告	营业推广	公共关系	人员推销	直接营销
印刷和电台广告	竞赛、游戏			目录销售
外包装广告	展销会、展览会	出版物		邮购服务
包装中插入物	彩票、兑奖	报刊新闻稿	推销展示陈述	电话营销
电影画面	赠品、样品	慈善捐款	交易会、展销会	电子购买
宣传小册子	赠券、回扣	捐赠	样品	电视购买
招贴和传单	示范表演	研讨会	销售会议	传真邮购
广告牌	低息融资	演讲游说	奖励节目	电子信箱
工商名录	招待会	年度报告		音控邮购
标记、标识语	折让交易	公司活动		
录像带	交易印花			
	商品搭配			

三、促销组合选择的影响因素

茶叶属于消费品,由图12-2可知,茶叶产品促销中各促销工具的影响力排名(由大至小)依次为:广告、营业推广、人员推销及公共关系。因此对于茶叶企业而言,促销组合是指企业把这四种基本促销方式组合为一个策略系统,使得不同的促销方式之间互相配合、协调一致,最大限度地发挥其整体效果。由于茶叶产品技术含量低、同质化严重,茶叶企业在选择促销组合时需充分考虑以下几大因素:

1. 产品的类型和价位

由于六大茶类的特点不同,因此其对应的消费群体也有较大的差异,茶叶企业在制定促销组合时应当充分考虑相应群体的消费行为特征,以使促销组合的效用最大化。除茶叶类型以外,消费者对不同价位茶叶的购买动机也不相同。商家若能贴近不同的消费心理选择对应的促销方式,则能达到事半功倍的效果。

2. 产品的生命周期

在产品生命周期的不同阶段,用户对产品的认知和态度有很大差别,因而不同阶段各种促销工具的成本效应也有较大差异,这就要求企业根据产品所处生命周期的阶段选择最为有效的促销组合。

茶叶产品处于导入初期时,广告的成本效应通常最高;进入成长期后,广告的成本效应虽然降低,但相对作用仍然很重要;茶叶产品进入成长期及成熟期后,人员推销和营业推广的作用明显增强;当茶叶产品进入衰退期时,营业推广的成本效应达到最高点,而其他促销方式的作用都显著降低。

3. 市场性质

市场的特性主要体现在顾客数量和集中程度两个方面。市场的特点不同,其适用的促销组合也不同。当茶叶产品的目标市场集中或是潜在顾客类型较为单一时,人员推销将会充分地发挥作用;若是销售市场广阔且拥有多类型的潜在顾客,此时大量采用人员推销无法适应广泛的市场需求,企业应以广告宣传的方式为主。

4. 促销费用

促销费用的多少直接影响到促销方式的选择。对于茶叶产品而言,广告宣传费用通常最高,人员推销费用次之,营业推广费用再次,公共关系的费用则最少。

第二节　人员推销策略

人员推销是一种最为古老的促销方式,是指销售员向可能购买产品的顾客做口头宣传,以达到推销产品、满足消费者欲望、实现企业目标的一种直接销售方法。人员推销具有很强的机动性和针对性,因此,当销售活动需要进行大量的说服工作时,人员推销是最佳的选择。

人们常常会将人员推销片面地理解为推销员单方面的"售卖",但实际上它也包含了"买"的过程,即推销员不仅需要推销产品本身,更需要为顾客提供一种解决问题的方法,帮助顾客购买能够满足其需要的商品。只有满足买卖双方的需求,并使其互惠互利的人员推销才能被称得上是卓有成效的。

一、人员推销的特点

随着市场经济的不断深入及信息时代的来临,广告营销、网络营销等新型营销方式层出不穷,但是人员推销依然在企业营销中有着很大的作用,它的不可替代性与其自身的优点有着密不可分的关系。具体来说,人员推销具有以下优点:

(1)机动灵活,适应性强。推销员是信息传递的媒介,可以根据面对的具体情况随时调整信息传播的方式和内容。

(2)区别对待,针对性强。推销员可根据不同对象,制定不同的推销策略,配合广告和其他促销手段,提高推销效果。

(3)双向沟通,反馈及时。人员推销是一种信息的双向沟通。推销员一方面对顾客的意见进行解释和说服,另一方面则及时地将意见反馈给企业的相关部门,使其做出适当的调整。

(4)促成交易,一步到位。人员推销往往可在推销现场使顾客进行购买决策,随后立即成交,完成购买行动,将传递信息与达成销售着这两个环节很好地衔接了起来。

(5)收集信息,兼做服务。推销人员在推销商品时,还可同时发挥进行市场调研、收集市场信息的作用。不仅可以与顾客沟通对茶叶和企业的看法和要求,还可以兼做一些商业性业务和售后服务工作,例如签约、收款、送货、退货、换货等。

除了以上的几大优点,人员推销也有其局限性。例如,人员推销需要耗费大量的人力、物力、财力和时间;达成交易的过程对推销员素质有着较高的要求;相比于其他形式的促销,人员推销的活动空间和影响力相当有限;人员推销的效率相对较低;等等。

二、推销人员要求具备的素质

人员推销是一种金钱、时间、才智合聚的综合性的商业活动,是一种专业性和技术性很强的工作。它要求推销人员具备良好的政治素质、业务素质和心理素质,以及吃苦耐劳、坚忍不拔的工作精神和毅力。湖南君山银针茶业有限公司总经理王准用非常形象的语言描述了对优秀营销人才的要求:"铁头、铜嘴、皮肚、飞毛腿。铁头,就是不怕碰壁,向100个人推销,可能成功率只有1%,遇到99%的会碰壁;铜嘴,就是向顾客讲解产品的特点和优势,要年年讲、月月讲、天天讲;皮肚,就是随时做好受气的准备;飞毛腿,就是要尽可能多地走访客户。"具体来说,推销人员应具备如下素质:

(1)道德品质。要求遵纪守法,忠诚于企业,吃苦耐劳,任劳任怨,遵守商业道德,敬业精神强。

(2)文化素质。要求学识渊博,了解经济学、心理学、市场营销学和茶叶种植、加工、冲泡、保健以及茶文化等方面知识。

(3)业务技能。要求对本企业茶叶产品的特点和质量了如指掌,对同类茶叶竞争产品的生产、加工和销售情况有所了解。

(4)待人接物。衣着整洁,谈吐谦恭礼貌,有良好的风度,并能掌握有关推销洽谈和接待顾客的技巧和艺术。

(5)身体素质。要求身体健康,能够适应推销环境。

三、人员推销的步骤

要实现有效的人员推销,可以参考如下的流程:

1. 寻找并鉴定潜在顾客的价值

可采取的方法有:①向现有顾客询问潜在顾客的信息。②培养其他能提供线索的来源,如供应商、非竞争性的销售代表和协会。③加入潜在客户所在的组织。

④从事能引起注意的演讲和写作。⑤仔细阅读各种资料来源(报纸、指南、光盘等)寻找名字。⑥通过电话和邮件寻找线索。⑦在未先通报的情况下访问各办事处。

2. 准备工作

(1)确定访问目标。访问的目标很大程度上决定了销售人员的具体行动,首先明晰访问目标有助于销售人员成功地开展推销活动。常见的访问目标包括确定客户价值、收集情报等。

(2)搜集消费者资料。提前对消费者的情况有所掌握有助于销售人员"投其所好",确定自身的销售风格以及制定具有针对性的销售策略。通常情况下,销售人员可以向标准资料公司(公司指南和财务报告)了解客户情况(需要什么、谁参与购买决策)以及采购员情况(性格和购买风格)。

(3)确定访问方法。可结合客户特性,选择恰当的方式。常用的访问方法通常包括私人访问、电话访问或信函访问等,销售人员应当在基于对客户情况有大致了解的基础上采用最为合适的方法。

3. 接近方法

销售人员可通过适宜的途径在会见与问候过程中拉近与顾客的距离,例如注意仪态、尽量选择与顾客相似的衣着;开场白要明确,如:"王先生,您好!我是猴王公司的李四,感谢您接见我,我将尽量为您提供所需要的茶叶和服务。"同时,应保持礼貌,不要有分心动作,等等。

4. 讲解和示范表演

销售人员可以按照"爱达(AIDA)"公式争取注意(Attention)、引起兴趣(Interest)、激发欲望(Desire)和见诸行动(Action)——向购买者进行茶叶产品的讲解以及示范表演。其常用方式通常包括携带光碟机现场播放公司的宣传视频,在顾客的办公室用电脑登录公司的网站并向顾客展示,以及现场冲泡茶叶,等等。

5. 处理反对意见

顾客有反对意见并不意味着销售失败,它仅仅反映出销售过程中还存在着未被妥善处理好的事情。反对意见通常发生在销售介绍的中间,它常针对销售人员介绍的某句话或是产品的质量、价格以及售后服务中的一点,但很少针对产品的全部。事实上,出现反对意见往往是打开新销售形势的契机,有助于销售人员了解顾客真正的诉求,因此,销售人员应当积极正面地处理销售过程中的反对意见,积极寻求解决方法。

6. 达成交易及后续工作

销售人员要注意发现顾客发出达成交易的信号,这些信号包括了顾客的动作、语言、评论和提出的问题。在达成交易后,销售人员除了要确定交货时间、购买条件等环节外,还要认真落实好制订后续访问日程以及客户维持计划。

四、人员推销的策略和技巧

市场的日益多元化以及知识经济的飞速发展使得销售人员在推销时面临着更大的挑战,为了更好地达成交易、实现企业与顾客的共赢,优秀的推销人员需要具备敏锐的市场嗅觉,准确掌握消费者的喜好,并合理运用推销的策略和技巧。需要注意的是,不同类型的客户有不同的购买心理,推销策略和技巧的应用需因人而异。人员推销中常用的策略和技巧主要包括以下几个方面:

(一)基本策略

1. 试探性策略

也称为"刺激—反应"策略,是在不了解顾客的情况下,推销员运用刺激性手段引发顾客产生购买行为的策略。推销员事先设计好能引起顾客兴趣、刺激购买欲望的语言,首先通过渗透性交谈进行刺激,在交谈中观察顾客的反应并采取相应对策。然后选用得体的语言对顾客进行再刺激,进一步观察顾客的反应,以了解真实需要,诱发购买动机,引导产生购买行为。

2. 针对性策略

也称为"配方—成交"策略,是在基本了解顾客某些情况的前提下,有针对性地对顾客进行宣传、介绍,引起兴趣和好感,从而达成交易。

3. 诱导性策略

此种策略也被称为"诱发—满足"策略,指推销员运用激起顾客某种需求的说服方法,诱导顾客产生购买行为。此方法对推销人员要求较高,需要推销人员因势利导,在诱发顾客的需求后找准时机宣传、介绍和推荐产品,以达成交易。

(二)推销技巧

1. 攻心宣传法

在对顾客宣传产品时,推销人员要随时把握顾客的心理状态,摸清其真实需求和主要顾虑。然后根据顾客的不同特点,有针对性地重点劝说。最后使顾客动心,达成交易。

2. 正面推销法

推销人员不仅要充分运用样品展示、促销宣传、赠送赠品茶和人员劝说等方式,还需借助茶叶展销会或食品博览会等大型平台,积极给顾客留下一个鲜明的印象,树立企业产品的正面形象。

3. 把握主流法

在交谈过程中,当顾客将本企业产品与竞争产品比较并提出众多条件时,推销员要灵敏及时地把偏离的话题引导到预定推销目标上来,使推销顺利进行。

4. 欲擒故纵法

推销人员可以适当营造茶叶货源紧缺的气氛,使顾客产生可能失去购买机会的紧迫感,从而诱使顾客积极购买或订货。

5. 循序渐进法

当面对不太习惯喝茶的顾客群体时,推销人员应该大力宣传饮茶与健康的知识,激发他们对茶的兴趣,引导此类顾客形成消费习惯。

第三节　茶叶广告策略

一、概述

优秀的文化、科学的管理、卓越的质量和完善的服务是企业在市场中的核心竞争力,但广告在其中也发挥着画龙点睛的作用,它有助于赢得公众的消费支持、开拓市场。市场营销学认为,广告是企业进行市场推广、促销服务、增强营销力的活动。对于企业而言,它通常能起到如下作用:

(1)建立知晓。通过广告,企业能够迅速地让消费者了解到公司或产品的存在。

(2)促进理解。通过广告可以向消费者全面介绍产品的性能、质量、用途等,并且消除他们的疑虑。

(3)有效提醒。广告中的视觉、感观印象以及诱导可以勾起消费者的现实购买欲望并提醒还未购买的消费者进行购买。

(4)提供线索。广告中的回邮赠券,是销售代表进行提示的有效途径。

(5)证明有效。在有影响的媒介上刊登广告可以向消费者证明公司和它的产品有效性。

(6)再度保证。广告能提醒顾客如何使用产品,并对他们的再度购买给予保证。

二、广告方案的制定

在制定广告方案时,企业必须首先确定目标市场和购买者动机,然后据此做出5项重要决策:①任务:目的任务是什么?②资金:要花多少钱?③信息:要传送什么信息?④媒体:使用什么媒体?⑤衡量:如何评价效果?

这五项决策也被称为广告的5M,其流程详见图12-3。

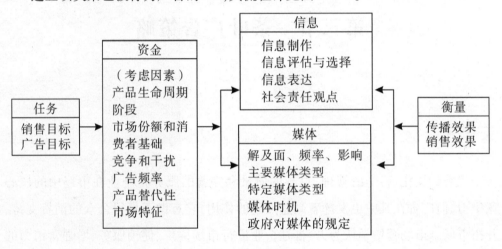

图12-3 广告的5M

依据广告的5M流程图,茶叶广告促销方案的制定分为以下几个步骤:

(一)确定广告目标

广告目标是指企业广告活动所要达到的目标,可能的广告目标如表12-2所示。确定广告目标是为整个广告活动定性的一个环节,茶叶企业在确定自己的广告目标时,应综合考虑产品品牌特点、市场竞争态势以及消费者的认知状况和消费模式等因素。

表 12-2　可能的广告目标

通知	说服	提醒
＊向市场告知有关新产品的情况	＊建立品牌偏好	＊保持最高的知名度
＊提出某项产品的若干新用途	＊鼓励消费者转向你的品牌	＊提醒消费者可能在最近的将来需要产品
＊通知市场有关价格的变化情况	＊改变顾客对产品属性的知觉	＊提醒消费者何处可以购买产品
＊说明新产品如何使用	＊说服顾客马上购买	＊促使消费者在淡季也能记住产品
＊描述所提供的各项服务	＊说服消费者接受一次推销访问	
＊纠正错误的印象		
＊减少消费者的恐惧		
＊树立公司形象		

（二）广告经费预算

广告经费预算是企业对投入广告活动的资金费用使用计划，它规定在广告计划期内从事广告活动所需的经费总额、使用范围和使用方法，是企业广告活动得以顺利进行的保证。一般来说，茶叶企业在进行广告经费预算时需要考虑六个特定因素：

（1）产品的生命周期阶段。一般来说，新产品的广告经费预算较多，主要用以建立知名度并争取消费者。例如，大益普洱一年的广告费用约达 6000 万元，占销售额的近 14.23%；相较而言，有知名度的品牌广告预算一般较低，如中国花茶第一品牌——"猴王"，其广告预算每年仅 300 多万元，占销售额的 1%。

（2）市场份额和消费者基础。市场份额占比高的品牌，如只求维持份额，则广告预算较低；而市场份额较低的品牌，要想扩大销售、抢夺市场份额，则其预算费用相对较高。

（3）竞争与干扰。在同一市场上，如果多家竞争者都做广告，企业通常需要加大广告宣传的力度，给出较高的广告经费预算，以使得本企业的广告传达给消费者。

(4)广告频率。把品牌信息传达到顾客需要的重复次数和时间间隔也决定广告预算大小,高频率的广告投放策略需对应高额度的广告经费预算。

(5)产品替代性。对于替代性较强的商品,企业需要借助广告来树立独特的品牌形象,因此广告经费预算较高。

(6)市场特征。如果目标市场对广告信息很感兴趣且消费者不介意广告轰炸时,企业应该要做出较高的广告经费预算。

(三)广告信息选择

广告所传递的信息是影响广告有效性的重要因素之一,它决定着广告是否能够达到企业的最终目的。广告信息的选择一般有以下四个环节:

1. 广告信息的产生

茶叶企业可通过与顾客、经销商、专家和竞争者的交谈,来归纳性地进行广告信息创作。在这些对象之中,消费者应当是最重要的创意来源,他们对现有品牌优势和不足的看法为创造性广告战略的制定提供了重要线索。

一般来说,可以运用演绎框架法来确定广告信息的主题——消费者从一个产品中期望获得的回报类型有如下四种:理性的、感觉的、社会性的或者自我满足。同时,消费者可以从使用结果经验、使用过程经验或者偶然使用经验中想象这些回报。这四种回报和三种经验类型,可以组合成消费者的十二种需求,企业可结合自身产品的特点,针对不同类型的需求来挖掘广告主题。

2. 广告信息的评价和选择

评价广告信息的标准因各地经济发展水平、意识形态、商业教育及商业哲学的不同而不同。当前,中国大陆注重实用性诉求、提高生活质量,并强调消费时人的感受;相反,中国香港地区则追求消费享乐,强调占有和使用;中国台湾地区则处于两者之间。

3. 广告信息的表达和内容

广告效果不仅取决于说什么,还取决于怎么说。好的广告效果往往需要通过表现形式、版式和广告词等因素的密切配合才能实现。

(1)表现形式。广告的表现形式有:生活片段、生活方式、引人入胜的幻境、气氛、想象、音乐、拟人、技术特色、科学依据、名人代言等。

(2)版式。广告版式的大小、色彩和插图等要素的精心设计,对于广告的效果和费用影响很大。广告中一个技术上的小小改进,往往会在很大程度上提高广告的吸引力。一项印刷广告研究结果显示,广告中各要素的重要性排序为:图画、标题、文稿。因此,一个好的广告首先需具备强烈吸引力的图画,以此来引起读者注意。其次,广告标题必须能够抓住人们的眼球,能有效地刺激人们继续阅读广告文字的兴趣。通常来说,广告标题有六种基本类型:新闻式(如加德士汽油公司的"事实是含铅汽油开不快")、问题式(美国运通的"您知道我吗?")、叙述式(辛利斯手表"不停不碎")、命令式(美国运通的"没它别出门")、1—2—3 法(节水 12 法)、如何—什么—为何(IBM 的"怎样选择计算机公司")。最后,广告文稿必须兼具创意性和表达力,俘获受众的"芳心"。

(3)广告词。广告词必须便于记忆和引起注意,例如怡清源黑玫瑰的广告词"杯中的美容院"掌握了女人爱美的心理,成功地吸引了女性消费者的注意。除此之外,茶叶广告中还有一些很成功的广告词,如"茶有益,茶有大益""平常心,竹叶青""君山银针,王者归来""黑茶之源,遍流九州"(白沙溪)、"一两黄金一两茶"(保靖黄金茶)、"天牌名茶,香味更佳""世界只有中国有,中国只有湖南有,湖南只有安化有"(安化千两茶)、"好茶叶是种出来的""洞庭春,中国十一大名茶之一""茶为国饮""真酒、假酒,不如以茶代酒"。

值得注意的是,追求广告效果固然重要,但商业广告必须保证对消费者的公开性和诚实性,不触及道德底线、不冒犯少数民族或特殊利益群体,同时其运作过程应符合国家颁布和制定的有关法律、法规和条例。

表12-3 广告媒体及其特点

媒体		优点	缺点
印刷媒体	报纸	传播范围广,受众范围广;传播速度快,反应及时;便于查阅和记忆,费用低廉	时效性短,设计简单,不易引起注意
	杂志	对象明确,选择性强;时效较长,便于深化宣传;图文并茂,表现力强	实效性差,周期长,传播时间短,不易记忆
电子媒体	广播	传播范围广,迅速及时,表现灵活,形式多样,有一定感染力,受众广泛	选择性差,制作复杂,不易记忆
	电视	传播范围广,时效性强,受众范围大,设计多样,寓教于乐,感染力很强	选择性很差,制作复杂,费用较高
	电影	有一定的选择性,形式多样,有感染力	制作复杂,费用较高
	通信设备	受众范围广,迅速及时,内容丰富	选择性差,不易记忆
	互联网	受众群体庞大,不受时间和空间的限制,针对性强;有的放矢,费用低廉;设计多样,感染力很强	受消费者个体因素和网络设备的普及性影响比较大
户外媒体	墙纸	费用低,易于保持,醒目,便于绘制	选择性差,内容简单,范围有限
	路牌	巨大醒目,设置灵活,易于保持,便于绘制	选择性差,内容简单,范围有限
	招贴	简单易制,费用低廉,设计灵活	选择性差
	霓虹灯	简单易制,费用低廉,醒目,设计灵活	选择性差
	橱窗	简单易制,费用低廉,设计灵活,很容易取得即销式效应	选择性差
	大型电子屏	屏幕巨大,色彩绚丽,与其他户外广告相比有动感,宣传效果较好	造价昂贵,受地点限制,宣传范围有限

(续表)

实物媒体	茶叶	说服力强,"现身说法、口碑传播"效果较好,费用低廉	传播范围小,针对性差
	茶样	突出茶叶特点	
	包装	特点突出,制作精美,图文并茂,信息内容详细,有助于建立企业形象	
	礼品	培养顾客偏好,提高顾客忠诚度	
	标识徽章	突出品牌,制作精美,具有收藏价值,影响深远	

(四)广告媒体的选择

广告媒体是指能够刊登、传播、播放广告,在广告宣传中起着传播信息作用的物质和工具。广告媒体种类繁多,其具体形式和特点见表12-3。评价广告媒体的指标主要有以下几种:

(1)视听率。接收某档电视节目或者广播节目的人数占拥有此媒体总人数的百分比。如电视的收视率、广播的收听率。

(2)毛评点。接触某广告的人数(单人多次亦可计入)占该媒体可传播范围内总人数的比例。

(3)暴露频次。是指在一定时期内,每个人(或家庭)接触到同一广告的平均次数。

(4)每千人成本。是指广告费用除以视听众总人数(千人为单位)

不同广告媒体的传播范围、时间、表现形式、对象不同,因此企业在选择媒体时,除结合媒体自身特性之外,还要对广告对象的特性、商品特性、广告目标要求、广告费用预算等方面的内容进行综合考虑,以寻求最佳方案。具体来说,企业在选择广告媒体时要考虑以下几点:

(1)媒体的成本;

(2)媒体与营销策略、广告策略的配合度;

(3)产品的性质和使用范围;

(4)媒体的属性和风格；

(5)媒体受众的特征；

(6)媒体的影响力；

(7)媒体的广告时段和版位；

(8)媒体的地域特性；

(9)竞争者采用的媒体种类。

(五)广告效果的评估

在广告投放以后，广告主通常都希望能够了解广告的有效性。尤其在企业经营进入"微利时代"的今天，对广告工具的粗放型使用很容易导致企业的亏损。因此，广告效果评估的研究越来越受到商家和学者的关注。一般来说，广告效果的评估可以分为事前评估和事后评估两种形式。

1. 事前评估

事前评估是指在广告正式播出前进行的各种检测，从而对其可能获得的成效进行评价，再根据测定中产生的问题进行修改。事前评估的具体方法大致有如下几种，评估过程中用以量化评价广告效果的评分表如表12-4所示：

(1)出版物。斯特奇(Starch)公司是广泛运用出版物预试的服务机构，其做法是先把测试的广告刊登在杂志上，广告登出后便把杂志分发给消费者中的调查对象。随后公司同这些被调查者接触并就杂志及其广告问题同他们谈话。谈话中可通过回忆和认识的测试来确定广告的效果，斯特奇公司还量化制订了三种阅读评分标准：①声称以前曾在该杂志中见到过此广告的读者的百分率；②能正确辨认该产品和做此广告的广告客户的读者百分率；③声称看过该广告内容一半以上的读者的百分率。

(2)广播广告。测定目标听众人数及其效果。

(3)家中测试。在目标消费者家中安放一台小屏幕机器播放节目，消费者观看电视广告节目。这种方法可使被调查者的注意力集中，但制造了一种勉强观看的人为的环境。

(4)实验测试。为了更接近于消费者做出决定的实际情况，可在市郊商业区设置实验室作为临时工作室进行预测。在模拟的购买中,实验人员会向购买者展示测试的产品,并给予他们一些用以在市郊商业区的商店中购物的赠券。通过事后对收回的赠券进行评估便可估量到电视广告片对购买行为的影响力量。

(5)剧场测试。消费者被邀请到剧场观看尚未公开播映的新的电视系列片,同时插播一些广告片。在放映之前,被调查者简述在不同商品种类中他们比较喜爱的品牌。观看广告后,被调查者要在不同种类品牌中选择他们最喜爱的品牌。若放映前后消费者偏好有改变,则可表明电视广告片起了作用。

(6)播放测验。这种测验在普通电视节目中进行。被调查对象被召集在一起观看播放的节目,其中包括观看被测验的广告片。在播放结束后,通过询问被调查者能够回忆起广告片中的多少内容对广告进行评估。

表 12-4 广告评分表

吸引力:此广告吸引受众注意的能力如何?	——(20)
可读性:此广告促使受众继续阅读的能力如何?	——(20)
认知力:此广告的中心内容或其利益是否交代清楚?	——(20)
影响力:此广告的诉求效能如何?	——(20)
行 为:此广告激起购买的可能性如何?	——(20)
总计:	

0	20	40	60	80	100
差	平庸	一般	好	优秀	优秀

2. 事后评估

在广告正式播出之后,对广告的认知效果和销售效果进行评价的评估方法被称为事后评估。

(1)认知效果评价

对广告认知效果的评价涉及如下几个方面的内容:

①对广告注意度的测定。注意度即消费者是否接触广告或广告使其注意的程度。只有消费者注意到某一产品并对其产生兴趣,才有可能去购买该产品。

②对广告记忆度的测定。记忆度是消费者对广告印象的深刻程度,可以反映消费者将商品、厂牌、创意与广告主联想在一起的能力和相信广告的程度。

③对购买动机形成的测定。即测定广告对消费者购买动机的形成能起多大的作用,具体表现在消费者购买该商品是否因受到广告影响。

(2)销售效果评价

影响产品销售的因素很多,单纯以销售量的增减来衡量广告效果是不全面的。也就是说,下述测定方法只能作为衡量广告效果的参考。当广告促销效果不理想时,企业不应轻易否定广告。

①销售额衡量法。通常采用广告费用比率和广告效果比率等方法进行计算。

$$广告费用占销率 = 广告费/销售量 \times 100\% \quad (12-1)$$

$$广告费用增销率 = 销售量增长率/广告费用增长率 \times 100\% \quad (12-2)$$

②单位费用促销法。单位广告费用促销额越大,表明广告效果越好;反之则越差。

$$单位广告费用促销额 = 销售额/广告费用 \times 100\% \quad (12-3)$$

③单位费用增销法。单位广告费用增销量越大,表明广告效果越好;反之则越差。

$$单位广告费用增销量 = (报告期销售量 - 基期销售量)/广告费用 \times 100\% \quad (12-4)$$

④弹性系数测定法。通过销售量变动率与广告费用投入量变动率之比值来测定广告促销效果。弹性系数 E 值越大,表明广告促销效果越好。

$$E = (\triangle S/S)/(\triangle A/A) \quad (12-5)$$

其中,S 为销售量;△S 为增加广告费用后的销售增加;A 为广告费用的原有支出额;△A 为增加的广告费支出额;E 为弹性系数。

第四节　茶叶公共关系推广策略

一、公共关系概述

企业公共关系,是指企业有计划、主动地与社会公众进行信息双向交流及行为互动,通过塑造良好形象来获取社会公众的理解、信任和支持,以达到企业与社会协调发展的目的。

企业公共关系分为内部关系和外部关系两种。内部公共关系是指企业内部员工关系、部门关系、领导层内部的关系和股东关系的总和,其主要目标是增强企业凝聚力,内求团结。外部公共关系是指企业与社会公众之间的关系,包括顾客关系、社区关系、新闻界关系、供应商关系、政府部门关系、竞争者关系和社会名流关系这七大部分。处理好与这些对象之间的关系,能够助力企业向顾客、新闻界、相关企业、社区、地方政府和金融机构争取尽可能多的支持和帮助,为企业的发展提供优越的外部环境。

(一)公共关系的作用

公共关系活动的历史由来已久,早在20个世纪30年代,企业管理理论界就意识到了企业与职工关系、企业与顾客关系的重要性。然而在当时的市场营销领域,由于受到生产观念和销售观念的局限,公共关系还未能受到足够的重视。直到20世纪60年代爆发了保护消费者权益的运动,人们对公共关系作用的认知才发生了翻天覆地的变化。大致来说,公共关系具有如下几点作用:

(1)增强企业内部凝聚力。内部公共关系的建立可以在企业和员工之间建立双向沟通机制,从而促使企业上下一心,消除可能产生的误解和隔阂,形成强大的凝聚力和高涨的士气。

(2)树立企业特定形象。企业可以通过提供优质商品与服务、妥善处理顾客投诉、支持社区公益活动、诚信经营等方式,给公众留下美好的、深刻的印象。

(3)强化企业社会关系。企业可以通过公关活动将与企业相关的各方面的动态传达给股东、投资者、贷款银行、政府部门和社区公众,使他们对企业活动产生认同感。

(4)化解企业面临的危机。企业面临的经营环境较为复杂多变,面对危机时,良好的公共关系策略能够使企业化险为夷、渡过难关。

(二)公共关系的活动方式

公共关系的活动方式是指以一定的公关目标和任务为核心,结合若干种公共

媒体形成一套具有特定公关职能的工作方法,大致具有以下六种形式:

(1)宣传性公关:指企业将有新闻价值的信息提供给新闻媒体进行宣传,以形成有利的社会舆论氛围。新闻机构的权威性和广泛性使得这种方式传播面广,较易赢得公众信任,因此企业应争取一切机会和新闻界建立联系。

(2)社会性公关:这种方式公益性较强、影响力较大,但成本较高。主要手段是通过赞助地方文化、教育、卫生及社区福利等事业来塑造企业社会形象,提高企业知名度和美誉度。

(3)交际性公关:即建立和消费者、社会团体、政府机构、银行、企业等的密切联系,积极争取他们的支持。这种方式主要通过语言、文字的沟通为企业广结良缘,巩固传播效果,其形式主要有宴会、座谈会、招待会、谈判、上门拜访、电话、信函、电子邮件、手机短信等。交际性公关具有直接、灵活、亲密、富有人情味等特点,能深化交往层次。

(4)展销性公关:即企业参加各种茶叶博览会或涉茶展销会,向公众宣传、推介产品,提高消费者对品牌的兴趣和信心。

(5)服务性公关:即企业通过为消费者提供各种服务,以实际行动获取公众的了解、信任和好评。这种方式既有利于促销,又有利于树立和维护企业形象与声誉。

(6)征询性公关:企业通过广泛获取信息、倾听声音的形式来消除误解、采纳建议、满足消费者需求。主要形式有开办各种咨询业务、制定调查问卷、走访消费者、进行民意测验、设立消费者投诉电话、公布企业信箱、聘请兼职信息人员等。

二、茶叶公共关系的实施步骤

1. 建立营销目标

营销目标通常包括建立知名度、树立可信度、刺激销售队伍和经销商、降低促销成本等。在实际操作中,这些大目标要进一步细分成具体的小目标,以便评估其最后的结果。假设一家茶叶企业准备做公共宣传,以便使消费者确信"饮茶康乐,茶为国饮"从而提高品牌形象和市场份额,那么它确立的目标应如下:第一,编写有关茶叶的故事,并设法登载在较为著名的杂志和报纸上;第二,撰写茶叶对健康有许多益处的文章,送给医疗事业单位进行宣传;第三,针对该地区的政府单位、行业组织、不同消费群体等制定特定的公共宣传方案。

2. 选择公关信息载体

公关信息的主要载体有:

(1)出版物。公司在很大程度上依赖传播材料来接触和影响目标市场。包括:年度报告(发展目标)、小册子(产品、特点、冲泡)、文章、视听材料(录像带、带解说的幻灯片、录音带)、业务通讯和杂志(通告重要新闻)。

(2)事件。其形式包括新闻发布会、讨论会、旅游、展览、竞赛与比赛、周年纪念和资助文化体育事业等。

(3)报道。通常情况下,一则有关公司、产品及人物的正面新闻往往能起到比广告更好的宣传效果。

(4)演说。即公司负责人在电视上回答主持人或记者提问,或在各种会议上进行演说。在使用该方法时,企业要聘请演讲稿作者和辅导老师来帮助发言人提高演说水平。

(5)公共服务活动。例如积极参与慈善事业等。

(6)特色标识。公司可以通过设计具有识别性的标识来吸引公众的注意。如商标、文具、小册子、招牌、商业文件、名片、建筑物和制服标识等。

3. 执行公共关系计划

执行公共关系计划是整个公共关系工作的中心环节,是在公共关系计划确定后,企业将方案所确定的内容变为现实的整个过程。在这个环节中,企业应表现出较敏捷的反应力和较强的灵活性。例如,当企业涉及如纪念性宴会、记者招待会、全国性竞赛等时,要抓住时机,创造与企业相关的新闻;当企业遭受重大危机时,则要准确掌握公众的心理,采取合适方法,将社会舆论引向对企业有利的方向。

4.评估效果

常用的评估指标主要有三种:

(1)展露度。即企业在各种媒体上的展露次数。

(2)知名度、理解、态度变化。即多少人能回想起这个新闻,有多少人向别人传播过(口碑衡量),有多少人听到后改变了主意。

(3)销售额和利润贡献。此指标是衡量公共关系推广效果最为直接的方法。

第五节　茶叶营业推广策略

一、营业推广概述

营业推广是一种能迅速促进销售增长,适宜于短期推销的促销方法,是企业运用各种短期诱导性战术来鼓励消费者进行购买,提高经销商的经营效率而采取的除广告、公关和人员推销之外的所有企业营销活动的总称。营业推广具有形式多样化、规模大型化、应用灵活化和普及化的特点,但从本质上来说是一种辅助性的促销方式,需要与其他促销方式配合使用。

(一)营业推广的功能

当前我国消费品供大于求的总格局还在持续,由于消费品品牌数量的增加,消费者在交易中也拥有了更大的主导权。在这种情况下,消费者更看重交易中的优惠,经销商也要求制造商给予更多的让利。在增加销售额的压力下,越来越多的企业接受并有条件地使用了营业推广这一促销方式。在实际操作过程中,营业推广主要起到以下作用:

(1)调动消费者的购买热情。赠物、抽奖、折价、试用等措施能够刺激消费者增加购买数量,加大购买频率,对品牌产品产生好感,从而多次性重复购买商品。

(2)增加各种促销方式的促销效率。相对广告、人员推销和公共关系等促销方式,营业推广只起着辅助促销的功能。营业推广是其他促销方法的加速剂和润滑剂,其他促销方式在其配合下能够发挥出更大的效果。

(3)鼓舞推销人员的士气。通过竞赛、研讨、发奖金和津贴等方式,使推销人员积极努力,互相竞争,提高销售额。

(4)提高经销商的经营积极性。通过推广指导、经营研讨会、推广津贴等措施,使经销商掌握推广技巧,加大推广力度并增加订货量,从而提高本企业产品在该市场的占有率和竞争力。

(二)营业推广的手段

在面向消费者、经销商、零售商以及推销人员这四类不同的对象时,企业进行营业推广的方法也应有所区别:

1. 面向消费者

以最终消费者为对象的营业推广方式,通常在新产品上市或现有产品需要掀起销售高潮时使用。常用的方法有如下几种。

(1)赠品。可以通过在商店内或展销会场免费提供、挨家挨户送上门、与其他产品搭配赠送或是邮寄给会员的方式向消费者提供茶叶赠品。当消费者亲口品尝茶叶后,更有可能给会员接受新产品并成为购买者。因此,赠送茶叶样品的花费虽然较高,但却是介绍新产品最有效的方式。

(2)使用示范。通过在销售现场请消费者试饮茶汤、试尝茶食品或传授泡茶技巧等方式,使消费者切身感受到该种茶叶的品质,领略茶文化的美妙。

(3)折价赠券。优惠券可以有效吸引消费者购买新产品和刺激成熟期产品的销售,但是只有当其提供的价格折扣不低于15%~20%时才能起到较好的效果。企业可将产品的优惠券通过邮寄、随产品附赠或是刊登在杂志和报纸广告上的方式传递至消费者手中,其回收率随分送方式不同而产生差异。

(4)现金折返。购买一定数量的商品即可返还规定金额的现金。

(5)抽奖。购买一定数量商品即可获得抽取高额奖金或奖品的奖券,但获奖概率较低。

(6)广告特制品。将印有茶叶广告的茶杯、日历、旅行袋、折扇等实用物品作为礼品赠送给消费者。

茶叶市场竞争激烈,许多厂商为扩大销售还在不断地开发新的营业推广方式。除以上介绍的几种,常见的方式还有竞赛、购物赠品、先购优待、限时折价、事件行销、特价包、会员回馈,等等。

2. 面向经销商

(1)免费提供陈列样品。向经销商赠送样品。

(2)发放刊物和邮寄宣传品。向经销商免费发放有关企业生产、销售情况的刊物或是向其邮寄广告宣传品、产品目录、样品手册等,以供其更好地了解企业情况。

(3)协助经营企业。可向经销商提供人员培训、派员指导、举办经营研讨会等服务,用以帮助经销商学习经营经验,提高经营效率。

(4)推广资助。一般采取的方式有:按订货量或销售额的多少发放推广津贴;与经销商联合推广(如联合做广告或联合展销等),费用由双方按比例分摊或全部由生产企业承担。

(5)销售竞赛。在众多经销商中发起销售竞赛,优胜者给予奖金或奖励。

3. 面向零售商

企业用以激励零售商的常见促销工具有:

(1)合作性广告。卖方为零售商支付一部分用于推销卖方产品上的广告成本。

(2)产品转售之前的标签。卖方在产品上贴上标签,标明产品的价格、厂家、规格、编号及颜色。这些标签有助于零售商在产品销完以后再订购该产品。

(3)无存货采购:卖方保存存货,接到订货通知后就立即将产品运送给零售商。

(4)特价。商品大减价促销活动。

(5)折让。卖方降低价格,以使得零售商可以将降低商品标价。

(6)提供广告精品。诸如卖方向零售商提供广告用的照片、广播稿等。

(7)让利:给零售商以退货和交换的优惠权利。

4. 面向推销人员

(1)推销竞赛。在推销人员中举行推销竞赛活动,对优胜者给予奖励或授予荣誉称号,以激发推销人员士气和提高积极性。

(2)推销津贴。按完成销量的多少,对推销人员发放数量不等的津贴或奖金,以刺激推销人员的工作热情。推销竞赛的受惠面窄,采用推销津贴的办法可以扩大受惠面,让更多的促销人员改进推销方法,提升推销业绩。

(三)茶叶营业推广的基本方式

根据茶叶产品的市场特性,茶叶企业通常使用如下几种营业推广形式:

(1)营业场所环境的装饰与布置。根据顾客的购买心理与特点,在企业卖场营造出令人赏心悦目、心情舒畅的购物环境来吸引消费者。

(2)样品陈列及橱窗布置。茶叶样品的陈列是推销茶叶产品的最好示范,能够引导消费者购买;同时,橱窗的设计布置也是无声的商品广告,能够刺激顾客的购买欲望。

(3)茶叶样品试饮。由于茶叶商品的特殊性质,对顾客进行现场试饮是对茶叶品质的最好宣传,这种方式能够正向引导顾客的消费思想,减少消费顾虑,从而促进顾客的购买行为。

(4)提供各种茶文化宣传咨询服务。为消费者宣传中国博大精深的茶文化知识,如在特殊的卖场进行茶艺表演,也是赢得顾客消费的一种重要方式。

二、营业推广的实施步骤

在竞争激烈的消费品市场上,很多消费品企业和经销商在进行营业推广时出现了"重战术,轻战略"的现象,即营业推广的形式多种花样但却与企业制定的营销战略不配套。营业推广是一种具有长期影响的短期行为,不恰当的使用会影响到企业的形象,不利于企业的良好发展。因此,企业在制订营业推广计划时应当遵循其科学的实施步骤,以确保它能够服务于企业整体的营销策略。营业推广的实施主要有以下六个步骤:

(1) 制定目标。企业应当根据目标市场的特点和整体策略来制订营业推广目标,对于消费者个人、中间商、企业单位等应区别对待。

(2) 明确对象。各种营业推广手段对于不同对象的作用有很大差异,一般来说,营业推广对于已养成固定习惯的老顾客作用较小,其目标对象主要是那些冲动型和价格敏感度高的消费者。

(3) 选择媒介。企业一般要根据目标对象的接受习惯、产品特点以及目标市场状况等来综合分析,选择推广媒介。

(4) 决定规模和水平。营业推广的规模和水平决定着实施的效果。因此企业必须了解各种推广形式的效率和强度,以争取将营业推广的规模和水平维持在合适规模,避免因规模不当造成的各种损失。

(5) 确定期限。营业推广的期限必须符合市场营销整体战略。如果持续时间太短,则无法产生显著的促销效果;时间太长,则会给消费者造成一种变相清仓的印象。因此,实施营业推广要选择最佳的市场机会和恰当的持续时间,既要有欲购从速的吸引力,又要避免草率从事而影响企业形象。

(6) 科学预算。在营业推广的实施工作中,要通过综合权衡推销费用与经济效益的得失来确定预算。当期预算大致上可以参照上期费用来决定,但是在实际操作中还必须根据情况的变化对预算进行调整。

案例 12.1 茶有益,茶有大益

云南大益茶业集团是目前中国首屈一指的现代化大型茶业集团,拥有享誉海内外的"大益"品牌。"大益"一直致力于推动"大益"茶成为中国茶最佳供应商,努力成为推动中国茶产业与茶文化走向世界的领导品牌。总结发现,大益集团能

够迅速风靡全国,推动普洱茶一系列产业的发展,除与大益集团浓厚的文化底蕴和优异的产品质量相关外,其企业团队的促销策略更是推动大益成长壮大的力量之源。

从经济学角度分析,大益集团一直重视促销策略(人员直销、广告宣传、公共关系、营业推广)以及促销策略组合对于产品营销的积极推动作用。这种理念一直贯穿于"大益"著名的"四动"营销法则,即"利用文化宣传让消费动眼,让消费者对大益产品动心,对大益品牌动情,让广大的经销商和员工队伍奉献源源不断的动力"。

2007年,国内经营茶叶的店铺几乎都陈列了"大益"普洱茶,产品充斥了整个茶叶市场。大益集团为了进一步完善营销网络,分别在国内大、中型城市开设门店,继承传统的"前店后厂"经营模式,积极发挥人员直销的潜力,充分利用"口碑效应",大力宣传"大益"产品和普及茶文化。

大益集团一直注重广告宣传,效果很好。在中国茶叶企业中,大益集团的广告投入力度最大。2007年,大益一举中标中央电视台2008年黄金时段广告,年投入5000多万元,这一举动吸引了中国数亿观众的眼球,并且达到了让消费者对"大益"动心的目的。广告词"茶有益,茶有大益"的创意也非常独特。这种大手笔的广告投入需要一定的经济基础,并且需要把握最佳的广告契机和新颖的广告策划创作,才能取得预期的效果。

一直以来,大益集团与大型媒体联合举办了一系列的大型活动,参与筹备了中央电视台《我的长征》大型电视活动,打造了建军80周年献礼篇章《祖国不会忘记》等活动,这些公益活动的举办为"大益"产品的宣传提供了平台。

在市场营销中,营业推广能够给消费者带来更大的消费刺激,进而提升销售额,为企业创造直接的经济效益。当前,类似于茶叶展会、食品博览会等营业推广模式正在茶叶行业日益风行,为品牌推广,茶商采购提供了广阔的平台。大益集团非常注重营业推广,2010年11月在中国广州举办的第十六届亚运会上,大益集团签约成为该届亚运会茶产品供应商,这是当年中国茶首次成功与国际大型综合体育赛事联姻,具有特殊的标志性意义。这次联姻不仅给"大益"带来了新的发展契机,也为中国茶叶带来了新的发展机遇。

练习题

1. 茶叶促销的作用和影响因素有哪些?
2. 人员推销的特点、方法、步骤和技巧有哪些?
3. 怎样才能正确做出广告的五个决策?
4. 公共关系的主要工具和决策有哪些?
5. 营业推广的方式有哪些?
6. 请从大益普洱的广告案例谈谈当今中国茶叶广告的看法?

参考文献

[1] 科特勒等著.市场营销管理第二版.[M].北京:中国人民大学出版社,2001.

[2] 宿春礼.营销管理通用文本[M].北京:科学技术文献出版社,2004.

[3] 包小村.茶叶市场谋略(第二版)[M].长沙:湖南科技出版社,2009.

[4] 胡贤春,曾文涛.茶叶营销策略概述[J].中国茶叶加工,2008(3):11-13.

[5] 胡国强.茶叶营销新理念[C].中国茶叶学会第三届全国青年茶学学术研讨会文集,2009.

[6] 吴锡端.当前茶叶产销形势分析与营销策略[C].茶叶质量安全技术培训暨产业发展论坛文集,2007.

[7] 丁勇.试析茶叶的市场特性与营销策略[J].中国茶叶,2005(2):10-12.

[8] 裘孟荣.当前的茶叶营销问题探析[J].茶叶,2008(1):56-58.

[9] 樊成刚.试论茶叶营销策略[J].福建茶叶,2012(1):41-43.

[10] 彭涛.企业广告效果评估模式研究[D].南昌大学,2008.

第十三章 茶叶品牌运营

本章提要

21世纪是品牌纵横的世纪,品牌已成为企业最有力的竞争武器。本章主要介绍了品牌运营的理论及在茶叶产品中的应用实践。第一节从不同角度对品牌定义及内含做了详细介绍,并阐释了一个好的品牌所产生的多功能效应;第二节则根据品牌的特点重点介绍了在进行品牌设计时应该注意的因素;第三节则介绍了品牌传播的主要途径;在第四节、第五节主要从品牌价值与品牌管理两个方面对茶叶品牌做了详尽的描述。通过本章的学习,要求对品牌的内涵有全面的理解与把握,并通过相关理论的学习,掌握茶叶品牌运营实践的准则。

第一节 品牌概述

一、品牌的定义

品牌是可以触发受众心理活动的商品(或者组织)标识。① 20世纪50年代美国著名广告大师奥美广告创建者——大卫·奥格威第一次给"品牌"较为科学的定义:品牌是一种错综复杂的象征,它是品牌属性、名称、包装、历史声誉、广告方式的无形的总和。品牌因消费者对其使用的印象,以及自身的经验而有不同界定。中外学者从不同角度给出了不同的定义,充实了品牌的内涵。归纳起来主要有以下几个角度:

(一)从品牌价值角度

从品牌价值角度往往以"资产"一词突出品牌作为一种无形资产为企业创造的财富和知名度,这个角度侧重品牌在资本运营中的作用,突出品牌这种动态的无形资产所具有的增值潜力。美国品牌学家亚历山大·拜尔(Alexander L. Biel)认为:品牌资产是一种超越生产、商品及所有有形资产以外的价值……品牌带来的好处是可以预期未来的进账远超过推出具有竞争力的其他品牌所需的扩充成本。法国品牌专家让·诺儿·卡菲勒相信企业最宝贵的财富是品牌。品牌对于公司而言代表了一份价值连城的合法的资产。这份财产能够影响消费

---

① 品牌(Brand)一词来源于古挪威文字"brandr",意思是烙印,指在牲畜身上烙上标记,以起到识别和证明的作用。

者的行为,在它被购买和收购的过程中确保它的主人以后会有源源不断的收入。

(二)从品牌营销传播角度

上海交通大学品牌研究中心主任余明阳(2002年)将品牌定义为:"在营销或传播过程中形成的,用以将产品与消费者等关系利益团体联系起来,并带来新价值的一种媒介。"其强调两个方面:第一,品牌是一种媒介,它将企业内部的生产与外部的环境联系起来;第二,品牌的形成是一种互动的传播过程,它既需要企业赋予产品一定的附加信息,又需要消费群体将自己的感觉、情感、态度赋予品牌之上反馈给企业。韩光军在《打造名牌》一书中提到:品牌是消费者记忆商品的工具,是有利于消费者回忆的媒介。因此,从品牌的营销传播工具和媒介功能角度,品牌突出了其营销传播产品的工具属性,并强调了其传播企业信息的重要作用。

(三)从品牌与消费者的关系角度

现代国际品牌理论重视和强调品牌与消费者的关系,认为品牌是一个商品透过消费者生活中的认知、体验、信任及感情,争到一席之地后所建立的关系。如美国广告专家约翰·菲利普·琼斯认为品牌是能为消费者提供其认为值得购买的功能利益及附加价值的产品。美国品牌专家大卫·爱格认为,品牌就是产品、符号、人、企业与消费者之间的联合和沟通。也就是说,品牌是一个全方位的架构,牵涉消费者与生产企业沟通的方方面面,并且品牌更多地被视为一种"体验",一种消费者能亲身参与的更深层次的关系,一种与消费者进行理性和感性互动的总和,若不能与消费者结成亲密关系,就会丧失品牌资格。

还有一些专家对品牌也提出了各自的观点,如乔春洋(2005年)认为,品牌是一个综合、复杂的概念,它是商标、符号、包装、价格、声誉、广告风格乃至历史、文化、民族等方面留给受众印象的总和。郭洪(2006年)对品牌的基本含义进行了分析,认为:第一,品牌是品牌主使自己产品和服务区分开来的符号集,这是品牌最基本的功能;第二,品牌是经营管理活动的结果,是组织文化的公开展示;第三,品牌是一种无形资产和资源,能够提高产品与服务的附加价值。许基南(2004年)综合国外品牌理论提出品牌是由市场属性和产品属性组成的一个系统,品牌的市场属性是指包括商标在内的一系列传递产品特性、利益、联想、文化、价值观和个性等活动的总和;品牌的产品属性是指品牌代表着企业规模、产品质量、技术和企业形象等。品牌是产品属性和市场属性的综合体现,是企业与顾客之间的关系性契约。

以上对品牌的内涵做了不同侧重的诠释,总体来说,广为接受并比较全面地在学术界影响较大的仍然是来自菲利普·科特勒的定义,即"品牌是名称、符号、术语或设计,或是它们的组合运用,其目的是借以辨认某个销售者或某群销售者的产品或服务,并使之同竞争对手的产品和服务区别开来。"

二、品牌的内涵

内涵是一种抽象的感觉,是主体里的灵魂、气质、个性、精神被我们用情感的概念创作出来的一切属性之和。品牌是承载事物内涵的一个主要载体,它既是内涵的存储仓库,又是内涵的发电站。从品牌的定义可以体会到以下内涵:

(1)品牌是一种象征和标志。品牌的象征和标志功能使其与竞争对手的产品或服务区分开来,并对消费者产生独特的吸引力。

(2)品牌是一种媒介,是企业与消费者之间关系的桥梁。企业通过品牌实现有关其产品或服务的信息传播;消费者通过品牌了解其内在和外在特征,并据此决定是否购买。

(3)品牌是一种承诺。品牌代表着企业交付给消费者的产品特征、利益和服务等一连贯的承诺。品牌以产品为载体,产品的质量直接关系到企业对消费者的承诺能否兑现,关系到品牌品质形象的好坏,因而直接影响着品牌在市场上能否存活(详见表13-1)。

表 13-1　品牌内涵:本质特征专业领域代表性理论和思想

范畴	关键词	专业领域	本质特征及描述	代表性理论和思想
品牌是物	名称、语言	语言学	品牌是一种名称或语言活动	品牌命名理论、品牌的语言问题研究等
	特色、产品	推销学	品牌是一种特色、亮点、益处或产品	独特销售主张(USP)理论、特色思想等
	标志、设计	艺术设计	品牌是一种标志(色、图、字等物)或设计	品牌差异化思想、CIS品牌设计理论等
	符号、象征	符号学	品牌是一种象征、符号或符号系统	品牌符号学说、品牌联想、品牌延伸等
	组合、区分	市场营销学	品牌是一种名称、术语、标记、符号或设计,或它们的组合运用	传统品牌营销理论等
	商标、产权	法学	品牌是指商品的牌子和商标或知识产权	商标理论、品牌法律权力思想等
	资产	会计学	品牌是一种资产,一种动态资产	品牌资产理论、客户资产论等
	认知	心理学	品牌是消费者或公众对产品、名称或组织感受的总和	品牌的心理问题研究、品牌认识说等
	信息、媒介	信息学	品牌是一种信息或消费者回忆的媒介	品牌的信息问题研究等

续表

品牌是人	灵魂、生命	宗教神学	品牌是一个有灵魂的生命体	品牌精神或精髓思想等
	生命、肉体	仿生学	品牌是一个生理的演进实体	品牌生命周期论、品牌起源思想等
	故事、传承	历史学	品牌是一种创业史、故事或文化的传承	品牌故事塑造方法、宗教仪式思想等
	情感、人格、认同	心理学	品牌是一个可感知、映射个性的存在	品牌价值观、态度、个性、认知、学习、情感、形象、识别等理论
	角色、关系	社会学	品牌是一种顾客、供应链或利益相关关系	品牌关系、社群、组合及角色等理论
	口碑	新闻传播学	品牌是一种口碑	品牌口碑营销思想等
	体验	神经生物学	品牌是指一种体验	品牌体验论等
	文化、品位	文化学	品牌代表的是一种文化、意义或品位	品牌文化论、品牌意义说、象征品牌论等
	联结、媒介	信息学	品牌是产品、符号、企业和利益相关者之间的一种联结和媒介	品牌媒介说等
	文化、差异	人类学	品牌体现了价值观、态度和文化的差异	品牌的民族、本土及国际化问题研究等
	完整、统一	人学	品牌是完整的"人"	品牌人学思想等

续表

品牌是人与物的统一体	承诺、品质	质量管理	品牌是一种承诺、品质保证或风险减弱器	品牌的质量问题研究、品牌承诺论等
	组织	组织理论	组织就是品牌,品牌就是组织	组织品牌化思想等
	协同、进化	生态学	品牌是一种生态关系	品牌生态学思想、品牌起源说等
	权益、过程	管理学	品牌是一种权益、活动或过程	品牌管理、品牌权益、品牌资产管理等
	协调、沟通	领导科学	品牌是一种行动的一致协调	品牌领导思想等
	资源、方法	经济学	品牌是一种资源配置的方法或原则	品牌经济学思想、品牌经营论等
	差异、价值	战略管理	品牌是一种差异、定位或价值链	品牌差异化、品牌定位、品牌价值等
	和谐、平衡	政治学	品牌是一种平衡	综合品牌塑造、平衡品牌模型等
	行为、认知	心理学	品牌是公众对组织所有行为的印象感受	品牌行为学思想等。

资料来源:张锐,张炎炎.品牌学——理论基础与学科发展[M].北京:中国经济出版社,2007.

三、品牌定位

品牌定位是在综合分析目标市场与竞争情况的前提下,建立一个符合原始产品的独特品牌形象,并对品牌的整体形象进行设计、传播,从而在目标消费者心中占据一个独具价值地位的过程或行动。其着眼点是目标消费者的心理感受,途径是对品牌整体形象进行设计,实质是依据目标消费者的特征,设计产品属性并传播品牌价值,从而在目标顾客心中形成该品牌的独特位置。

品牌定位决定着产品研发、产品线的规划设计与走向。茶业企业可根据货源供应、经营规模、市场需求等因素调整优化产品结构,突出产品特色及品牌诉求点。如昆明七彩云南庆沣祥茶业股份有限公司有"七彩云南"与"庆沣祥"品牌。"七彩云南"品牌以丰富的产品形态和全方位销售渠道满足大众市场消费需求。针对现代人多元化的饮茶需求,形成传统精品与现代创新茶品的集合,打造"七彩云南"产品品牌的核心竞争力。"庆沣祥"品牌是高端茶庄品牌,公司投资上亿元在北京和昆明两地开设了多家"庆沣祥"直营茶庄,以规模大、档次高、专业化成为国内高端茶庄的典型范例。合理定位满足了不同消费者的需求,使品牌形象更清晰。

四、品牌的功能

品牌一旦形成,就会对品牌的经营管理产生巨大影响和能动作用,这就是品牌的功能。一般而言,品牌有以下基本功能:

(一)导向功能

品牌理念是企业所倡导的价值目标和行为方式,它引导员工建立共同价值观和一致的行为方式。品牌通过这种价值导向和行为导向对企业中的每一位员工形成一种无形的感召力,从而有助于企业目标的快速实现。

(二)激励功能

品牌理念既是企业的经营宗旨、经营方针和价值追求,也是企业员工行为的最高目标和原则,它激励员工最大限度地发挥主观能动性和积极性,并通过这种激励效果而提高效率。

(三)凝聚功能

品牌理念的确定和员工的普遍认同,在一个企业内必然形成一股强有力的向心力和凝聚力。它是企业内部的一种黏合剂,能凝聚员工的目标、理想和信念,并造就和激发员工的群体意识。

(四)稳定功能

强有力的品牌理念和精神可以保证一个企业不会因内外环境的某些变化而使企业衰退,从而使一个企业具有持续而稳定的发展能力。

五、品牌的类别和作用

(一)品牌的类别

依据不同的标准,品牌可划分为不同的类别。

(1)根据品牌的知名度和辐射区域的不同,可以将品牌分为地区品牌、国内品牌、国际品牌。

(2)根据产品生产经营的所属环节的不同,可以将品牌分为制造商品牌和经营商品牌。

(3)依据品牌的来源不同,可以将品牌分为自有品牌、外来品牌和嫁接品牌。

(4)根据品牌的原创性与延伸性,可划分为主品牌、副品牌、副副品牌;另外也可将品牌分成母品牌、子品牌、孙品牌等。

(5)根据品牌的本体特征划分,可将品牌分为个人品牌、企业品牌、公共品牌等。

(二)品牌的作用

(1)体现产品或企业核心价值。消费者或用户通过对品牌产品的使用,形成满意,就会围绕品牌形成消费经验,为将来的消费决策形成依据。

(2)识别商品的分辨器。品牌的建立是由于竞争的需要,是用来识别某个销售者的产品或服务的。品牌设计应具有独特性,有鲜明的个性特征,代表本企业的特点。

（3）保证质量和信誉。树品牌、创名牌是企业在市场竞争的条件下逐渐形成的共识，人们希望通过品牌对不同产品和企业加以区别，通过品牌形成品牌追随，最终扩大市场。品牌作为市场竞争的武器常常带来意想不到的效果。

（4）企业的无形资源。品牌以质量取胜，品牌常附有企业的文化和情感内涵，所以品牌给产品增加了附加值。同时，品牌有一定的信任度和追随度，企业可以为品牌产品制定合适的价格，以获得较高的利润。

六、中国茶叶品牌的现状

中国是世界茶叶生产大国和消费大国，但中国茶叶企业却存在规模小、集中度低、品种多、品牌少、缺乏国际竞争力等问题。中国的西湖龙井、安溪铁观音、洞庭碧螺春以及云南普洱茶名气都很大，但提起茶叶品牌，中国六大茶类、"十大名茶"，却没有一个在国际上叫得响的品牌。中国最大茶叶企业年销售额仅为10多亿元人民币，而不产一片茶叶的英国立顿红茶年销售额却在30亿美元以上。市场竞争实质上是产品质量和售后服务方面的竞争，这种竞争往往通过品牌竞争来实现。无论国内市场还是国际市场，茶叶已进入品牌竞争时代。

虽然国内还没有一个世界性知名茶叶品牌，但是近年来部分茶叶企业通过一系列的运营和推广，逐渐建立了自有品牌，或是通过注册认证形成区域公共品牌。具体见表13-2。

表13-2 六大茶类中部分代表性中国茶叶驰名商标

序号	商标名称	商标注册人/所有人	认定年份	品牌类别	标识
1	西湖龙井	杭州市西湖区龙井茶产业协会	2012	公共品牌	西湖龙井
2	普洱茶PUER	云南省普洱茶协会	2012	公共品牌	
3	安化黑茶	安化县茶叶协会	2011	公共品牌	
4	安溪铁观音	安溪县茶业总公司	2005	公共品牌	

序号	品牌	持有单位	年份	类型	标志
5	武夷山大红袍	武夷山市茶叶科学研究所	2010	公共品牌	
6	洞庭山碧螺春	苏州市吴中区洞庭（山）碧螺春茶业协会	2009	公共品牌	
7	君山 JUNSHAN	湖南省君山银针茶业有限公司	2009	公共品牌	
8	安吉白茶 ANJI WHITE TEA	安吉县农业局茶叶	2008	公共品牌	
9	凤	云南滇红集团股份有限公司	2012	公共品牌	
10	坦洋工夫	福安市茶业协会	2010	公共品牌	
11	福鼎白茶 FUDING WHITE TEA	福鼎市茶业协会	2010	公共品牌	
12	竹叶青	四川省峨眉山竹叶青茶业有限公司	2006	公共品牌	
13	紫阳富硒茶 ZIYANG FUXICHA	紫阳县茶业协会	2012	公共品牌	
14	天福茗茶 TIANFU	漳州天福茶业有限公司	2005	企业品牌	
15	八马 BaMa	福建省安溪八马茶业有限公司	2010	企业品牌	

16	凤山 FENGSHAN	福建省安溪茶厂有限公司	2010	企业品牌	
17	张一元	北京张一元茶叶有限责任公司	2007	企业品牌	
18	吴裕泰	北京吴裕泰茶业股份有限公司	2008	企业品牌	
19	猴王 MONKEY KING	中国茶叶股份有限公司	2010	企业品牌	
20	贡 Gong	杭州西湖龙井茶叶有限公司	2011	企业品牌	
21	论道	四川省峨眉山竹叶青茶业有限公司	2011	企业品牌	
22	古洞春	湖南古洞春茶业有限公司	2010	企业品牌	
23	湘丰	湖南湘丰茶业有限公司	2011	企业品牌	
24	巴陵春 Balingchun	袁小月/岳阳市洞庭山茶叶有限公司	2012	企业品牌	
25	湘益 XIANG YI	益阳茶厂有限公司	2012	企业品牌	
26	新安源有机茶	黄山市新安源有机茶开发有限公司	2011	企业品牌	

27	猴坑 HOUKENG	黄山市猴坑茶业有限公司	2012	企业品牌	
28	龙潭 LONGTAN	河南省信阳五云茶叶（集团）有限公司	2008	企业品牌	
29	文新 WENXIN	信阳市文新茶叶有限责任公司	2010	企业品牌	
30	LongRun 龙润	云南龙润药业有限公司	2010	企业品牌	
31	大益	勐海茶厂	2011	企业品牌	
32	高黎贡山	腾冲县高黎贡山生态茶业有限责任公司	2012	企业品牌	

资料来源：中国茶界网，http://www.chajiecn.com/article - list - cypp.html；中国普洱茶网，http://www.Puercn.com/；

第二节 茶叶品牌设计

茶叶品牌的最终目的是促进消费的完成，而要达到消费的完成，就必须先引起消费者的消费欲望，这种消费欲望在很大程度上取决于优秀的茶叶品牌设计。

一、茶叶品牌设计的原则

茶叶产品设计是茶叶品牌设计的主要内容，也是茶叶品牌设计的主要载体。没有产品，品牌设计也就成了无源之水、无本之木。美国著名经济学家菲利普认为,设计产品应从三个层次上来考虑,第一层是核心产品,它主要回答的是"购买者真正需要采购的是什么";第二层是有形产品,它主要通过产品的质量水平、式样、包装、性能等特征去征服消费者;第三层是企业为消费者所能提供的附加产品。一般而言,茶叶品牌设计应遵循以下原则:

1. 突出个性原则

当今时代是注意力经济和个性化文化大行其道的时代,茶叶品牌设计如何突出个性、吸引注意力至关重要。个性不同,其价值就不同,从而其消费群体不同,所占有的市场也就不同,比如红茶和普洱茶。因此,茶叶品牌在进行设计时要充分考虑到注意力经济和个性化文化这两点,通过设计把茶叶丰富的个性文化内涵表现出来。

2. 以消费者为中心的原则

茶叶品牌形象的好坏,消费者最有发言权。无论你自认为设计得如何完美、形象如何好,如果消费者不认可,品牌设计就是不合格的。所以在进行茶叶品牌设计时,要对消费群体进行定位。任何产品存在都要以消费者为基础,没有消费者,就没有产品存在的必要。

3. 求异创新原则

求异创新就是要塑造独特的企业文化和个性鲜明的企业形象。为此,品牌设计必须要创新,发掘企业独特的文化观念,设计不同凡响的视觉标志,同时运用新颖别致的实施手段。[①]

4. 传统与现代结合的原则

茶叶是传统性和民族性元素突出的特色产品,做好中国茶叶,必须打造自己的茶品牌,将独特的传统民族文化同现代消费理念结合起来,使中国的茶叶走向世界。

---

① 长沙好名堂品牌设计公司,http://haomtang.qy01.cn/

二、茶叶品牌的商标设计

商标,顾名思义就是商品标记。商标一般由图案及名称构成,商标设计的主要内容就是品牌图案及名称设计的问题。品牌名称与众不同且令人难忘,就会产生差异化,产品在同类产品中也就会脱颖而出,广告花费就更加有效。在开展设计工作时必须把握以下几点:

1. 茶叶品牌名称独特易记

如果一个5岁的孩子听了几遍后能够记住产品的品牌名称,说明产品的品牌名称简单易记。这样说并非意味着给品牌起名一定要简单,而是说起名应该要与众不同且容易记忆,例如麦当劳、耐克等。

2. 茶叶品牌内涵丰富

品牌有内涵才易于与消费者产生共鸣,使得消费者对品牌产品获得更丰富的联想。例如"大益"普洱茶,"大益"牌系列产品所用原料均为云南大叶茶品种生产加工而成,取"大叶"谐音"大益",一方面表明产品质量、产地特征;另一方面表明饮普洱有益身心健康,颂其作用,固得"大益"之名。

3. 好品牌须经得起时间的考验

目前有一定知名度的茶品牌都经过了时间的考验,价值的积淀,而不会随着时代环境变化而过时,如西湖龙井、洞庭山碧螺春等。

4. 品牌名称须张扬个性

六大茶类不同的加工工艺、不同产地、不同的茶树品种成就不同风味、品质,所以在对茶叶品牌命名时要考虑茶叶的特征。

5. 茶叶品牌命名须与文化相结合

中国的茶文化博大精深,融合了中国儒、道、佛诸派思想,独成一体,通过茶文化的传播可以使我们的茶叶得到更好地推广。茶叶品牌的命名结合茶文化特色,其品牌的传播速度可以收到意想不到的效果。

6. 图案设计形象生动

图案是品牌形象化的语言,它可以给人以强烈的视觉印象,并不断地通过品牌宣传及品牌打造赋予其新的内容,以至于人们看到图案就马上会联想到品牌的名称。如果其图案不能很好地诠释品牌内涵,不具有形象化的明显特征,当然也就不能起到独特的传播效果。

第三节 茶叶品牌的传播

品牌传播是营销人员与消费者产生联系的桥梁,也是消费者与他们身处的社会文化环境发生联系的中介。[①] 在茶叶品牌传播过程中,应充分考虑其产品特性和品牌定位,利用多样化的传播方式推动品牌的扩散,增强其品牌影响力。

一、茶叶品牌的广告传播

在当代社会,要成为知名品牌,必须大力宣传推广,"酒香不怕巷子深"已不合时宜。茶叶品牌打造离不开大众传播中的重要传播手段即广告传播。作为一种最直接的手段,很多茶品牌就是借助于广告传播来加深消费者印象,如"大益"普洱朗朗上口的品牌名称,通过广告的传播使"大益"品牌消费群体扩大,消费者忠

---
① 胡正荣. 传播学总论[M]. 北京:清华大学出版社,2008.

诚度、品牌美誉度和影响力都有很大提升。

二、茶叶品牌的销售促进传播

美国市场营销学会对销售促进的定义是:"人员推销、广告和公共关系以外的,用以增进消费者购买和交易效益的那些促销活动,诸如陈列、展览会、展示会等不规则的、非周期性发生的销售努力。"销售促进传播所制造的新闻点、卖点产生激励作用,刺激需求,达成交易目的,促进企业信息、品牌信息的传播。

三、茶叶品牌的副媒体传播

车体广告、路牌广告、电影广告等相对于传统媒体而言的副媒体在品牌传播过程中的作用也绝对不可忽视。在饮料行业的销售终端,如超市、小商店、商业街等,见到最多的是百事可乐及可口可乐的广告伞、POP、小店的牌匾等,在终端销售日益重要的市场,运用副媒体抢占市场的"田间地头",已为两家跨国饮料公司带来源源不断的利润。① 产品同质化越来越明显的茶叶市场,消费者的冲动性购买与个性化购买已经占据主流位置,那么利用销售终端激发消费者的购买兴趣,将越来越重要。

四、茶叶品牌形象整合传播

品牌形象的整合传播可以从手段和过程两个方面入手。传播手段的整合主要包括广告、公关、直效营销、活动营销、销售促进等营销传播工具的组合和利用。传播过程的整合指在不同时空的传播过程中,保持品牌信息的一致性。② 茶叶品

---

① 易迈管理学习网 http://www.mba163.com/;肖志营,著名实战营销专家,http://www.Globrand.com/column/xiaozy/
② 李忠宽:品牌形象的整合传播策略[J].管理科学,2003(4):63-66.

牌形象整合传播可从以下几点着眼：

（一）介入热点

热点事件通常能引起社会上的广泛关注和反响，通过介入热点事件可以让企业品牌迅速渗透进广大潜在消费者视野。如针对2011年日本核电站的核辐射泄漏事件，宣传茶产品的抗辐射功能，促进功能性茶产品的消费即是介入热点这一传播手段的有效应用。

（二）满足特殊需要

如普洱茶消费过程中针对消费者存在的投茶难、用量不好把握及冲泡过程复杂等问题，在产品包装上附有品饮说明提示，开发定量迷你产品及利用飘逸杯冲泡等方式，使普洱茶品饮方便快捷地满足上班族人士的需要。

（三）抢占制高点

在企业形象传播中，其制高点就是企业形象及其信息的每一次出现场合，它对企业品牌美誉度的形成具有决定性的影响。企业信息出现的场所越具世界性、国际性和权威性，对提高企业的知名度，展示企业的实力，在消费者心目中建立良好的品牌信任度就越有利。如在2008北京奥运会展现的龙润茶，在中央电视黄金广告时段出现的"大益"和"竹叶青"等。很多企业都想在最重要的媒体及传播场所展露自己的形象，传播企业的信誉，塑造企业的品牌美誉度。

（四）名人效应

企业将自己产品品牌与著名人物、著名组织群体联系起来，形成"名茶·名人·名牌"良性互动。名人效应是因为人们对名人的喜爱、尊敬和崇拜，往往爱屋及乌，选名人所选，爱名人所爱。

（五）独特文化

打造独特文化是企业有意识地通过发现、甄别、培养或创造某种核心价值来达成企业经营目标(经济的、社会的、环境的)一种营销方式。利用茶文化来达到品牌营销的目的能够发挥品牌文化差异化优势,使其不易被模仿;同时不同的品牌茶文化也能满足不同消费者的消费心理,如贵族文化、时尚文化等。

第四节　茶叶品牌的价值

一、茶叶品牌资产的构成

品牌资产包含产品的特征和性能,附着在产品之上的商标、专利、特许权、专有技术;产品所具有的特有的销售网络和顾客服务系统;产品本身所提示的使用者类型;产品所凝聚的产品生产者所追求的价值观念和经营理念等五方面内涵。茶叶品牌资产的构成主要体现在品牌知名度、品牌认知度、品牌忠诚度、品牌美誉度四个方面。[①]

(一)品牌知名度

茶叶品牌的知名度是品牌资产的一个重要组成部分。品牌知名度是指消费者记忆、辨认茶叶品牌的程度。例如提到彩电,脑子里马上想到"康佳""长虹";提到茶饮料,"娃哈哈""康师傅"等会马上浮现在脑海里。提到茶叶,谁会第一个浮现在消费者的脑海里呢?是"十大名茶"的西湖龙井、铁观音、碧螺春、六安瓜片、黄山毛峰、普洱茶,还是更具体的茶叶品牌如大益、竹叶青等?事实上"十大名茶"只是茶叶的产区品类,大多已经成为地域性的公共品牌,并不是企业本身持有的

---

① 20世纪80年代,大卫·艾克提出了品牌价值的概念,同时也推出了多个品牌建设的方法和理念,其中,在行业内被广泛认同的是品牌建设的四段里程,即:品牌知名—品牌认知—品牌联想—品牌忠诚。

产品商标。茶叶品牌知名度作为茶叶品牌资产重要的一部分,其作用主要体现在它可以提高茶叶品牌的影响力,对消费者消费意向产生影响,同时利用知名度的优势,在市场上对竞争对手形成压力,提升自己的市场竞争力。

(二)品牌认知度

品牌认知度是品牌资产的另一重要组成部分,它衡量消费者对品牌品质的整体印象。茶品牌特别是定位为大众消费的茶品牌常会提供同质或相似的茶产品和服务,这时消费者在进行消费选择时会偏向于更为熟悉的品牌产品。这种在消费者选择的过程中,品牌的认知度便成为公司竞争力的一种体现,甚至是一种核心价值的体现。品牌的认知度是消费者在对产品的长期使用过程中,通过对产品的了解程度和体验深度而慢慢积累的,企业在打造品牌认知度时,应注重产品品质承诺,打造一种追求品质的企业文化,增强消费者的投入信心。

(三)品牌忠诚度

品牌忠诚度是指由于品牌技能、品牌精神、品牌行为文化等多种因素,使消费者对某一品牌情有独钟,形成偏好并长期购买这一品牌商品的行为。简言之,品牌忠诚度就是消费者的重复购买行为。消费者在购买茶叶时,往往会表现出对某个品牌的信任,保证了该品牌的基本市场占有率。产品质量是顾客对品牌认可及忠诚的基础,只有拥有过硬的高质量的产品,才能真正地在人们的心中树立起"金字招牌"。

(四)品牌美誉度

品牌美誉度是指品牌获得公众信任、支持和赞许的程度。品牌美誉度反映出品牌对社会影响的好坏。好的品牌美誉来自于消费者之间的口碑传播,因此,为了更高的品牌美誉度,不仅仅要提高消费者的满意度,同时还要注意传播产品的正面信息,将负面效应降到最低程度。要打造强势品牌,一定要注意品牌的口碑建设。

二、茶叶品牌资产的评估

资产评估源于人们希望了解和掌握在一定条件下资产价值的需求。随着人们对在各种条件下了解资产价值的需求不断增加,资产评估也不断发展,其评价和评估的功能亦得到不断完善。茶叶品牌是市场经济发展到一定阶段的产物,茶叶品牌资产评估是一种市场行为。

茶叶企业通过茶叶品牌资产评估,可以认清、了解自己品牌的价值,从而使企业树立并增强自身品牌的价值观念,为企业充分有效地利用品牌而取得利益最大化提供重要决策依据。通过茶叶品牌资产评估的货币化计量,使茶叶企业在与同类茶叶企业的对比中意识到企业品牌运营的危机感或自豪感,从而鞭策企业增加品牌运营活动,使企业行为更加科学化、规范化、理性化。同时茶叶品牌资产评估有利于人们加深对无形资产、对品牌重要作用的认识。在茶叶品牌资产评估的比较中也可以透视出品牌竞争的发展态势,便于人们对茶叶品牌的走势做出理性判断。市场法、收益法及成本法是资产评估运用较多的三种基本方法。

(1)市场法。是指运用市场上同样或类似的近期交易价格,经过直接比较法或类比分析以估测资产价值的各种评估技术方法的总称。运用市场法的基本前提是:其一,必须要有一个活跃的公开市场。其二,公开市场上要有可比的资产及其交易活动。公开市场是一个充分的市场,如市场上茶产品的买者和卖者,他们之间进行平等交易。资产及其交易的可比性,是指选择的可比资产及其交易活动在公开市场上已经发生过,且与被评估资产及资产业务相同或相似。这些交易完成的资产就可以作为被评估资产的参照物,其交易数据是进行比较分析的参照物。

(2)收益法。即通过估测被评估资产未来,预测收益的现值来判断资产价值的各种评估方法的总称。收益法利用投资回报和收益折现等技术手段,把评估对象的预期产出能力和获利能力作为评估标的来估测评估对象的价值。

(3)成本法。成本法是指首先估测被评估资产的重要成本,然后估测被评估资产业已存在的各种贬损因素,并将其从重置成本中予以扣除而得到被评估资产价值的各种评估方法的总称。运用成本法的前提条件是:其一,被评估资产处于持续使用状态或被假定处于持续使用状态;其二,应当具备可利用的历史资料。

对于茶叶品牌评估来说,由于评估目的、评估客体不同,很难建立一种统一的评估方法。但大多数茶叶企业由于评估品牌资产的特殊性,而采用收益法的基本原则为主要评估原则。

茶叶品牌评估的最重要目的之一在于明确品牌价值。茶叶品牌价值则是茶叶品牌竞争力的量化表现。茶叶品牌竞争力越强其品牌价值就越高,反之品牌价值越低。因此,对茶叶品牌价值的评估必须建立在衡量茶叶品牌竞争力的基础之上。而茶叶品牌竞争力的大小是与茶叶品牌市场拓展能力、品牌创利能力和品牌发展潜力密切相关的。所以对茶叶品牌进行评估必须要评估茶叶品牌的有关能力。

第一,评估茶叶品牌的现时获利情况。由一些专门的独立的评估师、经济师等确定茶叶品牌所标识的产品年销售收入、成本、税金,确定税后净利,得出品牌的现有获利情况。

第二,根据实际情况建立对茶叶品牌价值评价的指标体系。这些指标包括茶叶品牌市场占有率、品牌特性的保护情况、茶叶品牌的支持情况、茶叶品牌的市场特性等。

第三,测定茶叶品牌的价值。这种测定由专业的评估机构和评估人员,根据茶叶品牌评估原则制定出一种公式和方法,然后通过科学的比较、分析及测算,从而测定出茶叶品牌作为一种企业的无形资产所占总资产的份额及具体量值。

第四,进行分析和检查。这种分析和检查作为茶叶品牌评估环节的重要一环,在评估过程中必须进行,不可忽略。目的在于对茶叶品牌价值的完整性、量值的可靠性做出客观、真实的反映。

第五节 茶叶品牌的营销与管理

一、茶叶品牌的营销策略

打造国内茶叶品牌,提升品牌知名度,茶叶企业纷纷采取不同的品牌营销策略和方法,常见的有:

1. 赠送礼品,促进感情

礼品、赠品的设计开发,是国际著名茶叶公司推广品牌、促进茶叶品牌的广告策略之一。为发展茶叶品牌,茶叶企业应组织专门设计人员设计、开发一系列人见人爱的赠品,随包赠送。

2. 携手民众,共同庆典

2008年,北京奥运会龙润普洱茶作为奥运会特许茶叶商品,支持奥运会,从此欢庆的人们也记住了"龙润"品牌。

3. 主办公益活动,倡导社会新风尚

如"云南大益爱心基金会"捐建"大益"希望小学近40所,这是大益人立志做有爱心的茶人和大益作为一个有爱心的品牌的实际行动。

4. 利用企业形象广告,有效拉动品牌营销

企业的整体形象广告成为近年来茶叶企业突破政策管理瓶颈,宣传自己的重要手段之一。茶叶企业可使用中央电视台第一套节目和经济频道进行组合,开拓国内外茶叶市场,树立国际品牌形象。

5. 树立品牌,彰显个性

鲜明的品牌个性是品牌定位的需要,也是目标消费者区别同类产品的重要标准。以鲜明的品牌个性吸引消费者的注意,进而使消费者偏好于承载该品牌性格的产品,这样的营销方法在商品同质化越来越严重的今天,已逐步凸显其独特的功效。

6. 品牌形象代言,赋予品牌性格

选用恰当的品牌形象代言,是树立鲜明品牌个性的重要手段之一。例如2007年胡锦涛同志将"黄山毛峰"作为国礼茶送给俄罗斯总统普京,有力地提升"黄山毛峰"的知名度和影响力。

二、茶叶品牌的营销网络

营销是一种思维、测算、手段,是达到交易并满足个人和组织的目标而进行的一切有关观念、商品和服务的定价、促销和分销活动的行为。营销网络包括从产品的生产企业到消费者终端的全过程。

茶叶的销售通路有三条,分别是经销商、专卖店和商场超市。经销商专注酒店餐饮、中小超市、便利店、烟酒专卖店的拓展;专卖店侧重茶文化中高端体验消费、个性化服务和礼品市场;商场超市瞄准百姓日常茶叶消费。茶叶企业可以根据不同的销售渠道来包装产品,根据不同的产品包装投入不同的消费渠道,最后经过茶叶经销商的销售,通过适当的营销手段,实现品牌的传播。

三、茶叶品牌的管理

茶叶品牌的管理就是茶叶企业通过管理让自己的品牌拥有自己的个性,独树

一帜。品牌的管理过程大体分为三个阶段:第一阶段是怎么把普通商品变成品牌;第二阶段是建立品牌忠诚度;第三阶段是从单一品牌到多品牌管理。多品牌在资源上有一定的分散性,要顾及不同的品牌、不同的档次,因此对品牌资源的利用尤为重要。常见的资源管理有两种:一种是品牌资源同一化策略,将几种品牌资源同一化,即统一企业名称、商标名称、商品名称、CIS,有的甚至用企业家(老板)名字来为企业、商标、产品命名。另一种是品牌资源差异化策略,即将几种品牌资源差异化,不统一名称、标识,有的可能是绝对差异化,几种资源各不相同;有的是相对差异化,如企业名称、CIS 统一,商标和商品名称统一。同一化和差异化策略各有特点,适用于不同企业选用。一般而言,企业刚组建时,采用同一化策略,能集中力量迅速地创出一个名牌,发展到相当规模多元化时,再实施差异化管理。

四、茶叶品牌的创新

随着科学技术的日新月异,全球经济的迅猛发展,茶叶行业的发展不得不面对各种各样的挑战。茶叶行业是一个古老的行业,又是一个生机勃勃的朝阳行业。作为一个与高雅生活方式相关联的文化产业,茶叶产业发展过程中的点滴进步都离不开创新与创意。创新是创业进步和发展的活力之源,也是品牌成长过程中的一个推进器。一般而言,创新包括技术创新、战略创新和理念创新三方面。

1. 技术创新

中国茶叶企业与国际上茶叶公司的核心差距是技术差距。中国茶叶产品是低技术、低附加值,而国际品牌公司的茶叶产品是高技术、高附加值,这就需要加快技术创新步伐,提高产品技术含量,培育企业核心竞争力。国内外无数大型企业发展的成功经验表明,赢得市场份额靠竞争,赢得竞争靠名牌,创造名牌靠技术,技术进步靠创新。

2. 战略创新

"大棚技术"是一个世界优秀企业的发展战略创新。从麦当劳餐厅"金鱼缸"式的设计到确立"就餐自动化、服务优质化、餐具纸制化"引发标准化食品的问世,以及机械化生产线的上马到金色双拱门的横空出世,再到特许经营,麦当劳从一家路边热狗店起家,依靠"大棚技术"思想——创新战略成长为全球麦当劳快餐帝国。国内的海尔企业虽然一直坚持嫁接技术,但是把"大棚技术"——创新战略作为企业发展的核心动力却是海尔和国内企业相比的高明之处。从生产洗地瓜的洗衣机到网上定制个性化冰箱再到只用17小时就根据市场反馈的建议做出了世界首创、两面存取的新产品——海尔麦克冷柜。这些都是创新战略也就是"大棚技术"的胜利。

麦当劳、海尔都在自己的行业里面取得了成果,虽然他们所处的行业和茶业都没有什么关系,但其发展战略对茶叶企业的发展有很多值得借鉴的东西——不断创新,不断超越,才能不断发展。

3. 理念创新

理念的创新要摆正市场与企业的关系。技术改造应该以增加适销对路的产品、改进产品质量和提高企业效益为目标,要以市场为向导,为企业及其名优产品提供技术支持。建立健全技术创新的机制,使之成为企业发展战略和技术研究的载体,增强企业的品牌创新能力。

品质和品位成就品牌,中国茶品牌的运营须从品牌营销入手,重视品牌定位与设计,加强品牌的管理和经营,以品牌为导向重视产品包装、分销渠道、宣传促销、价格管理等环节,突出重点,多角度打造中国茶品牌。

  13.1 巨无霸是怎样炼成的——立顿茶

立顿品牌的创始人汤姆斯·立顿于1850年出生在苏格兰格拉斯哥一个贫穷

家庭，一次外出到著名的红茶产区斯里兰卡旅行，他敏感地意识到，如果能把红茶引入大众的日常生活将有利可图，因为斯里兰卡红茶是英国人非常钟情的饮料，但因其售价高昂，只有上流社会才能享用。

1890年，汤姆斯·立顿以"从茶园直接进入茶壶的好茶"为广告词，正式在英国推出立顿红茶。1892年，立顿开始了全球化运动，先是在美国设厂，接着又在印度开设分店，走进了远东市场。1898年，立顿被英国女王授予爵位，得到"世界红茶之王"的美名。1972年，全球最著名的个人消费品集团联合利华收购了立顿的全线品牌，从此，立顿搭上了联合利华这个全球性的巨轮，开始了更为强势的扩张之路。结合立顿和联合利华的营销经验，立顿茶叶类产品如今行销于全球110多个国家和地区。无论是知名度还是销量，立顿均是全球第一大茶叶品牌——比第二大品牌的销售额高出至少1倍。同时，立顿现在也是全球消费者选用最多的第三大非酒精饮料，仅次于可口可乐和百事可乐。

1992年，立顿进入中国市场，根据市场定位，立顿推出了全新的绿茶包和茉莉花茶包等符合中国消费者口味的茶包。五年之后，立顿就在中国百家商城系列调查中获得茶包销售额第一、市场占有率第一的成绩。

立顿茶的发展一直延续着质量与创新的传统，使古老的茶叶在立顿品牌下成为符合时代发展的新产品。立顿茶叶不仅仅在茶叶产品方面寻求创新，其有效的品牌传播和营销同样也得到了消费者认同和喜爱。立顿茶叶的包装以明亮的黄色为主，包装简单时尚。

立顿茶叶紧跟时代步伐，追求消费者的喜好，不断地研发新的产品。一直以来，立顿茶叶始终在寻求一种能直接向购买者诉求的宣传手法。为此立顿不断翻新宣传手段，如在包装袋上画着锡兰当地采茶姑娘的姿态，并标明"从茶园直接进入茶壶"的字样；又如为了促销，聘请了200人穿上中国服装做活动广告人，并印制20多国语言的广告海报；在如今网络已经成为当今世界的主流媒介的背景下，立顿茶官方网站明亮的黄色始终吸引着消费者的眼球——网站的制作新奇独特，茶叶的标志贯穿着整个页面，如画的网络页面让即便不喜欢茶叶的人也忍不住进入网站看一看。

百年的革新和进步,加以行之有效的营销手段,最终成就了立顿世界茶叶企业的巨无霸地位。

案例 13.2 抓住尽可能的媒体——龙润普洱茶

龙润,结合了民族性和世界性。"龙"是中华民族的图腾和象征,"润"则寓意了甘霖;而英文的"LongRun"则是长跑、长期经营之意,表达了龙润人持之以恒的信念。龙润集团是以生物资源开发、地产开发、有色金属开发为三大板块发展的国际化企业。

云南龙润茶业集团是龙润集团在中国市场的旗舰。龙润茶业依托集团在北京、香港和美国等地强大的医学研究能力和云南农业大学茶学教学科研的特色,借助云南作为世界茶树原产地的地理优势及其得天独厚的茶山资源优势,以高素质的员工团队为后盾,以做药的严格流程生产茶叶,把健康、优质的龙润普洱茶系列产品推广到海内外,创茶业界一流企业。

2007年11月,在国家奥委会、北京奥组委和云南省政府的帮助及支持下,可口可乐(中国)饮料有限公司正式将"北京2008年奥运会特别许可限量版茶产品"的生产许可权授予云南龙润茶业集团,以此对中国悠久的茶历史和灿烂的茶文化表示尊重和支持,使云南祖祖辈辈品饮的一个普通的农产品——茶叶与奥运会连在一起,与世界第一品牌可口可乐连在一起,这对云南茶叶和中国茶文化走向世界产生了历史性的影响。云南龙润茶业集团生产的"龙润普洱·北京2008年奥运会特别许可限量版茶产品"是中国传统文化产品与现代奥林匹克运动结合的开端,是中国传统文化与世界文化接轨的里程碑,是奥运史、云南普洱茶历史上的一次创举,也是中华传统文化与百年奥运文化的首次完美结合。

2009年5月18日,云南龙润茶携手美国NBA火箭投资签订投资协议,在香港主板上市,成为中国7万家茶叶企业中第一家上市公司。

龙润茶业集团注重理论市场、产品市场和资本市场同时运作,龙润的产品以普洱茶为基础,已经延展到了六大茶类。更为重要的是,龙润集团注重品牌的塑造和品牌的国际化。

在品牌的传播过程中,龙润集团抓住了可以利用的媒体,通过媒体的传达,使越来越多的人认识了"龙润"品牌。"龙润"品牌也正是利用这样的一种营销手段来打造自己的茶叶品牌。

练习题

1. 简述品牌的内涵及特征。
2. 什么是产品品牌定位。
3. 简述茶叶品牌的设计原则。
4. 如何打造中国茶叶品牌?

参考文献

[1] 马瑞.有效的品牌传播[M].长春:吉林大学出版社,2007.

[2] 邢丕针.中国烟草品牌运营[M].北京:中国经济出版社,2003.

[3] [美]艾丽丝.M.泰伯特,[美]蒂姆·卡尔金斯.凯洛格品牌论[M].北京:人民邮电出版社,2006.

[4] 余明阳.品牌学[M].合肥:安徽人民出版社,2002.

[5] 韩光军.品牌设计与发展手册[M].北京:经济管理出版社,2002.

[6] [法]让·诺尔·卡菲勒,王建平,曾华译.战略性品牌管理[M].北京:商务印书馆.2000.

[7] 乔春洋.品牌价值观浅谈[J].中国质量技术监督,2009(7):72-73.

[8] 许基南.品牌竞争力研究[D].江西财经大学,2004.

[9] 菲利普·科特勒.凯文·莱恩·凯勒著,王永贵等译.营销管理(第13版)[M].格致出版社,上海人民出版社,2009年.

[10] 丁俊之.盘点世界茶叶产销探讨持续做强我国茶业之道[N],中华合作

时报,201402-11(05).

[11] 汪世福.对六安瓜片品牌建设的思考[J].考试周刊,2008,(22):239-240.

[12] 吕才有,刘勤晋,张娅玲,单治国.普洱茶营销战略的PEST分析[A].中国茶叶学会.中国茶叶科技创新与产业发展学术研讨会论文集[C].中国茶叶学会:2009:6.

[13] 蓝增全,沈晓进,白芸.普洱茶公共品牌的形成与发展[J].西南农业学报,2008(5):1472-1476.

第十四章 国际茶叶营销

本章提要

本章重点介绍了国际市场营销的基本概念,国际营销的特点及开展国际市场营销的意义。第一节通过比较国内外不同的营销环境,指出我国当前茶叶国际营销的不足;第二节主要分析了国际营销环境包括经济环境、政治法律环境、社会文化环境,分析了当前国际市场发展的新趋势等。最后,总结了国际市场营销的基本策略,主要有国际市场营销的产品策略、市场进入策略和渠道策略。通过本章的学习,要求重点掌握国际市场营销的概念,掌握我国茶叶企业进入国际市场的基本途径及方式。

第一节　国际茶叶营销概述

一、国际茶叶营销的概念

国际茶叶营销是在经济、文化、政治、法律等国际环境的约束下,结合主要国际目标市场的不同特点,制定合适的营销战略和选择合适的国际市场进入方式,采取计划、定价、促销等活动干预茶叶消费者的消费决策行为,争取比国内外竞争者更好地满足消费者的需求,获得更大的经济效益的营销行为。

从更一般的意义上看,茶叶的国际市场营销主要包括五个方面内容:第一,确定全球消费者的茶叶需求。如国外普遍偏重喝红茶,对于绿茶的接受度较低,我国的茶叶企业在进军国际市场上要充分考虑各国不同的饮茶偏好,制定有针对性的营销策略。第二,更好地满足全球消费者的茶叶需求。消费者的茶业需求主要包括口味、包装、功效、价位、价值等各个方面,茶叶企业应采取多产品策略满足各种消费需求。第三,超越国内外竞争者。国际大市场机会多,也意味着竞争更大,要想在国际大市场上取得耀眼成绩,必须制定完善的产品营销策略,超越国内外竞争者,以占领更大的市场份额。第四,协调全球市场的营销活动。各个国家或者地区的情况不一,资源有别,经济发展阶段迥异等因素使得国际营销活动也必须做到因地制宜。第五,确认全球环境对茶叶影响的限制性因素。在全球经济一体化形势下的经济管理体制也在很大程度上影响着我国茶业企业的营销策略的选择和制定。

二、国内外茶叶营销的比较

国际市场营销不同于国际贸易,也不同于国内市场营销,国际市场营销有其自身的特殊性,区别于国内市场营销;国际市场营销面临更多的新变化和更大的挑战。一般而言,国际市场营销的特殊性主要表现在以下几个方面:

(一)营销环境差异

国际茶叶营销要在一个以上国家或地区范围内的营销环境中开展,面临的环境与国内有较大差异。这些差异主要来自社会文化环境、政治法律环境和技术经济环境三个方面:一是社会文化环境的差异,主要表现在语言障碍、文化差异、饮茶风俗习惯及社会制度的不同,这些差异会给国际茶叶营销在市场调查、营销沟通等方面带来困难;二是政治法律环境差异,主要表现在政治体制、海关及贸易法规、食品饮料安全管理法规的不同;三是技术经济环境差异,包括居民收入水平、经济发展水平等方面。上述国内外营销环境的巨大差异可能导致茶叶企业难以准确把握国外市场的需求特征,难以开展切实有效的促销活动;另外,还会出现信用风险、汇兑风险、运输风险、政治风险及商业风险等。

(二)营销策略差异

由于国际营销环境比国内营销环境更复杂多变,茶叶企业必须根据不同国家、不同民族、不同目标市场的营销环境采用不同的营销策略:在产品策略方面面临产品标准化与差异化策略的选择;在定价策略方面除了考虑成本因素外,还要考虑不同国家市场需求及竞争状况、汇率变化的影响;在分销渠道方面要考虑销售渠道的长短、宽窄和国外中间商的介入问题;在促销策略方面要根据各国经济发展水平和文化的差异而有所不同。

(三)管理难度差异

一般来说,国际茶叶营销比国内营销的难度更大。首先,国际市场调查和预测以及各种风险评估的难度更大,会影响营销决策、计划和调控的客观性。其次,茶叶企业各种营销策略的协调困难加大,尤其在全球营销中母公司与子公司或分支机构之间,当在许多国家和地区组织营销活动时,需要对不同国家或地区的营销活动进行统一规划、组织、协调和控制,使母公司和分散在各地的子公司的营销活动成为一个整体,只有这样才能贯彻和执行企业的全球营销战略,其间的困难和巨大的工作量可想而知。

(四)国际市场需要进行多国协调与控制

在国际茶叶市场营销中,茶叶企业不仅要根据各国环境的差异,对营销组合策略做出相应的调整,而且还需要在不同国家之间进行协调与控制。这种协调与控制主要涉及营销资源的分配、营销策略的制定、营销组织的建立以及营销绩效的考评等。

以上三点就是国际茶叶市场营销的特殊性。由于国际市场营销的跨国经营性质,使得国际市场营销的复杂性和不确定性更加明显,要取得国际市场营销的成功比国内市场营销要困难得多。这就要求进行国际市场营销需要掌握更多的知识和技能,尤其是对国际市场营销环境的分析能力和跨文化管理的能力。[1]

三、国际茶叶营销开展的意义

(一)弘扬中国茶文化及中国传统文化

中国是世界茶文化的发祥地,有着博大精深的茶文化。古老的中华茶文化同各国的历史、文化、经济及人文相结合,演变出了英国、日本、韩国、俄罗斯及摩洛哥等国各具特色的茶文化。在全球化进程不断加快的时代背景下,中华茶文化仍将继续对世界茶文化产生积极影响。开展国际茶叶营销活动,可以扩大中国对外茶文化交流,有利于更多国家及其人民了解中国茶叶产品,促进国际茶叶贸易的

---

[1]董媛:国际市场营销策略[J].管理方略,2012(11).

发展。另外,茶是中国传统文化和东方价值观的重要载体之一,映射出了中华民族的精神特质,开展国际茶叶营销可以输出中国的价值观,从而让各国人民更加深入地了解中国文化。

(二)扩大国际市场,提高经济效益

开展国际茶叶营销可以寻求更广阔的国际市场,扩大中国茶叶的市场规模,获得更大的经济效益。目前许多国家都推行贸易保护主义政策,技术性贸易壁垒特别是绿色壁垒对我国茶叶出口有重要影响,积极开展国际营销活动,对于突破日益严格的贸易壁垒有着重要意义;另外,国外消费者以饮用红茶为主,对绿茶的接受程度还不高,开展营销活动可以让更多国外消费者接受中国绿茶;通过国际营销还可以延长产品生命周期,把国内销售处于成熟期甚至衰退期的产品引入国外市场,相对延长该产品的生命周期,例如大宗茶在国内的茶叶市场已经呈现不断萎缩的趋势,但在国际市场上则还有很大的市场空间。

(三)提高企业竞争力,培育品牌知名度

中国已经是世界上最大的茶叶生产国和消费国,但中国还不是世界茶叶强国。总体而言,目前中国没有国际竞争力较强的茶叶企业,缺乏有世界影响力的强势品牌。鼓励国内茶叶企业积极开展国际市场营销,勇于参与国际竞争,可以促使我茶叶企业从根本上转变发展思路,加快技术改进,提高经营管理水平,最终提高企业的市场竞争能力,培育出适应国际竞争环境的新型现代茶叶企业。另外,还可以帮助企业树立国际市场导向的营销观念,根据国外市场的需求改变产品形式,使之更适应外国人的消费习惯。同时,开展国际营销可以提高茶叶企业乃至整个中国茶产业的国际知名度,培育世界知名品牌。

四、我国茶叶国际市场营销的不足

近年来,虽然我国茶叶生产呈现快速增长趋势,国内消费也一度旺盛,但出口贸易却不尽如人意,出口总量长期维持在30多万吨的水平,与190多万吨的产量

相比,出口占比不到20%。究其原因,国内外消费习惯的差异是导致出口增速不大的主要原因,但不可否认,也与国际市场营销存在重要关系。主要表现在:

(一)市场营销观念不足,国际营销人才紧缺

长期以来,中国茶叶企业以原始的管理和交易方式进行经营,仅局限于优质资源和价格的竞争,造成企业忽视和不善于把握市场动态,对全球经济格局变化反应落后,错失国际大市场的种种机会和资源。同时,对市场营销专业人才吸收和培养不够重视,特别是对具备国际营销能力的专业人才的培养力度不够,导致国际营销专业人才的贫乏,导致中国茶企虽已进入营销时代,但并没有系统地整合各种营销手段,不能从综合体系上进行长远的营销战略规划。

(二)产品严重同质化,质量参差不齐

长期以来,我国茶叶企业只关心产品本身,而不是以在市场中角逐的商品来定位,使得企业和品牌众多的茶叶产品同质化严重。不仅核心产品没有实施差异化,就连产品形式也千篇一律,造成产品的特征、造型、商标、包装等雷同化。此外,由于产业链的割裂、产品质量标准的缺失以及质量监控的不到位等,导致产品质量指标千差万别,在面对国际上的各种贸易壁垒时,中国茶叶很难抢占国际市场较大的市场份额。

(三)缺乏有效的定价机制,价格混乱

目前大部分茶叶企业缺乏有效的定价策略,定价的主观性、随意性和波动性太大。这一方面是由于茶叶生产企业和经销商各自拥有定价的自主权,往往主观地根据市场行情进行定价。另一方面,由于我国茶叶种类和品牌繁多,质量参差不齐及地域性强,一定程度上也造成定价的无序性。同时,我国茶叶市场信息不对称性问题较为突出,一定程度上促成了定价的随意性和模糊性。

(四)渠道建设滞后

由于长期落后的经营理念和缺乏对国际市场的了解,我国茶叶市场的产品渠

道建设能力一直比较落后,导致各层次的产品未能找到最合适的销售渠道,降低了产品的市场占有能力。同时,对于已经建立起来的销售渠道缺乏及时有效的维护和升级,难以应对不断变化的国际新形势。①

(五)产品附加值低,无品牌优势

随着我国经济迅速发展,中国制造的产品出口额不断提高,在国外市场上到处都能看到种类繁多的国内产品。近些年来,我国的茶叶出口额也在不断上升。但总体来说,我国出口的产品档次低,技术含量不高,不能适应国际市场多样性的需求。②

第二节 国际茶叶营销环境分析

一、经济环境

经济环境通常是国际营销决策制定过程中首先要考虑的因素。考察经济环境时,必须考察一国或地区人民的收入水平及其所处的经济发展阶段,从经济制度与市场结构、经济特征等方面入手。

(一)经济发展水平

认识一国或地区所处的经济发展阶段是企业筛选目标市场的前提。从分销方式来看,经济发展水平高的国家或地区其分销制度偏重于大规模的自动性零售业,如超级市场、巨型市场及购物中心;而经济发展水平较低的国家或地区则偏重

---

① 西湖龙井资讯平台:http://www.westlaketea.com/.
② 张卿:我国中小企业国际市场营销策略浅析[J].企业技术开发,2006(5):104-106.

于家庭式及小规模经营的零售业。就消费品特点来说,经济发展水平高的国家或地区更强调产品款式、性能及特色,品质竞争多于价格竞争;而在经济发展水平低的国家或地区则较侧重产品的功能及实用性,推广要侧重口头传播,价格因素比产品品质更为重要。1960 年,美国经济学家华尔特·惠特曼·罗斯托在《经济成长的阶段》中提出了他的"经济成长阶段论",将一个国家的经济发展过程分为五个阶段,1971 年他又在《政治和成长阶段》中增加了第六阶段见表 14-1;其中后三个阶段对茶叶影响有重要的参考价值,处于这三个阶段的国家或地区相对比较富裕,人们更加关注生活品质和身心健康,也有足够的经济实力,对高品质茶叶和个性化茶叶需求愿望强烈,这也与"盛世兴茶"的提法相一致。

表 14-1 经济发展的六个阶段

类型	特点
传统社会	生产力低下,文化水平低,不能用现代科技从事生产
起飞前的准备阶段	正在向经济起飞过渡,国家交通、通信设施逐步建立,开始应用现代技术、教育、医疗等公用事业开始发展。
起飞阶段	经济开始稳定增长,社会设施已达到一定水平,农、工业逐步现代化
趋向成熟阶段	经济持续进步,更现代化的科技被应用于各种经济活动,开始更多地参与国际经济活动
高度消费时代	人均实际收入激增,公共设施、福利日益完善,社会产品进入大量生产、消费阶段,主要的经济部门转向服务业和耐用消费品业
追求生活质量阶段	是人类社会继起飞之后的又一突破,将不再以有形产品数量的多少来衡量社会的成熟,而是以劳务形式的生活质量作为衡量成就的标志

(二)市场规模

一国市场规模反映了特定市场对于商品的购买人数,其大小与竞争力直接对新产品的营销策略起着决定性的作用,它主要对目标产品或服务的整体规模进行研究,从而对于产品策略产生积极地引导和参考作用。市场规模主要反映在收入水平和人口两个方面。

1. 收入水平

一国的收入水平是衡量其市场规模及其质量的重要指标,一般参考国民收入和个人收入两个指标。个人收入指标决定了一国消费者个人和家庭购买力总量,而国民收入可以反映一国经济发展的总体状况。考察消费和收入之间关系的最著名的指标是恩格尔系数,恩格尔系数是指一国居民食物支出在总支出中的比例,随着收入的增加,恩格尔系数有下降的趋势。就茶叶营销来说,收入会影响茶叶产品的消费档次,一般来说,低收入者会选择价格便宜、质量较低的茶叶,而中等收入者会选择质量更高的茶叶,消费量相对也较高。

2. 人口

人口环境是指一国人口的数量、分布、年龄和性别结构等情况。人口数量是估计和预测市场潜力的重要指标,也是了解某一地区需求特征的重要依据。此外,人口的各种不同特征,如人口分布、年龄、性别等也是细分目标市场的重要依据。茶叶是嗜好性很强的产品,人们的性别、年龄等因素对是否饮茶有重要影响。研究国际市场的人口特征,可以帮助确定市场营销组合策略。在一定条件下,一个国家的人口越多,茶叶市场需求总量愈大。

(三)经济特征

经济特征主要包括目标市场的自然经济条件、基础设施、城市化程度、通货膨胀等方面。结合茶叶营销的实际情况,这里仅重点阐述通货膨胀和城镇化的有关内容。由于各国的经济体制、货币体系和货币政策不同,金融环境与通货膨胀率

也不一样,必须注意目标市场通货膨胀对茶叶营销的影响。长期来看,通货膨胀会使一国居民购买力和实际需求下降;但短期内消费者往往担心物价继续上涨,反而刺激了需求,进行营销决策时必须具体问题具体分析。随着城市化进程的加快,城市人口越来越多。城市居民与乡村居民在生活方式和消费观念方面有着较大差异,在消费行为上也有所不同。一般而言,城市居民思想比较开放,文化水平、劳动技能、价值观念都比较先进,对新产品、新技术接受较快,而农村居民比较保守、落后,国际营销人员必须注意到这种城乡差别。

二、政治与法律环境

各国政治环境和法律规定不同,企业在进军国际市场上市时,必须充分考虑目标国家的政治与法律的特殊性。国际企业要想在海外开拓市场,就必须充分了解所在国家及周边的政治与法律环境,以捕捉机会,避免风险,达到企业营销的目标。

(一)国际政治环境

国际政治环境指各种影响国际营销的政治因素的集合,包括全球的国际政治环境和东道国的政治环境。一国的政治环境主要包括政府与政党体制、政府政策、民族主义等。国际政治环境变化会给企业的营销活动带来政治风险,政治风险的表现形式有七类:一是国有化,即政府把外国人投资的企业收归国有;二是本地化,主要是减少外资企业对本国子公司的控制权;三是外汇管制,主要包括限制进口企业的外汇数额,限制外国投资者利润和资本汇率数额;四是税收管制,指通过征收不同的关税来限制或鼓励外国产品进口;五是进口管制,指采用诸如许可证制度、进口配额以及其他措施来限制进口;六是价格管制,由于政治压力或通货膨胀原因,政府往往对居民生活必需品进行价格管制,尤其是政治敏感商品,如食品等;七是民族主义,有些国家会在爱国主义或民族主义的鼓励下抵制外国商品。

(二)国际法律环境

国际营销人员不仅要深谙国内的有关法律,尤其是涉外经济法规,而且要熟悉和掌握国际法及东道国的法律。目标市场国家的法令、法规及其调整不仅规范着企业的行为,而且影响着国际市场需求的规模和结构。目前世界上对于国际市场营销活动影响较大的国际经济法,主要有保护消费者利益的立法、保护生产制造者和销售者的立法、保护公平竞争的立法和调整国际经济贸易行为的立法。很多目标市场国的法律都对包装有不同规定,尤其是对有关标签的法律要求更严格;许多国家还通过价格控制部门来制定法律,对产品实行价格控制;大多数国家都制定了有关于广告的法律,许多国家的广告组织也有自己的约束准则。

三、社会文化环境

社会文化是指一个社会的民族特征、物质文化、语言文字、价值观念、宗教信仰、教育水平、消费习俗、道德规范、审美观念等的总和,不同的社会与文化代表着不同的生活模式。由于文化的差异,不同国家的消费者对同一产品可能持有不同的态度。在进行国际营销活动时必须全面了解目标国家的社会文化环境,以利于准确把握消费者的需求、欲望和购买行为,制定切实可行的国际市场营销方案。首先,必须了解当地语言。可以通过研究出口市场的语言来掌握当地的市场信息。在了解当地语言的基础上,可以利用的文化桥梁,来与当地消费者进行沟通,如目标市场国经销商可以充当企业与当地市场之间的桥梁,也可以利用当地的广告公司做广告,或者聘用该国工作人员。其次,要防范文化抵制现象。产生文化抵制的原因有时是民族中心主义倾向,有时是实际生活不需要,或者是因为理解上、习惯上或信仰上不需要,或者是由于物质环境条件不具备而现在暂时不需要。

针对文化环境的差异,茶叶企业可以采取如下策略:一是对国际营销人员进行跨文化培训。跨文化培训的目的是为了加强对不同文化环境的反应和适应能力,促进不同文化背景下人群之间的沟通和理解。跨文化培训主要包括对文化的认识、文化的敏感性训练,冲突管理,地区环境模拟等。二是文化本地化策略。在开拓国际市场时,可雇用相当一部分的该国工作人员。这主要是因为当地雇员熟悉当地的风俗习惯、市场动态以及政府方面的各项法规,而且和当地的消费者容易达成共识。

四、国际营销环境发展新趋势

(一)全球经济一体化

当前,各个国家和地区在世界范围内相互联系,相互合作,相互影响,对彼此的依赖性更强。另外,全球经济体制也越来越完善,为全球经济的发展营造了良好的生态环境。在国际大市场上,资源、技术、人才互流更频繁,实现了更好的资源流通和配置。

(二)网络成为全球经济的重要纽带

在当前的信息化大时代,多媒体技术和网络技术的应用越来越广泛,虚拟网络贸易方式的使用者和接受者也越来越多,其灵活性和多样性为国际市场的发展带来了巨大的推力作用。

(三)个性化市场的发展

随着世界经济文明的进步发展,人们越来越追求个性化的产品和服务,他们也更有能力和意愿来为个性化的私人订制产品服务买单。因此,企业产品在打造国际市场时,应充分考虑个性化的创意营销策略。

(四)无形资产在市场竞争中的价值日益突出

无形资产包括企业产品品牌、声誉等。在国际竞争市场中,面对众多的强势竞争者和同质性产品的竞争,一个企业的无形资产将成为打造企业核心竞争力的关键组成部分。

第三节 国际茶叶营销策略

一、产品策略

(一)标准化产品策略

标准化产品策略是指向国际市场提供与国内市场相同的产品,如可口可乐、麦当劳、立顿等企业就采用了这一策略。采用标准化策略利于形成规模经济效益,延长产品生命周期,节约产品开发成本,树立统一的产品形象。国际茶叶市场上红茶占据了绝大多数的市场份额,红茶的品质判断标准相对简单,而中国以生产和消费绿茶为主,产品的地域特色明显,品质评价标准和产品种类相对丰富,以至于很难实现标准化策略。中国茶要真正主导国际市场,必须解决"标准化"问题,让消费者能够简单、直接判定茶叶的质量、价格;二是从制作工艺入手,解决品质不稳定问题,用标准的制作工艺生产出质量稳定的产品。

(二)产品改造与创新策略

产品改造与创新策略就是根据不同国家、不同市场的特点,对产品进行适当改造,或对产品宣传信息进行改造,以适应东道国消费者的购买偏好。在国际市场上营销的创新首先应该是营销观念的创新(如绿色营销、知识营销、文化营销),其次表现为产品创新(如产品标准创新、产品质量创新、产品包装创新),再次表现为方法创新(如网络营销、互动营销、互补营销)。例如,可以根据不同国家的饮茶习惯对茶叶品种、口味进行改进和调整,或者对产品包装款式进行改变等。有时为了适应国外目标市场的需求和偏好,企业也可以开发全新的产品推向市场,这是一种风险和回报都很高的国际营销产品策略。

(三)品牌策略

真正有竞争力的品牌其文化含量往往高于科技含量,品牌就意味着品质,意味着稳定的市场,意味着市场价值。但由于各种原因导致我国知名茶叶品牌缺失,当前我国茶叶品牌虽然很多,但大品牌少,有国际影响力的品牌更少。要打造有中国特色的茶叶品牌,要特别注意以下品牌策略:一是全球公共品牌加企业品牌的双品牌策略,公共品牌可以在全球树立统一的中国茶形象,而企业品牌可以突出企业本身的茶叶特点和品牌风格;二是国际品牌保护策略,首先要注重工艺、包装设计的保护等,其次是要保护品牌本身,最好在东道国提前注册或首先使用商标,掌握商标的所有权。

(四)包装策略

在国际营销中包装越来越受到重视,包装在国际茶叶营销中的作用主要体现在三个方面:一是广告与市场传播效用;二是产品品质保护效用,例如在储藏过程中,防透气、防潮、防霉、防异味、防光照等,促进茶叶商品销售,便于市场营销;三是文化特色彰显效用,通过包装设计影像可以彰显我们国家的民族文化、中华茶文化精神。在国际茶叶营销活动中的包装策略要注意以下问题:一是突出中国茶叶的地域特色;二是体现茶叶的文化特点;三是要突出环保特性。

二、目标市场选择与进入策略

(一)国际营销调研

国际营销调研就是系统地收集、记录和分析国际市场信息,为营销决策提供依据。国际营销调研主要有案头调研和实地调研两种。案头调研是为了获取第二手资料,它一方面可以经济地获取许多有价值的信息,另一方面也可为国外实地调研打下基础。实地调研是为了获取案头调研所无法取得的第一手资料,其方法有访问法,包括面谈访问、电话访问、邮寄调查、计算机访问、投影法等。

企业内部要设立专门的机构或专人负责国际营销调研,将其费用列入企业的成本。要将对国际市场的调查工作制度化、经常化。同时,市场调研内容要不能只注意对特定产品的微观调查,还要注重调查与企业业务有关的宏观环境因素。因为微观调查的质量虽然对出口产品的业绩有着直接的影响,但是如果对出口产品市场的语言与文字、宗教信仰、价值观念、家庭特点、风俗习惯等文化因素,对出口国的经济发展速度、市场规模与结构、国民收入、人均购买力、通货膨胀率、银行、金融、保险等经济因素以及政治制度、政治的稳定性、民族情绪等相关因素心中无数,也就是说对直接与间接影响市场的宏观因素不了解,也很难打开市场,更不用说长期地占领目标市场。①

(二)国际市场细分

国际市场细分包括宏观细分与微观细分。宏观细分是要决定应选择哪个国家或地区作为拟进入的市场,细分的标准有地理标准、经济标准、文化标准和组合法。微观细分类似于国内市场细分,即当企业决定进入某一国或地区市场后,需进一步细分成若干市场,以选择其中之一或几个子市场为目标市场。国际市场微观细分的标准有地理环境、人口状况、消费者心理、购买情况等。

(三)市场进入策略

1. 出口进入

出口常被作为进入国际市场的初始方式。出口可分为间接出口和直接出口两种。间接出口指出售产品给本国的代理商,再由代理商出口,例如中国各类茶叶外贸公司一直是中国茶叶进入国际市场的重要出口部门。采用间接出口可以节省国际市场调研、渠道建立等营销费用。但是间接出口不利于国际营销经验的积累,难以及时适应国际市场变化。直接出口指直接向国外中间商、分销商销售产品。采用

---

①杜洁.现代国际贸易环境下的国际市场营销策略探究[J].现代经济信息,2012(12):158-159.

直接出口能够避免中间商的控制,获取更高的利润,也能够积累丰富的国际营销经验,直接迅速取得市场信息,但是设立国外销售机构需要投入大量资源。

2. 契约进入

契约进入国际市场的方式是指从事国际营销的企业与目标国家的法人通过签订协议,将自己的无形资产使用权授予目标国法人,允许其制造、销售经营本企业产品,以获得报酬并进入国际市场。可授予使用的无形资产包括各种工业产权,如专利、商标、专有技术、管理和营销技能等。契约进入的类型主要有许可证贸易、特许经营和合同生产。许可证进入贸易是企业(许可方)与对象国法人(被许可方)签订合同,允许其在合同期限内使用许可方的无形资产,并获得被许可方支付的报酬(提供费用或其他补偿)。特许经营进入是指企业(特许人)将工业产权整个经营体系(如专利、商标、企业标志、技术诀窍、经营理念、管理方法等)特许给对象国独立的公司或个人(被特许人)使用,被特许人必须按照特许人的政策和方法经营,并支付初始费用和销售提成。合同生产进入是指企业为了开拓对象国市场,与当地企业签订订货合同,要求对方按合同规定的质量、数量、时间生产本企业所需要的产品或零部件,交由本企业用本企业的品牌销售。

3. 投资进入

投资进入国际市场指生产企业将资本连同本企业的管理技术、销售、财务以及其他技能转移到目标国家或地区,建立受本企业控制的分公司或子公司,在当地生产产品,并在国际市场销售,从而进入国际市场的方式。企业选择以对外直接投资方式进入国际市场,主要是为了扩大市场和促进公司成长的需要。同时,对外直接投资使得公司可以绕开贸易壁垒,像当地公司一样运作,不受关税和其他进口方面的限制。对外投资可分为合资进入和独资进入两种形式。合资是指两个或多个组织在一个较长的时间内的合作,合作伙伴分享资源,共担风险,同享利润。合作者对合资企业的出资可以是资金、技术、销售组织、设备和工厂。独资是指公司对在海外建立的企业拥有股权,从企业自身角度看,采取独资的形式可以牢固控制所投资的公司,维持企业在技术垄断、经营诀窍、产品品质和商品信誉等方面的优势,确保投资收益的最大化。

4. 互联网进入

随着互联网在全球范围的应用,日益成为全球商品交易的载体。网络营销作为一种全新的营销方式,随着互联网的发展而取得了巨大的发展。在信息网络年代,网络技术的发展和应用改变了信息的分配和接受方式,改变了人们生活、工作、学习、合作和交流的环境,企业也必须积极利用新技术变革企业经营理念、经营组织、经营方式和经营方法,搭上技术发展的快速便车,促使企业飞速发展。网络营销与传统营销方式相比,具有传播范围广、速度快、无时间地域限制、内容详尽、形象生动、双向交流、反馈迅速、无店面租金成本等特点。网络营销更为企业架起了一座通向国际市场的绿色通道。在网上,任何企业都不受自身规模的绝对限制,都能平等地获取世界各地的信息及平等地展示自己,为中小企业创造了一个良好的发展空间。网络营销同时能使消费者获得比传统营销更大的选择自由,有利于节省消费者的交易时间与交易成本。

5. 联盟进入

战略联盟是两家或两家以上企业为了相互需要、分担风险并实现共同目的而建立的一种合作关系,通常包括正式的合资企业和短期的合同式合约。国际战略联盟是弥补本企业劣势,增强国际竞争力的重要方法,通过组建或加入战略联盟,可以迅速开拓新市场,获得新技术,提高生产效率,降低营销成本。战略联盟有如下优点:一是利于进入外国市场;二是可以分担新产品开发成本;三是利于核心竞争力的交换与知识转移,利于企业建立有益的行业技术标准。但是,战略联盟可能会导致本企业核心技术外泄。

三、渠道策略

茶业渠道营销应根据茶产品本身的特点,来选择最合适的营销渠道模式。就目前来说,茶叶营销渠道主要有三种:

(一)大流通

大流通渠道结构如下:茶企→总经销商→二级经销商→终端→消费者。这种流通渠道的特点是二级分销商数量多,拥有很强的深度分销能力,能更广更深地渗透市场。但这种渠道也有自己的缺点,它呈宝塔式的管理方式,使得管理层级增多,增加了管理难度,容易造成市场混乱。

(二)直控终端

直控终端的渠道结构是:茶企→终端→消费者。它是一种完全区别于大流通宝塔式的渠道方式,而是成扁平式渠道管理模式,这种渠道的管理层次较少,能直接掌握核心终端,流通效率更高。但这种流通渠道的成本更高,会加大产品成本。

(三)电子商务

电子商务是一种区别于传统流通渠道的新型流通模式,这种模式主要是通过茶企→电商平台→消费者渠道结构进行产品的流通,这种流通渠道成本低,能在很大程度上提升茶产品的价格优势。但基于茶产品的特殊性,这种渠道有一定物流和体验的局限。

对于竞争越来越激烈的茶叶市场,茶企应致力于综合营销渠道的使用,充分利用各种渠道的优势来提升企业竞争力。

案例 14.1 后来者何以居上——湖南省茶业总公司开发国际市场的经验

湖南省茶叶总公司是湖南大型的茶叶经销企业和我国主要的茶叶出口企业,近年来由于大力发展有机茶和出口茶基地,产品质量稳步提高,出口量年年攀升。湖南省茶叶总公司认为,中国茶叶只要加大有机茶和出口茶基地建设力度,尽可能多地通过国际有机茶质量保证体系认证,根据国际市场的需求不断提升产品品质,就可成功突破国际市场的"绿色壁垒",赢得更多的市场份额。湖南省茶叶总公司从1999年就开始了有机茶和出口茶基地建设,通过合同、合作、参股、产品订单、包销以及返利等方式,建立起了48个优质茶出口基地,基地总面积达到40万亩(约267平方千米)。其中有机茶基地12个,有机茶总面积达到了5万多亩(约3万平方千米),占到整个湖南有机茶总面积的80%。为了保证产品质量,公司在改善茶园生态环境、引进茶树优良品种、控制茶园病虫害、降低农残等方面尽可能多地为基地提供指导和服务。

为了更好地打开国际市场,湖南省茶叶总公司设法与国际有机茶认证机构取得联系。公司总部和直属的湖南茶厂分别通过了瑞士IMO、日本JONP有机茶贸易和加工单位认证。7个基地获得瑞士IMO有机茶农场证书,2个通过美国的NOP有机茶认证,2个通过日本的JONP有机茶认证。湖南省茶叶总公司的有机茶和出口茶基地建设,不仅给公司带来了丰厚的利益,同时也给整个湖南茶叶产业注入了新的活力。2002年,由于我国许多企业面对欧盟新的农残标准没有准备,全国出口欧盟的茶叶大幅下降,降幅近40%,而湖南省茶叶总公司出口欧盟的茶叶反而实现了20%的增长。

资料来源:http://news.u88.cn/zx/shipinzixun_chalei/1119926.htm

案例 14.2 立顿的国际营销策略

立顿100多年来把茶卖到了世界每一个角落,靠的是优秀的工业标准化和出色的营销策略,特别是其营销策略。

立顿营销策略一:以市场为导向,而非以产品为导向

立顿把各种茶的品种分割成不同的产品品类,不断创造出新的口味和用户体验,瞄准消费者方便快速地喝一杯茶的需求,吸引了大量年轻人和办公室白领。在官方网站上,立顿在动态的茶园中放上几段幽默的视频,向消费者告知喝茶可以达到的目的有:保持轻盈体态,再现青春,净化心灵,摆脱疲劳,延年益寿,等等。各种不同功能、不同口味的产品满足不同年龄、不同需求的消费者,这样就有了明确的市场目标,在营销上便可大做文章。

立顿营销策略二:产品和品牌形象标准化

茶产品由于种植环境、采摘、制作等原因难以形成口味的标准化,这可以理解,但是产品功能、外观形象和品牌形象无法标准化则是行业的通病所在。大多数老百姓是没有茶叶鉴别能力的,这就给了许多茶企茶商以次充好的机会,随着媒体曝光和消费者消费行为的逐渐成熟,继续以次充好实际上对整个行业来说都是在制造信任危机。如果有茶企能够借助自身的生产工艺,以及根据产品的功能定位、品牌定位做一个"立顿式"的标准,然后进行设计、包装和推广,一定可以增强消费者的信任及市场的认可。

立顿在渠道和终端的强势形象,改变了一代年轻人和白领的喝茶习惯,利用互联网等创新营销手段,立顿在粉丝论坛上与消费者亲密互动,又让立顿品牌融入了一代人的生活甚至心情。

资料来源:中国食品科技网,http://www.tech-food.com

练习题

1. 什么是国际市场营销?与国内营销相比有何特点?
2. 营销国际市场营销的外部环境有哪些?
3. 我国茶叶企业进入国际市场的方式有哪些?

参考文献

[1] 王志伟. 市场营销学[M]. 北京:对外经济贸易大学出版社,2008.

[2] 王涛生. 国际市场营销学[M]. 长沙:国防科技大学出版社,2005.

[3] 甘碧群. 国际市场营销[M]. 北京:高等教育出版社,2006.

[4] 秦波. 国际市场营销学[M]. 北京:北京交通大学出版社,2007.

[5] MBA 智库百科. http://wiki.mbalib.com/

[6] 百度百科. http://baike.baidu.com/

第十五章 茶叶市场营销的新发展

本章提要

在市场经济条件下,尤其是加入世界贸易组织(WTO)之后,中国茶叶行业的竞争日趋激烈,产业升级日趋紧迫,茶叶市场拓展和营销方式亟须实现由传统销售向现代营销的深刻转变。因此,这就要求研究分析当前茶叶的市场特性,导入现代市场营销理念,探索茶业营销策略与创新,全面提升中国茶叶的市场占有率。本章在分析当前茶叶市场消费需求的基础上,介绍了茶叶营销的6种发展趋势,包括茶叶网络营销、整合营销、绿色营销、文化营销、关系营销及水平营销。

第一节 茶叶网络营销

随着网络技术的快速发展和物流产业的不断壮大,网络营销逐渐走进人们的生活。网络营销是以互联网为传播手段,通过与消费者的网络互动进行营销,达到满足消费者需求和商家盈利的过程。近年来,不断有茶叶企业尝试采用网络营销来扩大茶叶产品销售。

一、网络营销在茶叶企业发展中的重要作用

1. 网络营销的低成本、低费用可提高茶叶企业的市场竞争力

网络营销简化了信息传播过程,网站和网页分别成为营销的场所和界面,可以节省大量的广告支出、店面资金和人工成本。调查表明,网上促销的成本是直邮促销的1/3,传统广告的1/8,但效果却增加了1倍以上。

2. 网络营销可提高茶叶企业经营效率

网上信息及时更新且易于搜寻,是茶叶企业获取有关茶叶市场信息的有效捷径。借助网络,茶叶企业可及时地了解业内外动态,根据公司实际情况高效率地制定出生产计划和销售计划。

3. 网络营销以消费者为导向,有利于提高茶叶销售量

网络营销可以不受任何时间、地点、国别等条件限制,有利于茶叶企业采取灵活多样的方式建立自己的网络购物中心。消费者可以在任何时间选择自己所需商品,可以货比万家,选中后完成网上支付程序,就可以等待商家送货上门,大大

缩短了商场购物的距离和时间的消耗,提高消费者的购物效率。

二、我国茶叶网络营销现状

国内网络营销经过 10 年多的发展,已经形成了一定规模。某大型茶业论坛调查显示,有 55% 以上的茶友愿意选择从网上购买茶叶。目前,网络销售的平台主要有综合型网络交易平台、企业品牌网站、行业门户网站等。

综合型网络交易平台主要为 C2C 平台。C2C 全称是 Customer to Customer,由于"2"的英文"two"与"to"同音,因此简称为 C2C,即消费者互相之间进行销售买卖之意。目前人气比较旺的 C2C 网站有淘宝、易趣、拍拍等,其中以淘宝和易趣人气比较旺。目前很多茶企如吴裕泰、天福、怡清源等都开了官方直营淘宝店,并取得了不错的效果。

随着淘宝等网站的快速发展,很多茶叶企业意识到网络营销的重要性,开始进行开发和推广。一部分有实力的茶企在原有企业网站的基础上创办了独立的电子商务网站,专门销售其公司的产品,代表企业有武夷星茶业、华祥苑茶业、天方茶业、八马茶业、张一元茶业等茶企。而有的企业更是针对电子商务的目标客户设计专门的产品,并取得了不错的效果。

茶叶行业门户网站,指专门针对茶业行业而建立的网络信息平台,其内容包括茶业行业新闻、资讯、展会信息、市场行情、茶业企业信息,等等。通过提供这些免费信息汇集人气,吸引相关企业在网站上做广告,或提供供求信息平台。如三醉斋——中国注册用户最多、人气最旺的茶业论坛型网站,中国茶叶网——以资讯出名,中国茶叶流通协会网——依托茶叶流通协会的专业优势,信息比较权威。

三、茶叶企业网络营销基本对策

小型茶企可通过组建易于实施的网络操作平台,将茶叶产品、茶叶企业相关信息等刊登在网上,并根据企业的发展情况实时更新,力求网站界面美观、内容丰富、易于搜索,从而提高茶叶企业知名度和市场竞争力,获取更多的贸易机会。

已组建网站的中型茶叶企业,除开展网上在线营销外,还应确保网站运行速度快、功能完善,更要结合茶叶的产品特点和企业目标市场的性质制定出适宜企业发展的网络营销策略,完善物流方案、支付方式等相关内容。

有条件的大型茶叶企业和茶叶外贸企业,可争取利用网络的信息处理和传输技术记录并整理企业商务活动的全过程,最大程度消除人工干预,实现全方位的数字自动化。在企业内部和企业之间,从鲜叶收购、茶叶制作,到最终交易达成、货款清算等均实现数字一体化的电脑网络信息传输和处理。

第二节　茶叶整合营销

一、整合营销的概念和作用

整合营销指的是营销传播层面的资源整合,包括公关、广告、大型活动(或事件)、销售推广、包装设计、直销等。

现代茶叶企业所面临的市场竞争越来越激烈,茶叶的质量、价格、茶企营销手段的同质化程度越来越高。在这种情况下,品牌成为茶叶企业之间真正较量的凭借,而品牌价值的塑造和提升以及品牌忠诚的实现,要靠先进的传播手段与消费者进行良好的双向沟通。整合营销传播提出了"营销=传播"的理念,主张以消费者为中心,把一切营销和传播活动,如广告、促销、公关、新闻、直销、企业形象、包装、产品开发等进行一元化的整合重组,让消费者从不同的信息渠道获得对某一品牌的一致信息,使自己的产品在消费者心中获得竞争优势,进而维持消费者对品牌的忠诚。另外,茶叶企业采用整合营销不仅可以对信息资源实行统一配置、使用,提高资源利用率,还可整合所有传播程序,减少生产或流通中的交易费用。

二、茶叶企业利用整合营销打造品牌的关键点

品牌建设是市场营销的基础和动力,我国茶叶企业要想在国际竞争中取胜,必须重视品牌的构建,传播差异化品牌形象,形成市场营销的品牌竞争力。整合营销策略的好处在于它为企业提供了一种系统性的具有全局观的经营模式和营销理念,要求经营者在品牌的构建和推广过程中,具有"大视野""大气魄"。

实施整合营销有两个基本点:一是"宽度",指将广告、促销、公共关系、直销等各领域的资源充分组合,形成强势的传播体系;二是"深度",即如何组织、怎样实施的问题,两者互为基础、互相促进。

1. 品牌的命名

茶叶品牌形象的树立,最首要的问题就是命名。名字是茶叶品牌的第一个广告,也是茶叶在消费者心中最直接的印象。目前,我国大多数茶叶品牌地方色彩太浓,不宜于产品在全国范围乃至国际市场上的推广,也不利于产品的多样化。因此,对于品牌的命名除了要独特、吉利、易记上口以外,更要有战略意识,在立足于产品特性的基础上,尽可能使其具有最广的辐射空间和最长的延续时间。

2. 品牌的定位

茶叶企业应用整合营销进行品牌定位时,要根据产品特性和企业文化进行系统的全方位界定,必要时可以一个消费者的身份去思考,选择最能体现企业优势又能唤起消费者兴趣的主题。同时,企业品牌形象的定位既要保持一时一地稳固的品牌形象,又要保证其紧随时代发展的脚步,与时俱进。

3. 品牌形象的推广

推广品牌形象最关键的是利用大众传媒传播信息的速度快、范围广、影响大等优势,掌握市场的主动权,优化营销运作能力。在这个过程中,要找到茶叶企时与媒介的最佳契合点,和媒体搭建良好的关系,主动提供企业的动态信息。其次

是整合媒介,这也是整合营销的首要,即在多种媒介交互作用创造的浩大声势中,使品牌形象以最快的速度、最少的投入达到最好的效果。此外,还应做到品牌整合,即与其他茶叶品牌相互合作,一起提升各自在行业中的地位,加深在消费者心目中的形象,获得"多赢"。

第三节 茶叶绿色营销

一、绿色营销的概念

绿色营销包含两个层面的含义:一是从社会的角度出发,即指在绿色营销过程中注重保护地球环境,以可持续发展为理念,促进社会经济和生态的协调发展。二是从企业自身的角度出发,即指企业在实施绿色营销的过程中通过销售符合消费者绿色消费需求的产品,提升企业良好形象,占有更大的市场份额,获取竞争优势。

二、绿色营销的内容

1. 绿色产品

绿色产品是指生产过程及其本身节能、节水、低污染、低毒、可再生、可回收的一类产品,它也是绿色科技应用的最终体现。我国大多数茶区特别是高山茶区,群山环抱,森林繁茂,云雾缭绕,土壤肥沃,害虫天敌种类丰富。远离城镇,水质、空气、土壤基本不受污染,适宜发展绿色茶叶产品。

2. 绿色包装

绿色包装是指使用有利于保护生态环境的包装,即无害的、少污染的、可再生的、符合环境要求的各类包装材料。

3. 绿色价格

销售绿色产品的过程中必会因保护环境或改善环境而有所支出,绿色价格就是将这一支出的成本计入产品价格中。

以茶叶为例,绿色茶叶价格要高于非绿色茶叶的价格,这是因为企业在生产绿色茶叶的过程中增加了环保费用(如使用有机肥、生物农药及绿色包装,等等),成本较高。但同时,企业可以通过特有的绿色标志,树立绿色企业形象,顺应消费者崇尚自然、追求安全的绿色消费需求而淡化消费者对价格的关注,从而获得较好的经济效益。

4. 绿色促销

绿色促销是围绕绿色产品而开展的各项促销活动的总称。茶叶企业进行绿色促销时,首先,要宣传企业的绿色营销观念,在公众中树立良好的绿色形象。其次,宣传企业的绿色营销行动。利用各种媒介渠道宣传自己在"绿色领域"的所作所为,如遵守有关绿色法规、实施绿色食品操作规程等,以实际行动强化企业在公众心目中的印象。

三、我国茶叶企业实施绿色营销的基本对策

在政府和行业层面,进行绿色营销首先要做的就是要规范茶叶绿色秩序,根据实际情况制定相关的茶叶生产标准,加强对农药生产及销售的管理和监控。其次,政府应鼓励茶叶企业与农业院校、农科所等科研机构合作,进行绿色科技、绿色产品的研发,通过建立茶叶绿色信息与技术平台,收集各进口国的绿色市场需求信息,以及其他产茶国有机茶生产及营销经验等信息。

企业作为市场的主体,可通过以下几方面措施来实施绿色营销:

1. 执行茶叶质量安全标准，提高茶叶质量

近年来，茶叶的卫生质量越来越受到人们的关注，因此，茶叶企业从茶园建设、良种培育、生产加工、包装直至运输、销售及消费全过程均要执行国际及国家有关标准，如 ISO9000 质量体系标准、有机茶标准、绿色茶标准、无公害茶标准等。同时建立和完善茶叶质量保证体系，进行相关质量标准认证，用标准管质量，用标准监督质量，确保茶叶质量稳定和提高。

2. 培育绿色企业文化，树立绿色营销观念，创立绿色品牌

茶叶企业决策者在树立绿色营销观念、培育企业文化时，要将绿色意识贯穿其各个方面，努力使企业利益与环保利益和谐发展，最大限度地消除和减少企业在生产加工和销售等环节可能对生态环境造成的影响。另外，茶叶企业要想在竞争激烈的国际市场中占有一席之地，必须坚决走品牌发展的路子，依据企业定位及产品定位制订相应的企业品牌绿色发展规划。

3. 开展绿色促销

绿色促销包括绿色广告、绿色公关，举办绿色产品产销会、洽谈会等形式茶叶企业通过开展绿色促销，可以扩大绿色产品与消费者的接触面，增强企业绿色影响力，树立企业良好的绿色形象。

第四节 茶叶文化营销

一、文化营销的含义

文化营销强调的是物质背后的文化内涵，企业通过各种文化手段将关系群体

联系起来,发挥协同效应,建立企业的核心价值观,提高竞争优势。营销离不开文化,如果说传统市场营销强调的是实物传递的过程,那么文化营销则更加强调营销过程的文化传递,体现的是文化赋予产品的附加价值。

中国茶文化是中国传统文化中的一枝奇葩,它由文人雅士发掘升华,与儒道释三家思想相结合。又走向寻常巷陌,追求真善美的和谐,主张天地人的统一。在雅俗交融中贵和求真,这正是中国茶文化雅俗共赏的魅力,也是它至今仍然具有强大生命力的重要因素之一。茶叶企业开展文化营销,就是要针对茶叶特有的文化特性、功能和消费者日渐增长的文化需求,发掘和传播与之相适应的核心文化价值,满足人们各个层次的消费,增强企业效益。

二、茶叶文化营销的模式

茶叶企业实施文化营销时,要从最开始的对产品核心竞争力的研究至消费者最终的消费体验,都将文化的价值观念贯穿进去,这所花费的成本将会低于企业技术创新和改造的成本,而且竞争对手难以复制和模仿。一般而言,茶叶企业进行文化营销,主要有以下几种营销模式:

1. 产品文化营销

产品文化营销是文化营销的核心,即企业把象征人们特有的价值观、审美情趣、行为导向的文化内涵融入产品的设计、生产、包装环节中,使产品成为文化的载体,以此满足消费者的心理需求、价值认同与社会识别等人文需要,从而增加产品的亲和力,从情感上触动消费者,增加经济效益。

2. 品牌文化营销

品牌文化营销是对产品文化营销的拓展和延续,是把产品所具有的文化内涵融入品牌的设计和生产之中,积淀深厚的企业品牌文化资产,建立物超所值的文化品牌。当现在的产品越来越趋于同质化时,企业之间的竞争就是品牌的竞争,更是品牌文化之间的竞争,利用文化这个无形因素可以带给消费者精神和情感上的满足,这是一种高层次的竞争。

三、实施茶叶品牌文化营销的策略

1. 茶叶品牌的定位

我国茶业经过 20 多年的发展,已经进入了茶业产业化和品牌竞争的时代。但是,我国茶业品牌的建设还远远落后于市场,究其原因,最重要的一点就是对品牌的运营能力尚浅。我国是名副其实的茶业大国,神秘的东方色彩、厚重的历史渊源,带有强烈的民族特色。茶叶企业要充分理解和挖掘并利用这些文化特质,将其与品牌有机地结合,做出切实可行的品牌定位。

2. 创造强劲品牌

创造强劲品牌就是要立足于品牌和其他品牌的差异之处,或是该品牌本身的强势特征,以消费者对于产品功能、价值的特殊感受来定位。对于消费者来说,他们购买的不仅是产品本身,还有产品的品牌所带来的主观心理感受。比如人们一提到"张一元",想到的就是百年品质、创新与信任。

3. 企业文化营销

企业文化营销,就是将企业的理念文化、行为文化、物质文化、制度文化通过整合有效地传达给社会,用以塑造良好的企业形象。其中,理念文化是核心,它以消费者所接受的价值观以及审美信条为基本,促进消费者对整个企业包括产品的认同。

要塑造一个健康的茶叶企业文化,领导者首先须对企业文化有着比较深刻而全面的认知,并在参考中西方管理文化的基础上进行文化创新、理论创新和实践创新,为本企业的文化建设指引方向。

第五节　茶叶关系营销

一、关系营销的概念

越来越多的企业意识到,与客户建立和维系一种长期的战略伙伴关系是使交易双方企业获得双赢的最大保障。在此基础上,关系营销应运而生。

关系营销是指在营销过程中,企业与供应商、分销商、消费者、竞争者以及政府机构等相互作用,即与企业本身有直接或间接营销关系的个人或集体保持良好的关系,以促进企业形象的传播,提升市场占有率。其重点在于利益各方相互之间的交流,并形成一种稳定、相互信任的关系。关系营销以更广阔的视角来认识与企业相关的各方,通过协作、合作等形式为企业的外部市场和内部市场建立紧密持久的关系。

二、关系营销的作用

1. 扩大顾客范围——吸引新顾客,留住老顾客

对于企业来说,顾客就是它的生命力。没有顾客,企业难以生存。过去,我国茶叶企业在进行营销时,通常花费大量人力、物力和财力去吸引新顾客,但结果往往是失去了老顾客。实施关系营销就是通过定期或不定期与顾客联系,并为他们提供最大的消费价值,使他们真正意识到企业很看重他们,从而乐于从众多的企业中选择本企业作为他们忠诚的伙伴。因此,要使企业生存发展,必须加强关系营销,满足新老顾客的需要。

2. 提升企业形象,增强企业竞争力

公司的良好形象包括人员素质高、管理理念新颖、企业守信誉、服务周到。实施关系营销就是增强新老顾客对企业的满意度和忠诚度,维持长期共存共荣的和谐关系。

关系营销强调企业关注消费者的需求变化,急顾客之所急,竭诚为消费者服务。并能按不同消费者群进行市场细分,采取不同的服务方式,满足消费者个性化服务,创造与竞争对手不同的优势,获得市场竞争的成功。互相尊重,实现双赢,在顾客心中留下好的形象,以带动后续消费。

3. 提高企业效益

过去,茶叶企业的市场营销往往注重技术营销的销售因素,容易忽视影响长远的全局的战略营销,特别是不注意保持老顾客对企业的忠诚,花费营销成本较多。而关系营销注重营销的各关系方利益,在营销活动中重视公共关系,忠诚地履行对各关系方的诺言,把大批忠诚的顾客吸引到企业周围,长期购买本企业产品和服务。由于忠诚的老顾客的"口碑效应",大大降低了促销费用,从而提高公司效益。

三、茶叶企业实施关系营销的有效途径

1. 保证茶叶质量

关系营销其实也是推销产品,不但要卖好产品、真产品给消费者,同时还要给消费者承诺,包退货、包服务。只有坚持卖好质量的产品给消费者,才能赢来更多的回头客,使关系营销不断得到发展。对于茶叶企业来说,茶叶质量除了要达到它的色、香、味、形的要求外,还要注重它的质量安全,包括农残、微生物、重金属、非茶类夹杂物等。

2. 对顾客真诚,与关系企业良好合作,达到双赢

对顾客真诚、使顾客满意是茶叶企业关系营销的关键。企业间的合作不仅有利于巩固已有的市场地位,减少无益竞争,而且对于企业开辟新市场,进行多角化经营也有很大的促进作用。在实施关系营销的过程中,企业间要做到共存共荣、双方获利,互相尊重、和谐一致,诚恳守信、坦诚相待,建立明确目标,长期合作,深入了解对方的文化背景,追求与对方互利关系最佳化,经常沟通、及时解决问题、消除误会,共同决策、不强加于人,关系长期延续等。

3. 与政府保持和谐良好关系

企业是社会的一个组成部分,其活动必然要受到政府有关规定的影响和制约,在处理与政府关系时企业应该采取积极的态度,自觉遵守国家的法律法规,协助研究国家所面临的各种问题的解决方法和途径。实施关系营销时,如果企业能与政府积极地合作,树立共存共荣思想,那么政府就会制定出对营销活动调节合理化、避免相互矛盾、帮助营销人员制造和分配价值的政策。

4. 了解关系变化

茶叶企业要通过建立专门的部门,用以跟踪顾客、分销商、供应商及营销系统中其他参与者的态度,由此了解关系的动态变化。同时,企业通过客户关系的信息反馈和追踪,测定他们的长期需求,密切关注合作伙伴的变化,了解他们的兴趣。在此基础上,企业一方面要调整和改善关系营销策略,进一步巩固相互依赖的伙伴关系;另一方面要及时采取措施,消除关系中的不稳定因素和不利于关系各方利益共同增长的因素。此外,通过有效的信息反馈,企业可改进产品和服务,更好地满足市场的需要。

第六节　茶叶水平营销

一、水平营销的概念及

市场营销有两种截然不同的创新之道：一种是在某一特定市场内部的调整；另一种是通过对产品做适当改动，来产生新用途、新情境、新目标市场。我们称第一种为纵向营销，第二种为水平营销。

水平营销意味着对产品进行重大的改变，它将探索所有纵向营销无法抵达的领域。但是，水平营销并不否定传统纵向营销，水平营销只是纵向营销的有益补充。水平营销的思考能够激发无数的可能性，但这些可能性最终需要在传统纵向营销的框架内进行分析和落实。

二、水平营销的创新思路

水平营销虽然属于一种跳跃性的思维，但也是有据可依的。水平营销的实施，主要是通过将各种创新技巧应用到市场层面、产品层面和营销组合层面上。

1. 市场层面的创新

市场是需求、目标、时间、地点、情境、体验的结合体，运用创新技巧改变其中的某个因素，便可创造另一番市场景象。比如在茶店茶产品的营销过程，一般是由销售人员全程为消费者冲泡茶叶，但如果在茶叶销售过程中，营销人员不只是向消费者口述泡茶艺术，更可以让消费者参与其中，进行现场体验，这不仅拉近了与消费者的关系，更会增强消费者购买意愿。所谓"授人以鱼，不如授人以渔"，通过参与，消费者可能就此爱上了泡茶、喝茶，提高了企业在消费者心中的形象与地位。

2. 产品层面的创新

在这个层面,可以参考市场层面的因素划分,对现有的产品进行分解,分解后的主要层面包括:有形的产品、包装、服务或无形的文化、品牌特征,等等。例如,铁观音香气馥郁、音韵明显,茉莉花茶花香鲜灵,有企业就将茉莉花茶窨制工艺融入铁观音加工工艺之中,便产生了创新产品——茉莉观音茶,从而扩大了铁观音消费人群,为企业打开了新的市场。

3. 营销组合层面的创新

在市场层面和产品层面不改变的情况下,通过市场营销组合的改变,往往能够催生创新性的商业战略。该层面的创新,可以在定价、分销和沟通等领域产生可观的效果。例如,在定价领域,电力、煤气或自来水公司可以通过自动取款机进行收费,这时的营销组合创新对自动取款机用来提取现金的功能做了颠覆——利用自动取款机付账。

三、茶叶水平营销的策略

1. 改善茶叶包装

好的包装既可以保证产品质量,又可以给人高档次的心理暗示。在茶叶包装方面,联合利华旗下的产品立顿红茶是其中的典范。由于茶包是以碎茶为内容,所以一向被追求高品质味蕾享受的品茶族所排斥。针对这一矛盾,联合利华研制出了三角立体茶包,内装颗粒形的乌龙茶、文山茶或条形的花茶,一旦泡了开水,该立体茶包便会鼓胀起来,内装的一片片茶叶也舒展成原形,非常符合喜爱中国茶的台湾人口味。立顿茶在台湾一年便创下了三亿多的营业额,市场占有率超过50%,甚至抢走了老字号品牌"天仁茗茶"的风采。

好的茶叶包装用于礼尚往来中,更具有文化价值。中国是礼仪之邦,礼品在人们的社会交往中的作用越来越大,茶叶不仅具有绿色、环保、健康等方面的核心价值,同时还蕴含着丰富的历史人文价值,经包装化后的茶叶不仅使受礼者愉悦,更能显示送礼者的品位和素养,是一个很有"面子"的礼品。

2. 开发新用途,培育新卖点

茶叶具有多种成分,可以满足多种需求。可针对不同的细分市场,提炼出有效成分,推出满足不同用途的产品。随着茶叶食品加工科技的进步和消费者需求日新月异的变化,茶叶消费从传统的喝茶转变到吃茶、用茶。为此茶叶生产经营者应加紧对茶香蜜饯、茶糖、茶餐、茶面、绿茶香皂、茶香精油、茶香洗面皂、除臭剂、抗细菌等茶叶商品的综合开发;也可以向茶疗拓展,即用茶及与相关中草药或食物相结合,来养生保健,治疗疾病。茶疗既保留了茶的特性,又延伸了茶的功能。此外,茶叶有其特定的制作工具、加工工艺、使用器具,容易引起顾客的好奇心,如能将其制作工具复制出售,成为纪念品,必将受到顾客的青睐。如安溪铁观音的冲泡很有讲究,需要专用的茶具,将茶具做成微缩的工艺品,能给人带来情趣,具有收藏价值。

3. 扩大消费者群

茶叶企业可以通过更加细致的市场细分,找到新的市场立足点,开发或培育一系列的家族产品,满足不同消费群的需要。如福建的一家茶叶企业通过消费者调研,了解到福建白茶在清凉解毒、防癌抗辐射、抵御病毒、提神等方面有较高的认知度,据此推出针对受过良好教育的知识型女性的清凉解毒、保健养颜的女性专用茶,以及针对白领上班族利于防辐射、助消化的午时茶等。通过以上策略,有效地扩大了福建白茶的消费者群体,使福建白茶重新焕发生机。

4. 茶叶体验营销

目前,越来越多的农产品均开展体验营销,即通过对消费者在消费过程中的感官和情感刺激,引发消费者的思考、联想,促使其行动和体验。比如茶叶所具有的自然、健康、人文等特征对区域外的人具有神秘感,能对人们产生极大的新奇感,具有强烈的吸引力,使他们期望能有机会亲自体验。为此,可以开展茶叶体验营销来满足人们的需求,并由此推广茶叶品牌。

案例 15.1 茶叶网络销售——安溪铁观音茶叶如何网络销售拿大单?

随着互联网技术的发展和广泛应用与普及,网民数量日益增多,网络营销为我国茶叶企业提供一个全新的发展平台。福建安溪有一家茶企专门从事茶叶网络营销。"网络选择面十分广阔,借助这一平台,可谓商机无限。"该公司总经理说,"在网上,茶客、茶商可以任意选择茶叶批发商,同样,批发商也可以在茫茫网络中寻找一线客户,购销双方很容易形成最佳良性互动。"

跟别的网上销售商靠QQ网聊、大海捞针式的寻找客户不一样,该公司企业选择主动出击,钻进各大中小城市的茶叶市场网站,筛选出比较理想的茶店,再通过QQ或电话交流。"一个茶叶市场我们会选择100家茶店进行交流,再筛选10家左右寄送茶样,最少达成一家,这是我们的目标。"企业自创了"100∶10∶1"网络营销模式。这样的营销模式,花上一个月时间,基本可以建立良好的销售关系。由客户带动,很快形成客户圈。

相对于大型安溪铁观音茶企,众多中小型安溪铁观音茶企受实力和品牌影响力制约,无法形成加盟连锁店、营销店遍地开花的气势。如何在"夹缝中生存",是中小型安溪铁观音茶企必须面对的课题。为开拓销售新渠道,拓展利润空间和市场空间,越来越多的安溪铁观音茶企将目光转向网络市场。到网上开店,省下房租等诸多费用,更不用成天跑外地市场,节省了大量人力、财力、物力,真正让中小型安溪铁观音茶企赢得发展空间。

做网上生意,最讲究的是信誉。安溪茶业首创顶级零风险购茶服务,"3W服务":一是无理由,顾客退换茶无须理由;二是无风险,退换茶来回邮费全部由公司承担;三是无期限,退换茶不是七天内,随时都可以。企业不仅在国内几家优秀的电子商务网站注册网店,还开通"诚信通"业务,目前"诚信通"诚信指数到达105。该指数是由QS认证、公司荣誉、客户评价等综合评价得出的,数值越高,越是来之不易。安溪茶业网络营销的推广方式,有以下几种:

1. 竞价推广

百度和谷歌竞价,尤其在茶叶旺季时更须加大投大,阿里和淘宝直通车也适当投入。

2. 利用博客和论坛、贴吧等

利用博客和论坛、贴吧,如打开百度空间和新浪博客,企业建了几十个不同类型的博客,并且互加好友,以此人气来吸引更多的茶友加入;在论坛方面,诸如由某员工负责发表原创主题,另外的员工利用空闲时间跟帖,使得帖子不下沉。

3. QQ 群和公会推广

在QQ群并不是群发茶叶广告,而是在QQ群空间发表文章,所发文章也不一定是与茶相关的,具体看群的性质,也可能与群介绍无关;另外游戏公会玩家众多,消费能力也高,比如信仙茶业在九维武林英雄游戏加了很多公会,有公会成员要买茶叶者,无论是直接购买还是介绍来的,信仙均以游戏黄金币返利玩家等方式,让玩家玩游戏也能赚钱。

4. 网站群推广

有的企业保持有四五十个茶叶相关网站,这些网站有的用来做竞价,但更多的是用来增加搜索度,网站名不相同,联系方式也不相同,因此能满足不同买家甚至是老客户的搜索需要。现实中往往有访问者搜索到不同网站,表面上看是不同联系人,但实际上却有很大可能是相同的供应商,当然遇到相同买家时,企业也不道破,仍以新客户对待同一买家。

5. 电子杂志

如制作电子导购书,茶叶专业知识期刊,购买收费性的茶叶科技期刊以发表首发专业文章,这些电子杂志一旦被下载,也会无形中带来潜在消费。

6. 在全国各大中小城市建立茶友联络站

有的茶叶企业共建立了几十个茶友联络站,这样,一旦有举办茶友会活动,企业均能第一时间知道,并提供茶叶供交流,这样带来的订单是最可靠的。

资料来源:http://blog.Bandao.cn/archive/76875/blogs-667577.aspx

案例思考

1. 试述安溪铁观音是如何进行网络营销的。
2. 请分析京华茶叶跌倒的原因与启示。

练习题

1. 试述电子商务的发展所导致的茶叶网络营销的趋势。
2. 列举在茶叶品牌构建中的整合营销策略。
3. 论述茶叶企业实施品牌战略,推动绿色营销的必要性。
4. 我国茶叶文化销售中还存在哪些问题?
5. 举例说明关系营销策略在我国茶叶产业发挥的作用。
6. 简述水平营销与纵向营销的关系与不同。

参考文献

[1] 菲律普·科特勒.营销管理[M].上海:上海人民出版社,2003.

[2] 冯英健.网络营销基础与实践[M].北京:清华大学出版社,2002.

[3] 张润彤.电子商务[M].北京:科学出版社,2005.

[4] 卓骏.网络营销[M].北京:清华大学出版社,2005.

[5] 王小伙,陈连生,雷光明.茶业电子商务赢利模式的选择与创新[J].蚕桑茶叶通讯,2003(1):3-4.

[6] 黄晓峰,戴素贤.茶叶企业发展与电子商务[J].广东茶叶,2000(3):15-20.

[7] 胡慧萍.依托电子商务推动农业产业化发展进程[J].科技经济市场,2009(8):77-78.

[8] 武成春,姜含春.浅析茶叶企业的网络营销策略[J].中国茶叶加工,2008(2):8-10.

[9] 初广志.整合营销传播在中国的研究与实践[J].国际新闻界,2010(3):108-112.

[10] 朱红亮,李振国.整合营销传播及其管理要义[J].河北学刊,2009(3):208-211.

[11] 毛世红,龚正礼.整合营销传播理论在茶叶品牌构建中的应用[J].蚕桑茶叶通讯,2008(3):27-28.

[12] 酒景丽.网络经济下整合营销的新趋势[J].企业管理,2011(5):26-28.

[13] 王忠锐,潘伟光.我国茶叶出口贸易的经济分析[J].国际贸易问题,2004(1)40-44.

[14] 尚杰,于法稳,谢长青.我国绿色食品营销环境分析与对策探讨[J].中国农村经济,2002(10)44-47.

[15] 许培源.实施绿色营销战略,促进我国茶叶对外贸易发展[J].哈尔滨学院学报,2004(10):48-52.

[16] 郭聪明.实施品牌战略,推动绿色营销[J].福建茶叶,2006(1):35-36.

[17] 姜爱芹,刘仁平.我国茶业的绿色营销机制研究[J].2006(12):69-70.

[18] 吴声怡.企业文化学[M].北京:光明日报出版社,2004.

[19] 李彦亮.文化营销理论发展及其必然趋势[J].中国市场,2006(23):98-99.

[20] 陈丽清.文化营销——企业制胜之术[J].商业研究,1999(12):52-54.

[21] 朴世镇.文化营销的战略及模式探究[J].商业时代,2007(8):27-28.

[22] 潘志生.茶品牌战略建设中的文化营销研究[J].产业与科技论坛,2006(9):92-95.

[23] 崔霞.论中国企业文化营销中存在的问题及对策[J].商业研究,1998(9):63-65.

[24] 刘波,郑昭.水平营销:创生无限生机[J].企业研究,2005(9):36-38.

[25] 印文郁.从垂直营销到水平营销[J].市场营销导刊.2006(2):50-51.

[26] 菲利普·科特勒,陈燕茹译.水平营销[M].北京:中信出版社,2005.

[27] 石丽芳.区域营销与福建茶叶产业集群研究[J].林业经济问题,2006(5):449-452.

[28] 郭红生,周新.生态型地理标志农产品品牌关系管理[J].企业活力,2007(11):19-21.

[29] 郭红生.地理标志农产品品牌的水平营销策略[J].商业研究,2009(1):184-187.

[30] 王金献,吴杰.试析营销的理论发展及水平营销理论[J].河南大学学报(社会科学版),2007(6):98-103.